KB015796

배우 배두나

ACTORØLOGY

액톨로지 시리즈는
배우 이병헌, 배두나로 이어지며,
한국 영화를 이끄는 위대한 배우들의 명단을 한 명 한 명
작성해나갑니다.

백은하 배우연구소가 제안하는 액톨로지는
예술가, 장인, 기술자로서의 해부,
브랜드, 스타, 아이콘으로서의 분석,
동료, 시민, 인간으로서의 증언을 통해
배우를 연구하는 다면적이고 다층적인 방법을 모색합니다.

한 명 한 명, 배우의 초상들로 채워질 액톨로지 시리즈의 벽이
언젠가 한국 영화 전체를 이해하는 통찰의 풍경이자
정밀한 지도가 되길 희망합니다.

배우 배두나

백은하 Beck Una

백은하 배우연구소 소장·영화저널리스트

영화주간지 「씨네21」 취재기자로 시작해 웹매거진 「매거진t」 「10 아시아」를 창간하고 편집장을 역임했다. 종이 잡지, 웹진, 책, 라디오, 팟캐스트, IPTV, OTT에 이르는 온·오프라인 매체와 뉴미디어를 유연하게 오가는 영화저널리스트로 활동 중이다. 올레티비Olleh TV 〈무비스타소셜클럽〉, KBS 라디오 〈백은하의 영화관, 정여울의 도서관〉, 팟캐스트 〈백은하·진명현의 배우파〉, 왓챠Watcha 〈배우연구소〉 등을 기획, 진행했다. 부산국제영화제, 부천국제판타스틱영화제, 백상예술대상 등 국내외 영화제의 심사위원을 역임했고, 제작보고회, 관객과의 대화Guest Visit 등 다양한 영화 행사의 모더레이터로도 활약하고 있다. 영국 런던대학교Birkbeck, University of London에서 배우 연구에 관한 학문적 접근으로 석사 학위를 받고 2018년 백은하 배우연구소를 열었다.

배우론 『우리시대 한국배우』(해나무, 2004), 영화 에세이 『안녕 뉴욕: 영화와 함께한 뉴욕에서의 408일』(씨네21북스, 2006), 『배우의 얼굴 24시』(한국영상자료원, 2008)를 비롯해 백은하 배우연구소에서 펴낸 『넥스트 액터 박정민』(2019) 『넥스트 액터 고아성』 (2020) 『배우 이병헌』(2020) 『넥스트 액터 안재홍』(2021)을 집필했다.

Una Labo
Actorology

백은하 배우연구소

PHOTOGRAPHY

FILMS

〈플란다스의 개〉 현장사진 성은경 ©CJ 엔터테인먼트
〈고양이를 부탁해〉 현장사진 이재용, 김진원, 김태건 ©바른손 E&A
〈복수는 나의 것〉 현장사진 박도성 ©CJ 엔터테인먼트
〈린다 린다 린다〉 ©BITTERS END
〈괴물〉 현장사진 한세준 ©쇼박스
〈공기인형〉 현장사진 MIKIYA TAKIMOTO ©2009 Yoshiie Gouda / Shogakukan / AIR DOLL Production Committee
〈인류멸망보고서〉 현장사진 한세준 ©타임스토리
〈코리아〉 현장사진 박진호(Studio BoB) ©CJ 엔터테인먼트
〈클라우드 아틀라스〉 ©Warner Bros. Entertainment Inc
〈도희야〉 현장사진 백혜정 ©파인하우스필름·나우필름
〈터널〉 현장사진 한세준 ©쇼박스
〈마약왕〉 현장사진 한세준 ©쇼박스
〈페르소나〉 현장사진 박진호(Studio BoB) ©미스틱스토리·기린제작사
〈#아이엠히어〉 현장사진 박진호(Studio BoB) ©콘텐츠판다

TV·OTT

〈센스8〉 시리즈 ©NETFLIX
〈비밀의 숲〉 시리즈 ©스튜디오드래곤
〈킹덤〉 시리즈 현장사진 노주한 ©NETFLIX
〈최고의 이혼〉 ©몬스터유니온
〈고요의 바다〉 현장사진 한세준 ©NETFLIX

348
1
'75

한강진
버티고개

MOS
SCENE
61
괴물 THE HOST
CUT
2A
DATE
PROD.CO.
2005.07.06
TAKE
1
ROLL
12
감독 봉준호
청어람
촬영 김형구
조명 이강산
FUJIFILM

Nittaku

Marmot

roll 614
scene 64
take 3 B
EP#101
b
1740 1409
72 FPS
SEOUL
sense8
director dan glass
camera john toll. asc

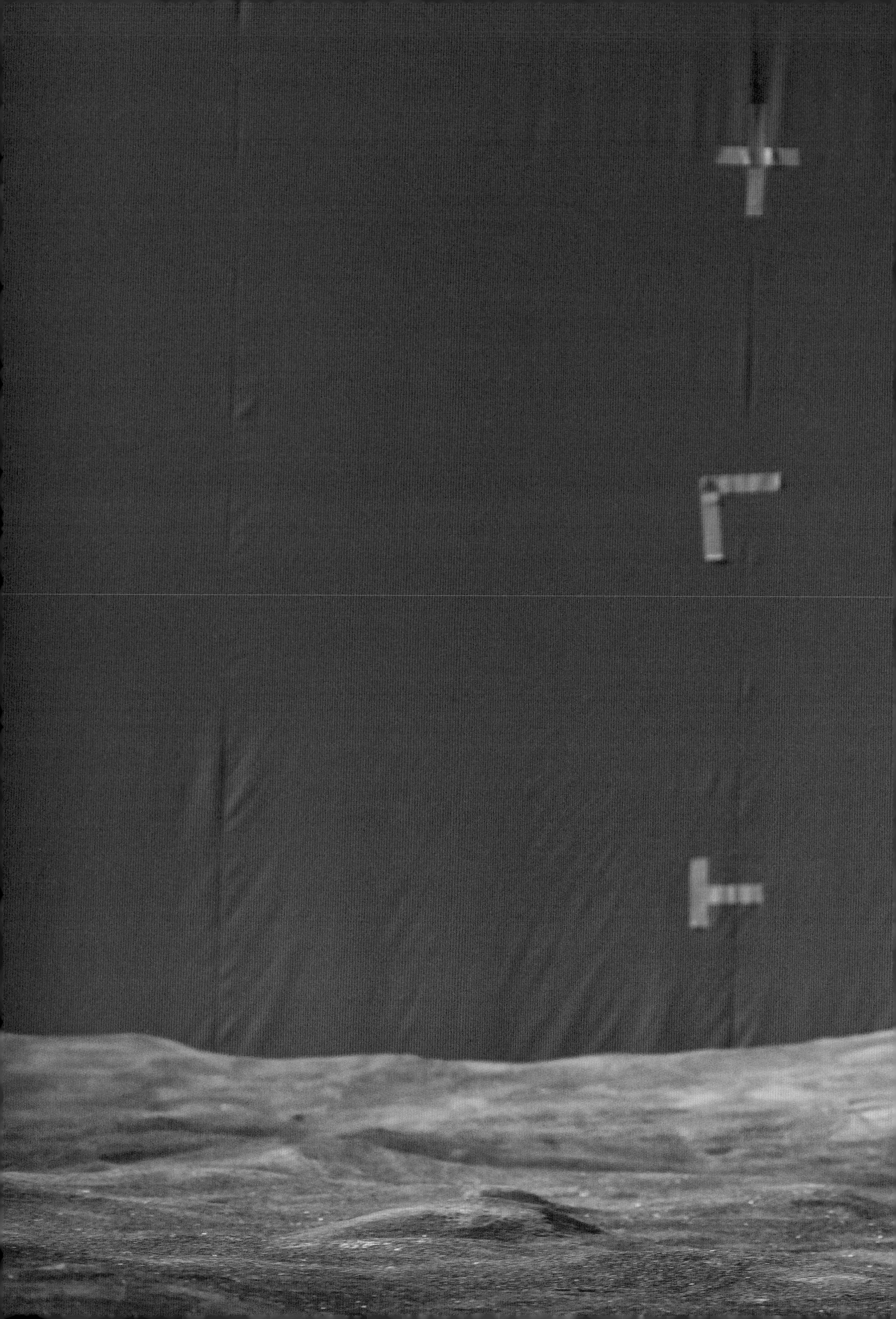

일러두기

영화 및 TV·OTT 콘텐츠는 〈 〉, 단행본은 『 』,
신문 및 잡지는 「 」로 표기하였습니다.

CONTENTS

INTRO

ANATOMY

CHARACTERS

BEATS

COLLABORATION

ENSEMBLE

COLLEAGUES

ANALYSIS

EXPERIMENT

ICON

PIONEER

INTERVIEW

BAEDOONAOLOGY

CRITIC

ACTOROLOGY

'액톨로지 시리즈'를 이어가며

『배우 이병헌』으로 문을 연 '액톨로지 시리즈'의 다음 배우를 궁금해하는 분들이 많았다. 선정 기준에 대한 질문도 종종 받는다. 대답은 간단하다. 궁금한 배우인가 아닌가, 다. 운행을 멈춘 우아한 열차의 지난 행로에는 별로 관심이 없다. 탄탄한 운행 기록을 보유한 채 지금도 힘차게 달려나가는 배우에게 돋아나는 기대감이야말로 누가 시킨 적도 없는 이 작업을 하는 유일한 이유일 것이다. 생을 마친 부자의 유품정리사보다는 가장 열정적인 일꾼의 회계관리사 같은 마음으로 쓰일 '액톨로지 시리즈'는 앞으로도 계속 궁금한 배우의 이름으로 이어질 것이다.

다음은 배두나 배우였으면 좋겠다는 희망은 이병헌 배우에 대한 책을 마무리 지을 때부터 이미 품고 있었다. 2020년 11월 26일 『배우 이병헌』이 출간되자마자 넷플릭스 〈고요의 바다〉 촬영이 한창이던 파주 스튜디오를 찾았다. 20여 년 전 강아지를 들고 아파트 복도를 뛰던 이 배우는 어느덧 우주선을 타고 무중력의 달 위를 걷고 있었다. 세트장 앞에서 우주복을 입고 동료 '우주인' 배우들에 둘러싸여 웃고 있는 배두나의 모습은 비현실적인 동시에 충분히 현실적이었다. 드라마 촬영이 어느덧 막바지로 치닫던 2021년 2월, 이번엔 수중 스튜디오였다. 검은 장막을 뒤로하고 정수리로 떨어지는 강력한 조명 아래 배우 배두나는 깊은 수조를 바라보며 홀로 서 있었다. 고독해 보였다. 외로워 보이진 않았다. 그 옆엔 안전요원이 지키고 있고, 이 배우의 작은 움직임과 호흡까지 기록 중인 카메라와 마이크가 있으며, 그 뒤에는 든든한 동료들이 있었으니까. 하지만 촬영이 시작되면 누구도 이 신을 구원해줄 수 없다. 오로지 배우만이 스스로를 구원할 수 있다. 어느새 수조 속으로 뛰어들어 애절하게 카메라를 향해 손을 뻗는 배두나를 보면서, 연기란 실로 고독한 시간이 빚어낸 위대한 작업이라는 생각이 들었다. 실제 방송에서는 겨우 몇 초 정도 쓰일 커트겠지만 "아쉬움을 남기면 안 되더라"며 이 배우는 다시 처음 스탠바이를 했던 자리로 돌아갔다. 그리고 다시 물속으로 뛰어들었다.

나 역시 배우들을 고독함에서 구해줄 방법은 끝내 찾지 못할 것이다. 대신 그 고독함을 거쳐야만 획득할 수 있는 진귀한 성취를 누구보다 성실히 기록할 것이다. 배우를 수식하는 문장들은 넘쳐난다. 그들의 이름은 더욱 찬란한 형용사로, 보다 창의적인 표현들로 둘러싸여 간다. 문장 안에 그와 그녀를 아름답게 박제시키고 싶은 욕망에 있어서 나 역시 자유로울 수 없었다. 하지만 이제는 배우를 포장하는 문장이 아니라, 배우를 이해하는 문장을 쓰고 싶다. '액톨로지'의 관심 역시 미문과 명문으로 채워진 책을 향하는 것이 아니라 저마다 다른 방식으로 위대한 배우들을 이해하기 위한 새롭고 다양한 방법의 모색에 있다. 물론 그렇게 다가간 배우들에 대한 책이 아름답고 정교한 문장으로 채워진다면 더할 나위 없을 것이다.

배우 배두나의 많은 동료들은 한국, 일본, 중국, 프랑스에서 저마다 촬영, 대본 작업, 공연, 컬렉션 준비로 바쁜 와중에 연구소를 직접 찾아주거나, 음성 혹은 화상 통화로, 이메일로 긴 시간의 인터뷰에 응해주었다. 그들의 공통된 첫마디는 "두나 씨에 대한 이야기라면 당연히"였다. 멋진 동료로 살아준 배두나 배우에게 먼저 고마움을 전한다. 이 배우의 동료들은 막연한 칭찬과 감탄사 대신 구체적인 기억과 영감의 순간을 나누어주었다. 어디서도 들은 적 없는 그들의 이야기는 배두나라는 배우를 탐험해가는 과정에 가장 확실한 이정표이자 길잡이가 되어주었다. 당신들의 증언 없이는 절대 완성될 수 없었던 책이다.

배우에 대한 책 작업을 계속 이어가면서 촬영 현장의 스틸 작가들에게 진 빚이 점점 늘어나는 느낌이다. 필름 혹은 컴퓨터 하드 속의 지난 사진들을 기꺼이 찾아내는 수고를 마다하지 않았던 그들의 협조에 고마움을 전하고 싶다. 계속 괴롭힐 것 같은 송구한 예감도 함께 말이다.

한 사람을 오래도록 깊이 그리고 정밀하게 들여다보는 일은 경이롭다. 어느덧 개인의 일상으로 침범해, 생각과 대화의 가지마저 온통 그 배우에게로 뻗어나간다. 종종 꿈에도 나올 정도가 된다. 사랑이 아니라고 말할 수 없다. 첫사랑보다 생생하고 끝 사랑만큼 진귀한, 배두나에 대한 나의 두 번째 사랑은 그렇게 시작되었다. 『배우 배두나』를 읽는 독자들 역시 그 과정을 고스란히 경험할 수 있길 바란다.

2021년 11월
백은하

ANATOMY

CHARACTERS

1 박현남 〈플란다스의 개〉

2 유태희 〈고양이를 부탁해〉

3 차영미 〈복수는 나의 것〉

4 박남주 〈괴물〉

5 노조미 〈공기인형〉

6 리분희 〈코리아〉

7 이영남 〈도희야〉

ANATOMY

CHARACTERS

1 박현남

〈플란다스의 개〉 **박현남, 맨손의 파수꾼**

"뒷모습만 봤어요. 아주 가까이서요. 그 등짝이 손에 잡힐 것 같았는데…."

미치도록 잡고 싶었다. 현남은 좀처럼 아무 일도 일어나지 않는 무료하고 지루한 일상을 액션 어드벤처로 바꿔줄 순간을 꿈꾼다. 맨손으로 강도를 때려잡은 은행 여자 직원의 뉴스 인터뷰를 보며 "나 같으면 칼 맞느니 돈 내주겠다, 내 돈이냐? 은행 돈이지."라며 무모함을 지적하는 친구와 달리 현남은 그녀가 정말 용감하고 멋있다고 생각한다. "그래도 저 언니 저거 덕에 완전 뜬 거야, 테레비 한 번 나오기가 어디 쉬운 줄 알아?" 선의와 오지랖 사이의 측은지심, 정의감과 의협심, 거기에 약간의 공명심까지 갖춘 현남은 '관리소 처녀, 현장에서 범인 검거!' 같은 타이틀을 달고 '9시 뉴스'에 나오는 자신을 상상한다. 길게 뻗은 아파트를 누비며, 잊을 수 없는 우리의 그 길을 빨간 모자와 함께 뛰었네, 하늘과 맞닿은 옥상을.

현남의 하루는 도통 손에 잡히는 것 없이 흘러간다. 출근길에 졸다 깨서 자리 양보를 하겠다며 아기를 업은 엄마의 팔을 잡아끌지만, 실은 지하철을 돌며 구걸 중이던 여자는 황당한 듯 그 손을 뿌리친다. 퇴근길에는 동네 꼬마의 잃어버린 강아지를 찾는 전단을 대신 붙여주느라 친구도 전철도 놓쳐버린다. 늦은 밤 첫사랑이 찾는다는 방송국 전화에 당황하며 수화기를 붙잡지만, 그건 〈TV는 사랑을 싣고〉의 작가를 사칭한 장난 전화였을 뿐이다. 번번이 번지수를 제대로 찾지 못하고 빈손으로 허망해하는 현남을 주변에서는 "바보" "찐따"라고 부른다. 현남이 유일하게 잡고 사는 건 친구 장미와 보내는 소소한 시간이다. 장미가 일하는 문방구 쪽방에 끼어 누워 만화책을 함께 보거나, 라면을 끓여 먹거나, 퇴근 후 동네 호프집에서 생맥주에 치킨을 뜯으며 생산성 없는 이야기나 늘어놓는 시간 말이다. 어디 하나 살가운 구석 없는 장미는 주로 무시와 핀잔만 늘어놓지만, 그래도 술에 취해 엉망이 된 현남의 등을 두드려주고 어깨를 내주는 사람은 장미뿐이다.

어느 날 현남은 아파트 옥상에서 강아지를 던지는, 빨간 모자에 빨간 티셔츠를 입은 남자를 목격하게 된다. 그의 등짝을 맹렬하게 쫓아서 뛰어가지만 갑자기 열린 대문에 부딪쳐 범인을 코앞에서 놓친다. 그리고 강아지는 세상을 떠난 채 발견된다. 결국 현남은 단지 내에서 발생하고 있는 '강아지 연쇄 실종 사건'을 해결하는 정의의 자경단을 자청하며 후드티 끈을 바짝 조여 묶는다.

〈플란다스의 개〉의 현남은 '한국 영화 여주인공' 카테고리 안에서 도통 상상해볼 수 없는 캐릭터였다. 당시 한국 영화 속의 20대 여자 주인공은 대부분 아련한 첫사랑, 발랄한 아가씨, 가련한 희생자, 섹스 심벌, 치명적인 악녀 혹은 세련된 도시 전문직 여성이었다. 상업여자고등학교를 졸업하고 시영아파트 관리사무소 경리로 일하는, 세상의 잉여 같은 20대 여성을 극장에서 만난다는 것은 꽤나 생경한 경험이었다. 하지만 현남이라는 캐릭터는 배우 배두나를 만나면서 영화 속에서만 낯설었을 뿐 지하철에서, 아파트에서, 동네에서 한 번쯤은 스쳤을 법한 현실적인 젊은 여성으로 탄생했다. 긴장이 끼어들 틈 없는 자유로운 신체의 움직임, 기술도 화장도 덧대지 않은 투명한 연기와 얼굴, 절묘한 리듬의 과장 없는 코미디 호흡까지, 배두나의 첫 주연작이었던 〈플란다스의 개〉는 이 배우를 구성하고 있는 주요 원소를 빠짐없이 보여준다.

결국 강아지를 구해내 주인에게 안전하게 돌려주는 데 성공하지만, 현남은 여전히 손에 쥔 게 없다. 맨손으로 범인을 잡고 방송국 인터뷰까지 했건만 기다리던 뉴스에서는 그녀에 대한 언급조차 없다. 게다가 아파트 관리소장은 "외판원 같은 거나 해보라"며 돌연 해고를 통지한다. 명예도 이름도 직장도 남김없이 사라졌다. 대신 믿음과 진실과 우정이 남았다. 현남의 손에는 동네 할머니가 유산처럼 남긴 무말랭이와 그 할머니의 강아지를 죽인 진짜 범인의 신발 한 짝, 그리고 술 취한 밤 친구 장미가 날아 차기로 안겨준 자동차 사이드미러가 햇빛을 품은 채 반짝이고 있다.

영화 〈플란다스의 개〉 (2000)

윤주(이성재)는 국문학 박사라는 허울 좋은 타이틀을 달고 있지만 실상은 언제 날지도 모르는 교수 자리를 하염없이 기다리는 시간 강사다. 그에겐 임용 청탁을 위해 찔러 넣을 목돈도 없고, 교수들의 술자리에 진입해 비벼댈 비위도 없다. 임신한 아내(김호정)의 신경질은 날이 갈수록 심해지고, 동네 강아지들은 시도 때도 없이 짖어댄다. 결국 자신을 괴롭히는 고통의 요인 중 가장 쉬운 제거 대상을 찾아 포획에 성공한다. 윤주가 아파트 옥상에서 완전 범죄를 도모하는 순간, 건너편 동 옥상에 있던 현남이 그 모습을 목격한다. 어느덧 시영아파트의 나른한 오후는 쫓고 쫓기는 추격의 거친 숨소리로 가득 찬다. 존재감 없는 아파트 관리소 직원, 교수 임용을 기다리는 시간 강사, 이모 문방구에서 시간을 때우는 아르바이트생, 비밀스런 식탐을 부리는 아파트 경비원, 살짝 정신이 나간 것 같은 홈리스까지. 봉준호 감독의 다른 작품들과 비교했을 때 데뷔작 〈플란다스의 개〉는 어딘가 소박한 소동극처럼 보인다. 하지만 지식을 쌓는 상아탑에 오르기 위해 양주잔을 쌓아 올리는 지식인들에 대한 냉소와 함께 '평범한 보통 사람'은 무해하고 선할 것이라는 신화를 깨는 이 영화는, 사회와 인간을 바라보는 감독 봉준호의 남다른 시선을 발견하기에 충분하다. 2000년 개봉 당시 평단의 미미한 반응과 낮은 관객 수를 기록했지만, 영화주간지 「씨네21」은 '「씨네21」이 틀렸다'*라는 특집 기사를 통해 개봉 다음 해 늦은 반성문을 올리기도 했다. '비운의 데뷔작'에서 '영화광의 컬트' 코너로 옮겨졌던 〈플란다스의 개〉는 이제 거장 봉준호의 세계로 들어가는 '필견의 영화' 섹션에 꽂혀 있다.

* 「씨네21」 299호, 2001.04.24.

CHARACTER APPROACH

“그저 투명한 나 자신으로만 있어도 되는 역할이었죠.”

배우 배두나가 말하는
박현남 캐릭터 구축의 비밀

“현남이는 캐릭터에 접근하기 위해 배우로서 한 것도, 할 것들도 별로 없었어요. 그저 투명한 나 자신으로만 있어도 되는 역할이었죠. 친구 장미(고수희)와 좁은 문방구 안에 테트리스 하듯 몸을 구겨 넣는 동작이나, 현남의 사소한 행동, 표정 하나하나까지도 봉준호 감독의 머릿속에 디테일이 이미 그려져 있었어요. 저는 그걸 제대로 구현하기만 하면 되는 식이었죠. 어쩌면, 이 영화의 메시지는 이런 거 아닐까요? 라고 묻거나 혼자 연구 분석 열심히 하는 스타일의 배우가 아니었기 때문에 저 같은 신인이 캐스팅됐다는 생각도 들어요. 물들이면 그대로 물들 수 있는 상태였죠. 물론 처음 오디션을 보았던 1999년을 돌이켜보면, 저는 정말 휘황찬란한 밀레니엄 스타처럼 하고 다녔어요. 도저히 ‘현남’이라고는 상상이 안 되는 그런 애였죠. 그래서인지 봉준호 감독님은 〈플란다스의 개〉를 같이하려면 기존에 하던 걸 모두 그만두었으면 좋겠다고 하셨어요. 처음엔 영화 작업 자체에 심드렁했지만, 감독님을 직접 뵙고 시나리오를 너무 재밌게 읽은 후에는 저 역시 이 작품에 완전히 올인하겠다고 결심했죠. 그래서 하던 드라마도 접고, 〈음악캠프〉 MC, 라디오 〈텐텐클럽〉 DJ에서 다 내려오게 되었어요. 당시 제가 ‘샤기컷’이라 불리는 ‘세기말 컷’으로 1년쯤 선풍적인 인기를 구가하던 시절이었거든요. (웃음) 현남이의 조그맣게 묶은 꽁지머리는 어쩌면 그 샤기컷의 이미지를 지우기 위해 만들어진 헤어스타일이었어요. 게다가 아직 어린 피부의 광을 지우느라 셰이딩을 일부러 진하게 해서 피부톤을 꺼칠하게 만들기도 했어요. 캐스팅이 결정된 이후에는 당시 공덕동에 있던 제작사, 우노필름에 매일 출근을 했던 기억이 나요. 그러다 하루는 봉 감독님이 종로 가회동으로 저를 데리고 가셨어요. 영화에는 구체적으로 설명되지 않지만, 현남이 집이 여기라면서요. 아마도 이 친구가 사는 동네 분위기를 느껴보게 만들고 싶으셨던 것 같아요. 우라사와 나오키의 만화 〈해피!〉를 읽어보라고 권하기도 했죠. 하지만 그런 노력이나 이해 없이도 그 당시 저는 현남이와 그렇게 다르지 않았어요. 우산 들고 아파트 상가로 어기적어기적 들어오는 걸음도 원래 제 걸음걸이죠. 요즘도 힐을 신지 않는 한 그렇게 약간 구부정한 채로 상체를 안 움직이고 다리만 휘적휘적하면서 걸어요. 현남이가 노란 후드티 모자의 스트링을 꽉 조여 묶는 동작은 의상 피팅을 하면서 제가 무심코 했던 걸 놓치지 않고 결정적인 순간에 써주셨어요. 그 후드는 매일 입는 옷처럼 보이도록 감독님이 사포질까지 했죠. 거기에 제가 좀 더 너덜너덜하게 보이도록 온몸을 이용해 막 늘어지게 만들기도 했고요.”

HYUN NAM

BARKING DOGS NEVER BITE

CHARACTERS

2 유태희

〈고양이를 부탁해〉 **유태희, 우정의 방랑자**

"나는… 니가 도끼로 사람을 찍어 죽였다 그래도 니 편이야."

태희에게 우정은 그런 거다. 무슨 이유에서든지 무조건 너의 편이 되어주는 것. 용건 없는 전화를 먼저 거는 것도, 한 달에 한 번 친구들에게 연락을 돌려 약속을 잡는 것도, 꼬박꼬박 생일을 챙기는 것도 태희다. 혜주가 무심하게 찢어버린 선물 포장이 실은 지영이가 한 칸 한 칸 손으로 그린 거란 걸 유일하게 알아봐주는 것도, 역시 태희다. 하지만 고등학교를 졸업하고 저마다의 이유로 친구들은 점점 멀어져만 간다. 급기야 혜주는 "예전에 친한 사이였다는 게 뭐 그렇게 중요하니? 현재가 중요하지."라고 냉정하게 말한다. 태희에게 현재 중요한 건, 예전에도 그랬듯이, 친구다. 얘네들과 함께라면 어쩐지 "무인도"에서 "삽질"만 하면서 살아도 재밌을 것만 같다. 마치 함께 좋아하던 떡볶이를 친구가 더 이상 좋아하지 않는다고 했을 때, 하늘이 노래질 것 같았지만 혼자라도 분식집에 가고야 말았던 고등학교 시절의 태희처럼, 더 이상 우정이 중요해지지 않은 시대에도 그녀는 홀로 그 우정을 지켜내기 위해 고군분투한다. 그렇다고 집착하는 건 아니다. "누군가가 널 떠난다고 해서 널 좋아하지 않는 건 아니야."라는 자신의 대사처럼, 진짜 떠나는 순간이 올 때까지 그저 '최선'을 다할 뿐이다.

좀처럼 부탁을 거절하지 못하는 태희의 가방은 '무지개 요일 칫솔' 같은, 잡상인이 파는 물건으로 가득하다. 고등학교를 졸업하고 1년째 뚜렷한 직장도 없고, 아버지 찜질방에서 카운터를 보며 식혜를 나르면서도 태희는 이름만큼이나 태평하고 희망차다. 집에서는 "지 앞가림도 못 하는" 오지랖만 넓은 자식으로 분류되는 태희를 여의도 증권가에서는 분명 "저부가가치 인간"으로 분류할 것이다. 그러나 태희는 그 누구도 편견의 잣대로 분류하지 않는다. 육교에서 마주친 기괴한 모습의 홈리스 여성을 보면서도 지영이는 "무슨 일이라도 당하면 어떡해?"라는 걱정부터 하는 반면, 태희는 무섭다거나 더럽다는 생각보다 저 사람은 "매일 뭐 하고 지내는지"

궁금해한다. 따라가보고 싶을 정도다. 월미도 놀이공원에서 같이 놀자며 다가오는 미얀마 청년들을 대하는 태도에서도 언어와 피부색이 다른 외국인에 대한 경계가 전혀 느껴지지 않는다. 오히려 새로운 사람과의 대화에 잔뜩 신이 난 눈치다. 봉사 활동에서 만난 뇌성마비 시인과 나누는 사랑과 우정 역시 "애매한 동정심"이 아니라 분명한 호감이라고, "나 걔 진짜 좋아해. 맘에 든다."라고 자신 있게 말한다.

편견의 벽에 갇히지 않고 경계의 다리를 두지 않는 태희는 그저 "아무런 미련 없이 자유롭게 떠돌아"다니며 살고 싶다. 찜질방 전단을 뿌리기 위해 찾은 국제선 여객 터미널에서도 그녀의 관심은 온통 "저 사람들은 다 어디서 와서 어디로 가는 걸까?"이다. '선원 모집'을 한다는 사무실에 들어가서는 호기심 넘치는 얼굴로 "아저씨, 저도요, 배를 탈 수 있을까요?"라고 진심으로 묻는다. 이유 없는 반항이 낳은 도피나 목적을 가진 탈출이 아니다. 가족 구성원의 개성과 독립성을 전혀 인정해주지 않는 가부장적인 집안에 불만이 있어서만도 아니다. 그런 가출은 "10대 때나 하는 일"이니까. 스무 살이 넘은 태희는 이제 "그 이상의 이유"를 찾고 싶다. 타고난 방랑자이자 모험가인 태희는 그저 저 바다 너머에는 어떤 세상이 있을지 너무 궁금할 뿐이다. 배를 타고 물처럼 흘러 다니면서, 지나가는 구름도 보고 책도 읽으며, 그 어디에도 멈추지 않고 계속 흘러가며 사는 삶이란 상상만으로도 행복하다.

거실에 걸린 가족사진에서 자신의 얼굴을 도려내는 것으로 분명한 작별을 고한 태희는 어느덧 인천공항 출도착 안내판을 바라보고 있다. 어디로 갈지는 아직 모른다. 여행 가방 안에 있는 1년 치 월급, 책 꾸러미, 헤드랜턴, 라디오, 삶은 계란 통, 맥가이버 칼, 로프 그리고 담배와 여권이 그녀를 어디로든 데려다 놓을 것이다. 게다가 태희에겐 "건강한 다리"와 무엇보다, 친구가 있다. 까짓것 생각은, 가면서 하면 된다.

영화 〈고양이를 부탁해〉 (2001)

이제 갓 스무 살이 된 고등학교 시절 단짝 친구들, 태희, 지영(옥지영), 혜주(이요원) 그리고 쌍둥이 자매 비류(이은실)와 온조(이은주). 어느 하나 닮은 구석은 없지만 각자의 의미로 꼭 필요한 부품처럼 엉켜 운행되던 10대의 우정은, 20대라는 높은 방지턱을 넘어가면서 그 속도도 방향도 뒤틀어지게 된다. 학교라는 울타리를 벗어난 스무 살 친구들의 삶은 각자 다른 방식으로 녹록지 않고 서로의 관계 역시 조금씩 오해가 쌓이고 소원해진다. 다섯 친구들은 혜주의 생일을 맞아 오랜만에 모이고 지영은 혜주에게 길 잃은 새끼 고양이를 생일 선물로 안겨준다. 그리고 영화는 고양이 티티가 혜주에게서 다시 지영에게로, 태희에게서 마지막으로 비류와 온조에게로 부탁되어지는 동선을 따라 친구들의 숨은 고민과 사정들을 하나하나 들려준다. 〈태풍 태양〉, 다큐멘터리 〈말하는 건축가〉를 만든 정재은 감독의 집요한 연출, 〈도둑들〉 〈베를린〉을 촬영한 최영환 감독의 섬세한 카메라, 그리고 음악 창작집단 '모임 별'의 몽환적 음악까지, 〈고양이를 부탁해〉는 20년 전 만들어졌다고 보기 어려울 만큼 앞선 감각으로 가득한 영화다. 특히 배두나를 중심으로 전형성을 찾아볼 수 없는 젊은 여성 배우들의 연기야말로 이 모던함의 중심에 있다. 2001년, 새로운 세기를 여는 청춘들의 기운을 모아 만들어진 〈고양이를 부탁해〉는 이후 한국 영화를 부탁할 사려 깊은 집사 같은 영화로 자리 잡았다. 2021년 10월 13일, 개봉 20주년을 맞아 4K 리마스터링 버전으로 재개봉했다.

CHARACTER APPROACH

"그때도 지금도 태희를 엉뚱하다고 생각하지 않아요."

**배우 배두나가 말하는
유태희 캐릭터 구축의 비밀**

"처음 시나리오를 읽고는 아니, 이런 이야기를 왜 굳이 영화로 만들지? 라고 생각했어요. 고등학교를 졸업한 여자애들이 사회에 뛰어드는 얘기가 뭐가 그렇게 대단하겠어요. 나와 내 친구들의 일상이고, 아무것도 특별하지 않은 이야기잖아요. 엄청난 사건이 벌어지는 것도 아니고요. 심지어 내 역할이라는 태희는 더 모르겠는 거예요. 태희를 그냥 글로 풀어놨다고 생각해보세요. 맨날 아빠 찜질방에서 일하다 친구들 불러 모으는 오지랖 넓은 친구로밖에 안 보였죠. 저는 오히려 지영이가 더 멋있는 캐릭터로 느껴졌어요. 그래서 이 작품은 거절해야겠다 생각하고 마지막으로 감독님의 단편 〈도형일기〉와 〈둘의 밤〉을 봤는데, 결국 생각을 바꾸게 되었어요. 내 캐릭터는 아직 잘 모르겠지만 이 감독님과는 꼭 한번 작업을 해보고 싶었거든요. 요즘도 가끔 태희에 대해 "정말 엉뚱하죠?"라고 묻는 사람들이 있지만, 저는 지금도 그때도 태희를 엉뚱함으로 접근하지는 않았어요. 획일화된 생각을 강요하는 사회에서는 남들과 똑같이 살지 않으면 이상한 아이로 취급받죠. 가정불화도 없고 가난한 것도 아닌데 집을 떠나고 싶어 한다니 엉뚱한 친구네, 라고. 하지만 만약 외국이었다면 호기심 많고 모험심 넘치는 아이를 그렇게 특이하게 여기진 않을 것 같거든요. 그래서 저에게 태희는, 나중에 가족사진에서 자기 얼굴 오려내는 것 빼고는, 크게 다를 것도 엉뚱할 것도 없는 평범하고 심심한 아이였어요. 돌이켜보면 캐릭터 자체에 큰 기대나 욕심이 없었기 때문에 가장 자유롭게 연기할 수 있었던 것도 같아요. 결과적으로 정작 연기에 욕심을 냈던 작품들보다 훨씬 많은 칭찬을 받은 작품이 되었죠. 태희의 상징 같은 스트라이프 티셔츠를 비롯해서 영화 속 의상은 제가 다 제안하고 구제 시장을 뒤져서 골라 왔던 것이었어요. 어릴 때부터 왜 그런 고집이 있었는지 모르지만, 빌려 입은 티가 나는 옷이 너무 싫었거든요. 물론 모델로서 무대에 서는 경우야 뻔뻔하게 내 옷인 양 입고 나가지만, 영화에서는 생활감 없이 빳빳한 새 옷은 절대 입고 싶지 않아요. 정재은 감독님은 처음엔 사람 좋은 큰언니같이 보였는데, 정말 다양한 숙제로 저희를 괴롭혔어요. 맥반석 찜질방을 비롯해 인천의 촬영 장소를 다 가보라고 하셨고, 태희가 쓰는 구식 타자기 연습도 계속 시키셨죠. 〈천사들이 꿈꾸는 세상〉 〈아이스 스톰〉 같은 영화를 보고 느낀 점을 제출하라거나, 시나리오에서 태희가 등장하는 신별로 내레이션을 써 오라고 하시고는 숙제 검사도 하셨어요. 물론 큰 도움이 되지는 않았지만, (웃음) 얼마 전 20년 만에 〈고양이를 부탁해〉를 다시 보았을 때 인제야 보이더라고요. 그 시절의 우리들이 얼마나 예쁘고 특별했는지, 왜 이런 이야기를 굳이 영화로 만들었는지."

TAE HIE

TAKE CARE OF MY CAT

ANATOMY

3 차영미

〈복수는 나의 것〉 **차영미, 순도 백 프로의 연인**

"이런 말이 있잖아….
삶은 돼지가 끓는 물을 두려워하랴."

영미는 말이 많다. 영미가 말이 많게 느껴지는 건 연인인 류가 말이 없기 때문이기도 하다. 청각 장애인인 류와 그의 여자친구 영미는 농아 학교 1학년 때 짝꿍으로 만났다. 류는 "개미" 같은 예지력으로 '처음 눈길이 마주치던 순간부터' 영미와 연인이 되리라는 것을 직감했다. 물론 듣고 말할 수 있는 영미는 "벙어리가 아닌 게 들통"나서 두 달 만에 학교에서 쫓겨났다. 이후 대학에서 격렬한 운동권으로 활동하던 영미는 "평양 가서 김정일 만난다고 혼자 밀항을 기도하기도" 했다. 물론 헤엄치다가 그물에 걸려 어부에게 잡히는 바람에 임무를 완수할 수는 없었다. 결과가 어떻건 간에 영미는 진심으로 자기가 생각하는 일을 행동에 옮기는 사람이다.

영미가 딱히 틀린 말을 하는 것은 아니다. 단지 사고가 늘 몇 단계를 뛰어넘어 진행되는 것이 그녀를 과격한 행동주의자로 만들 뿐이다. 아픈 사람이 무조건 치료받을 수 있는 사회, 차별 없이 장기를 이식받을 수 있는 세상을 부정하는 사람은 없을 것이다. 하지만 영미는 그것이 복지 제도나 의료 개혁이 아니라 "혁명"을 통해서 이루어져야 한다고 생각한다. 같은 돈도 돈 많은 사람에겐 "껌값"이지만 류 같은 사람들에게는 "목숨이 달린 거"라는 말도 맞다. 그래서 영미에게 유괴란 "화폐의 가치를 존나게 극대화하는" 길인 동시에 절대 죄가 될 수 없는 "자본의 이동"일 뿐이다. 결국 혁명으로 류의 누나를 살릴 시간까지는 부족하니 수술비를 위해 자본가의 아이를 유괴하자는 것이다. 영미의 레토릭은 세상에는 "좋은 유괴"와 "나쁜 유괴"가 있다는 데까지 뻗어나간다. "어리석게 경찰에 신고를 하니까 아이가 죽는 일"이 발생하는 것이고 "부모도 조용히 돈을 주고, 범인도 조용히 아이를 주면" 문제가 될 게 없다는 거다. 결과적으로 귀하게 되찾은 아이를 전보다 더 사랑해줘서 가정도 더 화목해질 테고, 자신들은 "딱 필요한 돈 2600만 원만" 요구할 것이기 때문에 이보다 더 양심적인 경우도 없다고 류를 설득한다.

영미의 주장은 일견 허황된 거짓말 같기도 하다. “나 한마디만 할게요. 나… 보통 사람 아니거든요.” 양 집게손가락으로 두 눈을 크게 벌리고, 담배를 꼬나문 채로 컴퓨터 앞에 앉아 골똘히 글을 쓰고 있는 영미는 첫 등장부터 평범해 보이지는 않는다. 경찰의 무자비한 진압으로 사망한 노동자들의 죽음에 대한 책임으로 노동부 장관에게 사형을 언도한다는 글은 깊은 고민 끝에 ‘민중과 혁명’이라는 단어가 ‘무산계급’으로 수정된다. 이 판결문은 ‘혁명적 무정부주의자 동맹’의 이름으로 최종 작성된다. 영미는 “무찌르자 공산당~” 노래에 맞춰 고무줄놀이를 하고, 거리의 행인들에게 “민중 생활 파탄 내는 신자유주의를 박살 냅시다”, “미군 축출, 재벌 해체”를 외치며 선전 전단을 나눠 준다.

어렵사리 유괴범 일당의 근거지를 찾아낸 동진은 류의 행방을 묻기 위해 영미를 전기 고문한다. 고통스러운 고문 끝에 한계에 다다른 영미는 “죽고 싶지 않으면 나 그냥 두고 가요…. 정말이에요.”라고 경고하지만 끝내 영미는 살아서 류를 만나지 못한다. 그리고 동진은 딸이 죽었던 강에서 류의 아킬레스건을 끊는 것으로 복수를 마무리한다. 하지만 알고 보니 영미는 정말 보통 사람이 아니었다. 형사는 ‘혁명적 무정부주의자 동맹’의 회원이 영미뿐이었다고 보고했지만, 그 말은 틀렸다. 실제로 등장한 영미의 조직원들은 동진의 가슴팍에 칼로 판결문을 찔러 박는다. 고통 속에 피 흘리며 죽어가는 동진은 영문을 알 수 없다는 표정으로 “왜…”라고 묻는다. 이유는 벌써 영미가 설명했다. “나한테 무슨 일 생기면 우리 조직 테러 단체니까 아저씨 죽어… 백 푸로, 확실히.” 영미의 모든 말은 ‘백 푸로’ 참말이었다. 그녀의 사과까지도 말이다. “미안해요… 백 푸로. 확실히.”

영화 〈복수는 나의 것〉 (2002)

박찬욱 감독의 ‘복수 3부작’의 시작이 되었던 작품이다. 이어지는 〈올드보이〉가 뜨거운 기름을 부은 매운 불 맛이 나고, 〈친절한 금자씨〉가 독약이 든 케이크처럼 달콤하고 치명적이라면, 〈복수는 나의 것〉은 씁쓸한 뒷맛을 남기는 차가운 복수의 드라마다. 청각 장애인 류(신하균)는 신부전증을 앓고 있는 누나의 신장 이식을 기다리며 매일의 고된 육체노동으로 수술비를 벌고 있다. 날이 갈수록 악화되는 병세 속에 류는 장기 밀매 조직까지 접촉하고 그들은 누나의 신장을 약속하며 류의 신장과 천만 원을 요구한다. 눈을 뜬 류에게 남은 건 너덜너덜해진 몸뚱아리와 사라진 신장뿐이다. 그때 병원에서는 수술비 천만 원에 누나의 수술이 가능하다는 연락이 온다. 전 재산을 털려버린 류에게 연인 영미는 돈 많은 사람의 아이를 잠시 유괴했다가 돈만 받고 돌려주자는 제안을 한다. 망설임 끝에 실행한 유괴는 원래 타깃이었던 아이가 아닌 동진(송강호)의 딸이다. 하지만 요구했던 몸값을 전해 받은 날, 동생에게 더 이상 짐이 되고 싶지 않은 누나는 자살하고, 동진의 딸은 사고로 익사한다. 결국 류는 이 비극의 원인을 제공한 장기 밀매 조직에 대한 응징을 단행하고, 동진은 아이를 유괴한 일당에 대해 처절한 복수를 결심한다. “좋은 유괴”도 “착한 놈”도 구원의 사유는 되지 못한다. 송곳으로 목을 뚫고, 피 묻은 신장을 씹어 삼키고, 옆구리가 열리고 창자가 쏟아지고, 아킬레스건을 단칼에 끊어버리는 자극적인 이미지는 직접 화법으로 이어진다. 하지만 태초의 악마성이 아니라 상황 속에 서서히 파괴되어가는 인간들의 내면은 간접 화법으로도 충분히 들리는 듯하다.

CHARACTER APPROACH

"몸짓이 결국 말을 지배할 수도 있다는 걸 배웠죠."

배우 배두나가 말하는
차영미 캐릭터 구축의 비밀

"영미는 전무후무한 캐릭터였어요. 두 명의 남자 주연 사이에 어쩔 수 없이 껴 있는 여자 역할이 아니라 확실한 자기 포지션이 있죠. 그 친구가 하는 말이나 논리를 펼쳐내는 방식이 뭔가 골 때리고 웃기면서도 매력이 있었어요. 맞는 말을 하는 것 같은데 가만히 생각해보면 안 맞는 것 같고, 그 당시에 좋은 유괴가 있고 나쁜 유괴가 있다고 일장 연설을 할 수 있는 여자라니! 너무 좋았죠. 하지만 배우로서 연기하기에는 쉽지 않은 역할이었어요. 박찬욱 감독님은 영미 같은 센 캐릭터를 저에게 맡기면서 전작들과는 다른 느낌의 반전을 바랐던 것 같아요. 그래서 부담스럽기도 했지만, 그렇기 때문에 잘 해내고도 싶었죠. 하지만 폭력을 쓰는 것도 영 몸에 안 붙었지만, 특히 욕이 입에 안 붙어서 크게 좌절했어요. '씨발'이 안 되는 거예요, '씨발'이. 살면서 그런 욕을 한 번도 해볼 일이 없었으니 내 입만 거치면 그 대사가 그렇게 어색해질 수 없었어요. 지금은 물론 훨씬 잘할 수 있는데. (웃음) 박찬욱 감독님은, 두나야- 그냥 평소에 하던 대로 해, 이렇게 놀리다가 계속 연습을 시켜도 안 되니까, 내가 지금 배우랑 찍는 건지 아역 배우랑 찍는 건지 모르겠다, 는 뼈아픈 명언을 날리셨죠. 결국 그 대사가 잘렸어요. 눈물이 나도록 속상하더라고요. 나 때문에 중요한 대사 하나가 날아갔으니까요. 동진(송강호)에게 고문당하는 장면에서는 눈물, 콧물, 침 등등… 몸의 구멍이란 구멍에선 모두 물이 나왔으면 좋겠다고 하셨어요. 강호 오빠가 귀에 침 묻힐 때 정말 괴로웠고, 그러다 오줌까지 지리는 신을 찍을 때는 너무 수치스러웠죠. 정말 죽을 것 같은 거예요. 그 덕에 다행히 대사 하나하나에서 물보다 진한 진심이 흘러나왔죠. "나한테 무슨 일 생기면 우리 조직 테러 단체니까 아저씨 죽어… 백 푸로, 확실히." 그 대사를 시나리오에서 읽을 때는 그냥 웃긴다고 생각했는데, 정작 그 상황에서 뱉다 보니까 진심이 되더라고요. 너무 괴롭다. 그러니까 일단 살려라 나를. (웃음) 수화 연기를 하며 배운 건, 정작 몇 마디의 수어가 아니라 손을 쓰니까 말이 자동으로 나온다는 깨달음이었어요. 엄마가 예전에 "발연기, 발연기, 하지만 진짜 연기는 발로 하는 거야."라는 말을 하셨거든요. 연기는 결국 블로킹으로 하는 거라고. 무대 위에서 발의 각도와 방향을 결정하는 블로킹에 따라 대사도 외워지고, 연기 호흡도 결정된다는 말이었죠. 원래 제가 말끝을 흐리고 우물우물대면서 좀 힘없이 말하는 스타일이었는데 수어를 쓰다 보니 말을 그 전보다 훨씬 정확하게 하고 있는 거예요. 손을 쓰면서 대사를 하다 보면 그 안에서 확실한 강조점이 생겨요. 배우의 몸짓이 결국 말을 지배할 수도 있다는 걸 배웠던 과정이었어요."

YEONG MI

SYMPATHY FOR MR. VENGEANCE

ANATOMY

4 박남주

〈괴물〉 **박남주, 비탄의 거북이**

"진짜 찾았어! 엄청 큰 하수구. 원효대교. 북쪽 바로 아래야!"

어쩌면 모든 것은 타이밍 때문이다. 원효대교 아래에서 괴물을 맞닥뜨렸을 때 화살이 한 호흡만 더 빠르게 날아갔더라면 현서를 살릴 수 있었을지도 모른다. 아니다, 작은오빠가 보낸 '현서원효대교북단빨리!'라는 핸드폰 문자를 더 빨리 확인할 수 있었다면 괴물의 아지트를 먼저 찾았을지도 모른다. 그것도 아니라면 큰오빠가 현서로 착각한 아이의 손을 잘못 잡게 된 타이밍 때문이었을까? 하지만 이미 벌어진 비극 앞에 가정법은 아무 쓸모가 없다.

경기 수원시청 소속의 국가대표 양궁 선수 박남주는 한강에서 매점을 운영하는 박희봉 씨네 2남 1녀 중 막내딸이다. 남주는 손님 오징어 다리나 훔쳐 먹는 어딘가 모자라도 한참은 모자라는 큰오빠 강두와 운동권 출신에 세상만사 불평불만부터 먼저 늘어놓는 사회 부적응자 둘째 오빠 남일에 비하면 가장 성공한 자식이다. 그러나 뛰어난 실력에도 불구하고 매번 활을 쏘는 타이밍을 미루는 통에 메달 순서 역시 첫째가 되지 못하고 늘 동메달에 머문다. TV로 남주의 양궁 경기를 지켜보는 큰오빠 강두는 "어떻게 저렇게 느려 터진, 선수가 있을까?"라고 응원인지 저주인지 모를 말들을 늘어놓는다. 작은오빠는 "미련하게 느려 터진 동메달"이라고 놀리며 남주를 "거북아!"라고 부른다.

오늘도 어김없이 남주의 손에는 동메달이 쥐어져 있다. 하지만 동메달에도 기꺼이 기뻐해줄 유일한 가족은 이제 이 세상에 없다. 큰오빠의 딸인 현서는 태어나자마자 엄마가 집을 나가버린 후 남주가 친동생처럼 딸처럼 키워온, 눈에 넣어도 아프지 않은 조카다. 그렇게 애틋하던 조카를 한강에 나타난 괴물이 물어 갔다고 한다. 거짓말처럼 눈앞에서 사라졌다고 한다. 억장이 무너질 것 같은 이 상황에서도 철없고 분별없는 오빠들은 분향소를 난장판으로 만들 뿐이다. 현서는 합동 분향소 위에 놓인 영정 사진이 되어 고모를 보고 환하게 웃고 있다. “사진 너무 예쁘게 나왔다…. 현서 엄마는, 현서 죽은 거 알기나 할까?” TV 뉴스는 ‘세균으로 얼룩진 동메달의 영광’이라는 자막으로 남주 가족의 뉴스를 전한다. ‘전국체전 양궁 동메달리스트’라는 미미했던 유명세에 ‘격리 시설을 탈출한 보균자 가족’이라는 새로운 프레임과 ‘도주한 신궁’이라는 자극적인 수식까지 더해져 남주는 높은 현상금의 주인공이 된다. 애타게 현서를 찾아 헤매지만, 한강은 넓고 단서는 없다. 지쳐 쓰러진 날, 꿈처럼 현서를 본다. 가족들 사이에서 스르르 일어나 김밥을 통으로 쥐고 베어 먹는 조카를 남주는 물끄러미 바라만 본다. 아무 말도 하지 않고 그리웠던 그 얼굴을 하염없이 쓰다듬고 또 쓰다듬는다.

아버지가 돌아가시고 삼 남매는 뿔뿔이 흩어진다. 이제 남주는 홀로 현서를 찾아야 한다. 성산대교 상판 안에서 쪽잠을 자고, 물웅덩이를 지나고, 다리가 꺾이도록 달리며 OST의 제목처럼 ‘외로운 질주’를 이어간다. 마침내 저 멀리 현서가 잡혀 있다는 원효대교가 눈에 들어오자, 줄곧 비장하던 남주의 얼굴엔 그리움과 슬픔이 차오른다. 거북이 등딱지처럼 짊어지고 다니던 배낭을 던져버리고 다시 자신을 향해 돌진하는 괴물을 겨냥하지만, 이번에도 타이밍을 놓친다. 다리 틈새로 맥없이 굴러떨어져 정신을 잃는다. 정신을 차리고 다시 괴물을 쫓아간 곳에는 싸늘한 주검이 되어 돌아온 조카가 보인다. 현서는 이제 사진처럼 웃고 있지 않다. 더 이상의 지체는 없다. 단호하게 쏘아 올린 남주의 불화살은 이번만큼은 늦지 않게 과녁에 정확하게 꽂힌다. 하지만 이미 떠나간 생명 앞에 복수는 아무런 쾌감도 없다. 죽은 조카를 품에 안고 오열하는 남주의 울음소리는 들리지 않는다. “새끼 잃은 부모”의 “문드러진 속 냄새”만이 “십리 밖까지 진동”하는 것 같다.

영화 〈괴물〉 (2006)

〈괴물〉은 〈기생충〉의 등장과 함께 데칼코마니의 반대쪽을 찾은 영화가 되었다. 〈괴물〉의 영문 제목인 ‘HOST’, 즉 ‘숙주’에 의존해서 살아가는 존재가 바로 ‘기생충’이다. 〈기생충〉이 한 집의 상층과 지하층을 통해 경제 계급의 측면도를 그려내는 수직적인 구조의 공포라면, 〈괴물〉은 한강이라는 열린 공간에서 수로를 따라 사방으로 뻗어나가는 수평적 공포를 담고 있다. 미군이 무단 방류한 포름알데히드가 한강으로 흘러가 탄생한 괴물이 시민들을 덮치고 그중 가장 어린 소녀를 납치하면서 영화는 시작된다. 재난물, 괴수물의 익숙한 흐름을 따라 시작하는 〈괴물〉은 점점 그 장르의 법칙들을 깨는 데 몰두한다. 괴물에 의해 손녀, 딸, 조카를 잃은 평범한 가족이 공권력의 도움 없이 자신들의 힘으로 괴물을 찾는다. 하지만 괴성을 지르며 괴물이 쓰러지는 순간에도 정작 이 영화는 처단의 카타르시스를 안겨주지 않는다. 오히려 남은 가족의 슬픔만을 오래도록 응시할 뿐이다. 〈괴물〉은 가장 한국적인 한 가족의 비극을 통해 가장 보편적인 슬픔과 공감을 자아내는 영화다. 봉준호 감독은 “괴물의 존재를 믿게 만드는 건 CG의 퀄리티가 아니라 그 괴물을 만났을 때 배우 송강호가 짓는 표정”이라고 말한다. 송강호, 배두나, 박해일, 변희봉 그리고 고아성까지 봉준호는 자신의 필모그래피를 통해 애정을 아끼지 않았던 배우들을 무려 한 가족으로 묶어낸다. 이들이 따로 또 같이 만들어내는 뛰어난 앙상블 연기는 감독의 증언대로 “시나리오상의 약한 고리나 불가피하게 허술한 부분이 생길 때 순간적인 본능으로 그 빈틈을 메워주며” 영화의 밀도를 높인다.

CHARACTER APPROACH

"아이를 잃은 참혹한 부모의 마음을 내 얼굴을 통해 보여주고 싶었어요."

배우 배두나가 말하는
박남주 캐릭터 구축의 비밀

"봉준호 감독님이 〈살인의 추억〉을 찍을 때쯤이었을 거예요. 오래전부터 생각한, 괴물이 나오는 영화가 있는데 나중에 같이 하자고 하셨죠. 초기 버전에서 저는 올림픽대로에서 뻥튀기를 팔던 여자애였는데 엄마가 괴물에 잡혀가자 양궁 하는 친구가 도와주는 이야기였어요. 그렇게 몇 년이 지나서야 지금의 시나리오를 받았어요. 어쩌다 보니까 제가 양궁을 하고 있고, 오빠들이 생기고, 뻥튀기 대신 한강 매점으로 바뀌게 된 거죠. "재밌겠네요, 할게요." 했는데 그제야 물으셨어요. "그런데 혹시… 고소 공포증은 없지?" 제가 고소 공포증에 추락 공포증까지 있어서 당연히 롤러코스터 같은 것도 못 타요. 친구들과 놀이동산 가면 밑에서 가방 들고 기다리던 애였죠. 그런 사람이 발아래 한강 물이 찰랑대는 성산대교 철골 구조물 사이를 걸어가야 했으니, 카메라에 찍힌 뒷모습은 누구보다 씩씩했겠지만 앞 얼굴은 눈물을 줄줄 흘리고 있었어요. 봉준호 감독님은 조용히 두루마리 휴지를 건네주실 뿐이었죠. 양궁은 남주에게 아주 중요한 부분이라 아예 과녁을 차에 싣고 다니면서 6개월 정도 정말 힘들게 연습했던 것 같아요. 촬영 때 대역 대신 실제로 쏴보라고 기회를 주셨는데 진짜로 9점을 쏘기도 했죠. 감독님은 남주의 치렁치렁한 파마머리가 짐처럼 느껴졌으면 좋겠다고 하셨어요. 하수구나 매점에 숨어 들어갈 때도, 한강에서 외로운 질주를 이어갈 때도 도대체 저 거추장스러운 걸 왜 머리에 달고 다니는 거야? 할 정도면 좋겠다고. 영화에서는 뛰는 장면이 많이 편집되긴 했지만, 아직 현서(고아성)가 살아 있다고 믿고 있을 때는 정말 숨이 턱까지 차오를 만큼 정신없이 한강을 뛰었어요. 나중에 두 다리에 쥐가 나서 업혀 나갈 정도였죠. 그렇게 뛰면서도 현서를 생각하면 마음이 너무 힘들어서 계속 울면서 달렸던 것 같아요. 합동 분향소 신에서 가족들이 엉겨 울면서 넘어진 후에 취재 카메라들이 달려올 때 아버지(변희봉)가 자기 딸 허리 노출된 사진이 찍힐까 봐 기어코 내 옷 뒤를 잡아당기고, 그 와중에 관리 아저씨는 차 빼라고 소리 지르고… 그 이상한 난장판 같은 블랙 유머를 관객으로서는 너무 좋아해요. 그렇게 전체 시퀀스는 사회 풍자적이고 소동극의 톤으로 흘러가지만, 저는 남주가 처음 등장할 때는 이것이 정말로 비통한 상황이라는 것을 울어서 퉁퉁 부은 내 눈만 봐도 느껴지게끔 하고 싶었어요. 재난이나 사고로 아이를 잃은 참혹한 부모의 마음이 내 얼굴을 통해 보여졌으면 좋겠다고. 저는 현서를 조카라고 생각하지 않았어요. 오빠(송강호)가 어디서 낳아 온 이 아이를 아마도 남주는 엄마같이 키웠을 거라고 생각했거든요. 마지막에 남주가 괴물에게 불화살을 날리고 지체 없이 돌아설 수 있었던 것도 괴물은 이제 아무 의미도 없기 때문이었어요. 그냥 자기 할 일을 마지막으로 처리했을 뿐이죠. 현서의 죽음과 함께 세상이 이미 끝난 것 같았을 테니까."

NAM JOO

THE HOST

CHARACTERS

5 노조미

〈공기인형〉

노조미, 최초의 인류

"내게 마음이 생겨버렸습니다."

모델명: 러블리 걸 캔디, 가격: 5980엔. 귀여운 얼굴, 동그랗고 큰 눈, 풍성하게 얼굴을 감싸는 단발머리, 군살 없이 이상적인 몸. 노조미는 중년 남자 히데오가 구매한 공기인형이다. 출시한 지 한참 지난 구형 모델이지만 상관없다. 패밀리 레스토랑 웨이터로 일하는 히데오에게는 퇴근 후 직장 상사의 험담을 마음껏 늘어놓을 수 있고, 가끔 애인처럼 예쁘게 입혀 동네 벤치에서 데이트도 하고, 늦은 밤 잠자리까지 해결하는 용도로 이 정도 사양이면 충분하다. 하지만 노조미는 그걸로 충분치 않았나 보다. 어느 아침, 집에 홀로 남은 노조미의 팔과 다리가 거짓말처럼 움직이기 시작한다. "예. 쁘. 다." 비 갠 후 창문에서 떨어지는 물방울을 손끝으로 만지는 순간, 인형의 매끈한 표면은 진짜 사람을 닮은 피부로 바뀐다. 후- 하고 첫 숨을 내뱉으며 그렇게 노조미는 세상에 태어난다.

사과를 먹은 후 에덴동산에서 쫓겨나 사람이 되었다던 최초의 여성처럼, 사과 모양 가방을 들고 처음 집 밖으로 나간 노조미는 신생아 같은 눈으로 세상을 바라본다. 마치 태어나자마자 우뚝 서고, 하루 사이에 10년씩 커버리는 기이한 생명체처럼 "다녀오겠습니다" "안녕하세요"와 같은 동네 이웃의 말을 금세 따라 하고, 서툰 걸음으로 유치원생 행렬을 쫓기도 하고, 꼬마 녀석들과 해 질 녘까지 모래 놀이도 한다. 어느덧 하나둘 아이들이 떠난 놀이터에는 노조미만 혼자 덩그러니 남겨진다. 생일도, 출생지도 모르는 그녀에겐 찾아올 엄마도 없다. 홀로 노을 지는 도시의 풍경을 경이에 찬 눈으로 내려다보던 노조미는 밤거리를 밝히고 있는 DVD 대여점으로 홀린 듯이 빨려 들어간다. 그리고 그곳에서 마법처럼 준이치를 마주한다. "찾으시는 게 있나요?"라며 반기는 이 남자를 뚫어져라 바라보는 노조미는 바로 알게 된다. 자신에게 "마음"이 생겨버렸다는 것을.

사고로 찢어진 노조미의 표면을 투명 테이프로 긴급히 봉합한 준이치는 공기 주입구가 어디에 있는지 묻는다. 사랑하는 이에게 치부를 들키고 싶지 않아 고개를 돌리는 노조미는 어느덧 '부끄러움'까지 아는 존재로 진화 중이다. 그리고 준이치의 입을 통해 불어 넣은 진짜 인간의 숨은 노조미의 내부 공기를 혈액처럼 채워버린다. 인형이었던 시절의 소우주를 날아서 탈출한 노조미는 아장대던 걸음 대신 숨이 차게 골목을 내달린다. 문방구의 가짜 다이아몬드 반지도 진짜가 된다. 조화에서 나던 꽃 내음처럼 인형의 몸에서 사람의 향기가 피어난다. 자신이 분명 이 세상에 살았다는 증거까지 스티커 사진 속에 남긴 노조미는 높은 곳에서 바라만 보던 도시를 가로지르는 강에서 오후의 햇살을 즐기며 유람선을 탄다. 이제 누구도 노조미를 사람이 아니라고 말할 수 없을 정도다. 하지만 "있어서는 안 되는 마음"이 점점 부풀어 오르면서, 가지면 안 되는 헛된 희망까지 품어버렸다. 마음이 텅 빈 사람을 사랑하게 되는 일, 마음을 갖는다는 건 그렇게 괴로움까지 동반하는 일이었다.

노조미가 세상 밖으로 나와서 제일 먼저 본 것은 쓰레기 분리수거 현장이었다. '타는 쓰레기'와 '안 타는 쓰레기'라는 청소원의 말을 처음 따라 할 때만 해도 그것이 자신과 인간을 분리하는 말이라고는 생각하지 못했을 것이다. "저 나이 먹어요…." 인형에게는 산소 호흡기와도 같은 공기 주입기를 쓰레기장에 버리고 돌아온 노조미는 이제 작은 생채기에도 빠른 속도로 쪼그라져 갈 것이 분명하다. 그리고 '안 타는 쓰레기'로 분리되어 봄이 되면 한꺼번에 처리될 것이다. 그녀에게 왜 마음이 생겼는지, 우리가 왜 이 세상에 왔는지, 인형을 만든 인형사도, 인간을 빚은 신도 잘 모를 것이다. 하지만 인형의 영생 대신 인간다운 소멸을 택한 것은 노조미 자신이다. 노조미는 인형으로 태어나 대체품으로서의 운명을 거부한 최초의 인류다.

영화 〈공기인형〉 (2010)

고레에다 히로카즈 세계에서 〈공기인형〉은 비교적 이질적인 작품이다. 〈환상의 빛〉부터 〈걸어도 걸어도〉 〈바닷마을 다이어리〉 〈어느 가족〉 등 그의 세계는 모두 가족을 중심으로 돌아간다. 〈원더풀 라이프〉를 제외하고, 〈공기인형〉은 현세를 배경으로 한 그의 영화에서 가족이 나오지 않는 유일한 영화다. 감독은 가족이 있던 자리에 홀로 도시를 살아가는 인간들의 텅 빈 마음을 가져다 놓았다. 섹스를 통해 유전자를 이어가고 가족을 통해 생명을 양육해온 인간이라는 종족 옆에, 텅 빈 육체로 그 무엇도 전달할 수 없는 인형을 주인공으로 등장시킨다. 인간 남성의 욕망을 위해, 인간 여성의 극히 일부분을 대체하기 위해 생산된 섹스돌 노조미는 한 인형이 선택한 짧은 삶을 통해 결코 대체될 수 없는 인간의 가치를 역설한다. 또한 〈공기인형〉은 〈파비안느에 관한 진실〉 〈브로커〉를 만나기 전까지는 외국인 배우와의 처음이자 유일한 협업작이기도 했다. 독창성을 주원료로 빚어진 배우 배두나는 한날한시에 찍어낸 인형에게마저 독립적인 공기를 불어 넣는다. 단계를 의식하지 않는 단계, 성장을 들키지 않는 성장, 사람 같지 않은 동시에 가장 사람다운 움직임, 고레에다 히로카즈 감독은 공존하기 힘든 고난도의 과업을 배우에게 동시에 안긴다. 배우 배두나는 인형에서 인간으로 점점 변모해가는 노조미의 변화를, 기계 장치 같은 정교한 육체의 움직임과 감정의 우물에서 퍼 올린 생생한 마음을 동시에 가동해 이룩해낸다. 만화 작가 고다 요시이에의 '고다 철학당' 시리즈 중 동명의 원작을 바탕으로 만들어져 제62회 칸 국제영화제 '주목할 만한 시선' 부문에 초청되었다.

CHARACTER APPROACH

"하나의 인생을 짧은 시간에 집약적으로 관통했던 경험이었어요."

배우 배두나가 말하는
노조미 캐릭터 구축의 비밀

"공기인형이니까 가볍게 움직일 거라 생각할 수도 있겠지만, 저는 오히려 모래주머니 같은 웨이트를 달고 있는 것처럼 행동했어요. 그러면 더 천천히, 무겁게 움직이게 돼요. 마치 약간 무중력 상태에서 움직이는 것처럼. 제가 평소에 문어나 낙지같이 흐물흐물 걷는다는 말을 듣는데, (웃음) 아무래도 인형이니까 육체의 움직임에 세심하게 신경 썼던 작업이었어요. 관절 같은 곳이 조금은 어색했으면 좋겠다고 생각해서 최대한 관절을 안 써서 걷는 연습을 했죠. 무릎을 굽힐 때도 살짝 불편한 사람처럼 아주 조금씩만 굽힌다거나 하는 식으로 몸의 움직임을 바꿔나갔어요. 대신 너무 과장하면 오히려 역효과가 날 것 같아서 아주 미세하게 조절해나가면서요. 노조미가 세상 밖으로 나오면서 마치 아기가 세상을 배우는 것처럼 하나하나 배워나간다, 하는 마음으로 연기하긴 했지만 단계별로 분명한 성장과 변화를 정해놓진 않았어요. 어느 날 '마음을 얻었다'고 표현되지만 인형에서 저라는 배우로 바뀌는 순간에 노조미가 태어난 게 아니라 그 전에도 노조미의 삶이 있었다고 받아들였거든요. 마음은 이미 예전부터 가지고 있었는데 드디어 몸을 움직이기 시작했다고 생각하면서 연기를 했죠. 그래서 영화가 시작되고 제가 등장하기 전, 노조미가 그저 인형으로만 살았을 때부터의 백그라운드 스토리를 상상했어요. 어떻게 보면 똑같이 반복되는 일상이었을 거예요. 매일 출근했다가 돌아오는 남자에게서 오늘 무슨 일이 있었는지 하루의 이야기를 들었겠죠. 물론 나는 그 조그마한 방에 하루 종일 갇혀서 눈도 깜박일 수 없고 움직일 수도 없지만, 나를 사랑해주고 매일의 이야기를 들려주는 사람이 있다는 것만으로도 되게 행복할 수 있었죠. 아마도 인형으로서는 최고의 기쁨이었을 거예요. 바깥세상을 알 리가 없기 때문에 노조미에게는 그 방이 곧 세계이고 전부였을 테니까요. 하지만 대부분의 사람들이 사회에 발을 들이면서 느끼게 되는 것처럼, 노조미 역시 세상으로 걸어 나가 모험을 하고 직접 체험하면서 많은 변화가 이루어지는 거죠. 그래서인지 마지막에 쓰레기장에서 버려져 죽는 장면을 찍을 때는 진짜 마음이 힘들었어요. 정말로 쓸모가 없어진 느낌이랄까. 처음으로 사랑도 느끼고, 사람도 느끼고, 바람도 느끼고, 골목골목을 여행하고, 혼자 유람선도 타고, 살아 있다는 감각을 온몸으로 집약적으로 느끼다가 그렇게 바람이 빠진 채 버려지고 났을 때의 기분은 말로 표현할 수 없을 정도였어요. 껍데기로 시작했지만 정말 껍데기만 남은 느낌이었죠. 이 작품을 끝내고 나서는 한동안 배우로서도 쓸모가 없어진 기분이 들 정도였죠. 후유증이 거의 반년 가까이 갔던 것 같아요. 묘한 메소드 연기였달까. 노조미를 연기한다는 것은 하나의 인생을 짧은 시간에 집약적으로 관통했던 경험이었어요."

NOZOMI

AIR DOLL

CHARACTERS

Nittaku

6 리분희

〈코리아〉

리분희, 고고한 주체

"내가 이 탁구를 오래 치갔구나….
죽자고 치갔구나."

열 살 소녀 분희는 어린 동생들에게 모든 걸 양보하는 것을 당연하다 여겼다. 하지만 낡아빠진 탁구채와 찌그러진 탁구공을 새것으로 바꿔달라고 난생처음으로 아버지에게 부탁하는 순간, 알게 되었다. 탁구가 자신의 삶과 오래도록 함께하게 될 것임을, 죽을힘을 다해 저 공을 쫓아가게 되리라는 것을. 리분희는 공화국의 혁명 사상을 고취시키고 체제의 역동성을 선전하기 위해 키워진 진격의 탁구 영웅이 아니라, 양보할 수 없는 자신의 선택을 따라 기어이 탁구채를 잡고야 만 집념의 체육인이다. 인간이 모든 것의 주인이자 모든 결정의 중심이라 믿던, 그녀의 조국이 근간으로 삼은 '주체사상'의 순수한 의미는 분희의 핏속에서만큼은 여전히 탁해지지 않은 채 고고히 흐르고 있다.

리분희의 고고함은 남북 선수들의 첫 대면에서부터 고스란히 드러난다. 긴장 속에 자기소개를 마친 북한 여성 선수에게 남한 남성 선수는 "완전 내 스타일"이라며 시답잖은 농을 던진다. 그때 현정화는 그저 만남의 긴장을 푸는 "가벼운 농담"일 뿐이라며 동료를 감싸지만 리분희는 그 말이 여성을 향한 명백한 "희롱"이라고 말한다. "남조선에서는 인권을 중시한다더니, 여성 동무들한테는 그렇지도 않은가 봅니다."라고 발언의 문제성을 재차 확인시킨 후, 이곳에 모인 목표를 잊지 말고 "탁구에만 집중하라"고 직언한다. 어느덧 우월 의식을 버린 현정화가 "안 맞았어, 안 맞았다고. 에지 아냐."라며 솔직히 패배를 인정하고 자리를 뜰 때, 그런 현정화를 보는 리분희에게는 짜증이나 통쾌함이 없다. 그보다는 이제야 저 선수와의 '페어플레이'가 가능하겠다는 것을 확인한 안도의 미소가 살짝 스칠 뿐이다. 리분희가 보여주는 상식적이고 당당한 태도는 다수의 남한 영화 속에서 그려온 북한 여성의 모습과는 확연하게 다르다. 그녀는 북에 두고 온 그리운 누이도, 남편만을 기다리는 지고지순한 아내도, 사상과 제도 속에 억압당한 눈물의 희생자도 아니다. 자본주의 승냥이들에 대한 적개심으로 이글대는 불나방 같은 여전사는 더더욱 아니다. 리분희는 '비교 우위'를 저울질하는 대신 자신이 믿는 '절대 가치'의 존엄을 지켜내기 위해 고요하게 열중할 뿐이다. 간염에 걸려 병원 신세를 지게 된 날, 정화는 북한보다 더 나은 남한의 의료 혜택을 언급하며 혹시 남한에서 살고 싶다는 생각을 해본 적이 없느냐고 운을 띄운다. 분희는 그 말이 채 끝나기도 전에, 그렇다면 "남조선보다 미국이 더 살기 좋지 않갔어?"라고 반문한다. 단순히 경제적인 우위와 복지 혜택만으로 비교될 수 없는 "조국"의 절대성을 이야기하는 분희는 가난하고 폐쇄적인 국가에서 원정 온 안쓰러운 간염 환자가 아니라, 자신이 나고 자란 땅과 국가에 대한 신의를 곧 나의 자존감으로 선택하고 지켜온 독립적인 인간이다.

리분희를 연기하는 배두나는 절대로 들뜨지 않는 태도와 조용한 카리스마로 영화의 공기를 장악한다. 평생 공산 국가의 체육인으로 살아온 사람 특유의 절도 있는 태도, 합리적으로 상황을 정리하는 근엄한 평양 말투는 좀처럼 피치를 높이지 않은 채 낮은 데시벨을 유지한다. 하지만 병든 아버지가 준 반지를 바라보는 정화를 향해 "곱다야."라고 말하는 정감 있는 동무의 목소리, 그러다가도 "바라지도 않아, 알고나 있으란 말이지."라고 받아치는 능청스러운 친구의 말투까지, 배두나가 부여한 리분희의 입체성은 다소 게으른 클리셰로 듬성듬성 엮인 이 영화의 서사에 남다른 밀도를 주입한다.

데뷔 이후 비정형의 유연함을 주요 근육으로 사용해온 배두나는 리분희를 통해 정석으로 단련해온 자신의 단단한 왼쪽 근육마저 확인시켜준다. 때론 단호한 드라이브로, 때론 사려 깊은 리시브로, 배우 배두나가 그려나가는 리분희의 초상은 '이 배우가 연기를 오래 하겠구나. 죽자고 하겠구나.'라는 확신을 이끄는 분명한 판독의 근거다.

영화 〈코리아〉 (2012)

1991년, 일본 지바에서 열린 세계 탁구 선수권대회에서 이변이 일어난다. 여자 단체전 결승에서의 우승이 유력하던 중국팀을 꺾고 남북 단일팀 '코리아'가 금메달을 차지한 것이다. 영화 〈코리아〉는 남북 선수들의 껄끄러운 만남과, 46일이라는 단기간에 단일팀이 쟁취한 믿을 수 없는 승리, 그리고 눈물의 해체 과정을 재구성한다. 한국어가 통한다는 걸 제외하면 생각도, 태도도, 농담의 방식마저 다른 남북 선수들의 불협화음은 여기저기서 들려온다. 특히 남한 최고의 탁구 스타 현정화(하지원)와 북한 최고의 인민체육인 리분희 사이의 긴장감은 상당하다. 탁구대 위의 네트는 마치 남과 북을 가르는 휴전선처럼 보일 정도다. 하지만 이들은 마주 보고 싸우는 대신 네트 너머로 나란히 서는 순간 더 강력한 팀이 될 수 있음을 안다. 만약 〈코리아〉가 '스포츠 영화'의 길을 선택했다면, '코리아' 팀이 극적인 우승을 거머쥐는 순간을 절정으로 마무리되었을 것이다. 하지만 이 영화의 감정적 클라이맥스는 다른 곳에 배치되어 있다. 함께 딴 금메달을 나누어 가진 북과 남의 선수들이 끝내 이별해야 했던 그 순간에 말이다. 북으로 향하는 버스를 탄 리분희를 현정화는 발을 동동 구르며 쫓는다. "언니… 나 뭐라고 해. '전화할게'도 안 되고, '편지할게'도 안 되고, 뭐라고 인사를 해." 전 세계 누구와도 실시간으로 소통할 수 있는 시대를 살면서, 서로 어떤 것도 나눌 수 없는 유일한 땅이 여전히 지척에 있다. 2.5그램의 탁구공이 만들어낸 기적, 영화 〈코리아〉는 30년 전 짧은 봄처럼 찾아왔던 통일의 풍경이다.

CHARACTER APPROACH

"리분희, 너는 세계 최고야, 그렇게 계속 되뇌다 보니까 리분희가 점점 더 좋아졌죠."

배우 배두나가 말하는
리분희 캐릭터 구축의 비밀

"초등학교 때 탁구부를 했어요. 5, 6학년 때 2년 내내 탁구를 쳤죠. 운동은 잘하지만 점수를 내고 승부를 짓는 걸 별로 좋아하진 않아요. 경쟁 속으로 들어가면 스트레스를 받는 성격이랄까. 그래서 선수까지는 못 하고 생활체육인에 머물렀죠. 그래도 탁구가 이미 익숙하고 잘하는 운동이라는 것이 〈코리아〉를 선택한 이유 중에도 있을 거예요. 그런데 정작 제가 연기해야 하는 리분희는 왼손잡이 선수더라고요. (웃음) 오른손이 자동으로 자꾸 올라가려고 하는 바람에 한쪽 손을 묶은 채 처음처럼 배워야 했어요. 리분희 선수가 백핸드 스매싱과 스카이 서브를 되게 잘했대요. 그걸 집중적으로 연습했죠. 평소 쓰지 않던 왼쪽 근육에 부상을 입기도 하고 발톱이 빠질 정도로 고된 연습이었지만, 탁구공이 오는 리듬과 타이밍을 아는 편이라 그나마 다행이었죠. 이 영화는 사실 분희에게 반해서 하고 싶었어요. 현정화 감독이 리분희에 대해 "도도하다"라고 표현을 했거든요. 실력과 자신감으로 만들어진 이 사람의 도도한 카리스마가 자연스럽게 흘러나오길 바라며 계속 나를 세뇌시켰어요. 리분희, 너는 세계 최고야, 넌 멋진 여자야, 그렇게 계속 되뇌다 보니까 리분희가 점점 더 좋아졌죠. 특히 이렇게 좋아하는 인물을 절대 기죽이고 싶지 않은 마음이 커지다 보니 리분희가 간염으로 병원에 누워 있는 장면을 찍을 때, 북한에선 치료를 나만 못 받는 게 아니다, 라는 대사가 너무 뱉기가 싫은 거예요. 내 나라를 내가 알아서 비하할 게 뭔가 싶어서, 너무 남한 사람 입장에서 쓴 거 같아서. 급기야 기자회견에서는 "이상하게 들릴지 모르겠지만 촬영할 때 정말 수령님 생각이 나더라."라는 문제적 발언까지 하게 되었죠. 리분희에게 있어 그 사람만 생각하면 꼭 이기고 싶고, 자존심을 지키고 싶고, 의지가 되는 존재가 누굴까 생각했더니 결국 '수령님'이 아닐까 싶었고, 저 역시 '리분희의 수령님'을 그리면서 연기를 했던 거죠. 촬영하는 내내 리분희 선수를 딱 한 번만이라도 봤으면 좋겠다는 생각이 간절했어요. 처음으로 실존 인물을 연기했는데 만날 수조차 없다니. 제가 〈코리아〉를 찍을 당시가 서른셋이었는데 리분희는 경기 당시 스물셋이었어요. 바가지 머리를 하고 화장을 지우고, 외모는 얼추 어려 보이게는 됐는데 말투나 목소리는 잘 안 되더라고요. 게다가 나이가 들면서 점점 목소리가 낮아져서 '수령님 사모님' 같다는 놀림도 받았죠. (웃음) 평양 말투를 가르쳐주신 북한말 선생님에 따르면, 원래 제 말투에 단어를 강조하는 버릇이 있는데 그런 것이 이미 북한말스럽다고 하셨어요. 리분희는 말을 절제하는 사람이지만 한마디를 하더라도 그 사람을 보여줘야 한다고 생각했어요. 특히 북한말이 희화화되는 게 너무 싫었기 때문에 절대 과장되지 않게, 내 속에서 나온 듯 말하려고 노력했죠."

BUN HUI

AS ONE

ANATOMY

경찰
이 영 남
LEE
POLICE

7 이영남

〈도희야〉 **이영남, 물숨 중인 육지생물**

"나하고… 갈래?"

경찰대학을 졸업한 여성 이영남은 레즈비언이다. 이 사회는 경감 이영남이 지닌 사명감과 동성애자 여성 이영남의 타고난 정체성이 공존하기 힘든 곳이다. 그로 인해 불미스러운 일이 발생한 후 영남은 경찰복을 벗는 대신 "공직 사회" 안에서 "학교 명예"를 지키는 방식을 택했다. 부당한 대우와 편견에 맞서 싸우기보다는 다른 곳에서 잠시 버텨보기로 한 것이다.

서울에서 좌천되어 어촌 마을의 파출소장으로 내려온 영남의 유일한 이삿짐은 마을 사람들이 눈치채지 않게 생수병에 옮겨 담은 소주다. 영남은 술을 마시지 않으면 도저히 잠을 잘 수 없는 알코올 중독자다. 퇴근 후 아무도 없는 집에 들어온 영남은 제복도 갈아입지 않은 채 물컵에 따른 소주를 벌컥벌컥 마신다. 그러곤 "하-" 하고 숨을 토해내듯 내뱉는다. 마치 깊은 물속에 있다가 겨우 빠져나온 사람처럼. 어쩌면 영남에게 바깥세상은 그저 숨을 참고 있어야 하는 깊은 물속인지도 모른다. 자칫 입을 벌렸다가는 밀려오는 물에 익사당할지도 모른다. 최대한 말을 아끼고 그저 조용히 숨을 참으며 하루를 버티는 거다. 매일 밤 욕실에 몸을 반쯤 담그고 있는 것도, 빠져 죽지 않을 높이에서 숨을 쉬며 내일의 출근을 위해 적응하는 시간일지 모른다. "너 무슨 병 있니?"라는 모욕 앞에서, "변태 년"이라는 능멸 앞에서, "애 옷을 벗기고, 애 몸을 만졌냐고요."라고 캐묻는 세상의 무례함 앞에서 영남은 소리치고 분노하지 않는다. 그저 "난… … … 그 어떤 비정상적인 의도로 그 아이의 신체에 접촉한 사실은 추호도 없습니다."라고, "선배… 미안하고요. 이것 좀 풀어줘."라고, 꾹꾹 눌러 담은 최소한의 변호와 의사만 전달할 뿐이다.

그런 영남의 안전문을 자꾸 열어달라고 하는 아이가 있다. 처참한 몰골로, 피가 철철 나는 맨발로 불쑥 나타나는 '내 문 앞의 소녀'를 어쩐 일인지 영남은 거부할 수가 없다. 열네 살 소녀 도희는 영남의 해수면을 점점 상승시킨다. "어른이 아이를 때리는 건 아주 나쁜 거야." 처음엔 사회의 어른이자 경찰로서 폭력에 노출된 아이를 향한 측은함과 책임감의 시선으로 감싸듯이 도희를 내려다본다. "너 왜 이렇게 쫓아다녀, 나한테 할 말 있어?" 자기 뒤를 주인 잃은 강아지처럼 졸졸 쫓아오던 도희를 자전거에 태우고 덜컹거리는 길을 함께 달려가면서부터 영남은 서서히 도희와 눈높이를 맞춘다. "너랑 할머니랑 여기 있었어?" 의문스러운 그 밤의 사건에 대해 묻기 위해 가만히 무릎 위로 손을 짚고 등을 구부리고 도희의 눈을 바라보는 순간, 어쩌면 직감했을 것이다. 하지만 그날의 진실 앞에 영남은 입을 닫는다. 대신 자신과 똑 닮게 머리를 자르고, 똑같은 선글라스를 쓰고, 똑같은 수영복을 입은 아이와 함께 나란히 바다를 바라보고 눕는다. 제복을 벗고 욕조에 앉아 있는 영남은 어느덧 노크도 없이 욕실 문을 열고 들어오는 도희를 아래에서 올려다보고 있다. 이제 이곳에서 영남을 구조해줄 사람은 어쩌면, 도희다.

"잠깐 차 좀 세워주세요. 잊은 게 있어서요." 도희의 적극적인 자기 구제로 사건이 종결된 후, 마침내 시골 마을을 떠날 수 있게 된 영남은 돌연 차를 세워 도희가 홀로 서 있는 바닷가로 간다. 그리고 자신과 같이 가겠느냐고 묻는다. 옛 연인의 표현대로 "적당히 다치고 도망가는" 사람이었던 영남은 이번엔 혼자 도망가지 않는다. 영남과 도희가 함께 떠나는 길, 홀로 이 마을에 도착하던 날처럼 비가 내린다. 쏟아지는 저 비를 뚫고 도착할 곳이 더 깊은 물속일지, 마침내 육지일지는 알 수 없다. 하지만 영남은 더 이상 버티지 않을 것이다. 아가미 혹은 폐, 그 어느 쪽이더라도 그 안에서 숨을 쉬는 법을 함께 배울 것이다.

영화 〈도희야〉 (2014)

외딴 섬마을에 파출소장으로 부임한 영남은 이곳의 심상치 않은 기운을 직감한다. 멀리서 보았을 때는 평화롭고 아름다운 어촌 마을이지만, 조금만 가까이서 보면 부조리한 일들이 여기저기서 벌어지고 있다. 노령화된 항구 마을의 유일한 젊은 남자인 용하(송새벽)는 집단적 함구 속에 의붓딸 도희(김새론)를 지속적으로 폭행하고 있다. 불법 체류 중인 외국인 노동자들은 노동력과 임금을 착취당하며 마을 사람들에게 노예처럼 붙잡혀 일하고 있다. 용하에게는 어느 날 굴러들어 와서 자신을 범죄자 취급하는 이 소장이 눈엣가시다. 용하가 없으면 마을이 굴러가지 않는다고 말하는 마을 사람들 역시 이 무뚝뚝하고 이상한, 소문만 무성한 외지인이 반갑지 않다. 하지만 단 한 사람, 도희에게만은 예외다. 엄마가 자신을 버리고 야반도주한 후, 의붓아버지의 폭력에 무력하게 당하며 살아왔던 도희에게 영남의 등장은 더 이상 버려지고 싶지 않은 마음, 더 이상 맞고 살지 않겠다는 의지를 키워낸다. 도희가 영남과 함께 있고 싶어서 만들어낸 거짓말은 영남을 더욱 곤란한 상황으로 몰아간다. 하지만 도희는 비극적인 희생자로 머무르지 않는다. 아무런 사회적 결정권도 가질 수 없는 미성년자 소녀는 본인이 취할 수 있는 가장 최선이자 최악의 방식으로 상황을 반전시킨다. 제67회 칸 국제영화제 '주목할 만한 시선' 부문에 초청되었던 〈도희야〉는 정주리 감독의 문제적 데뷔작이다. 철창 안에 갇힌 여성이자 레즈비언인 영남과 외국인 불법 체류자인 바킴의 상황, "애 같지도 않고 꼭 어린 괴물 같다"라고 묘사되는 도희의 선택을 통해 약자와 소수자들을 바라보는 세상과 관객의 시선을 확인하게 만든다.

CHARACTER APPROACH

"내가 하고 싶다가 아니라 내가 해야 했어요."

배우 배두나가 말하는
이영남 캐릭터 구축의 비밀

"〈클라우드 아틀라스〉를 처음 찍을 때만 해도 LGBTQ에 대해 특별히 편견도 없었고 잘 모르기도 했어요. 라나 워쇼스키가 자기 파트너를 "와이프"라고 소개하는데, 속으로 무슨 소리야? 할 정도였으니까요. 하지만 이 영화를 통해 많은 성 소수자 친구들이 생겼고, 그들과 가까이 지내면서 제가 본 거예요, 그들이 얼마나 보통 사람인지를. 그리고 그들을 향한 불합리한 사회적 대우에 분노하게 되었죠. 그래서 〈도희야〉 시나리오를 받았을 때는 어쨌든 이 영화가 세상에 나오는 걸 꼭 보고 싶었어요. 만약에 그분들을 가까이서 보지 않았다면 레즈비언은 뭐가 다른 거지? 그 '다름'의 이유를 백그라운드 스토리에서 찾고 거기에 초점을 맞춰 연기했을지도 몰라요. 하지만 그들이 그저 똑같은 보통 사람이라는 걸 알고 접근했을 때는 확실히 달라졌죠. 그래서 이 영화는, 영남은, 내가 하고 싶다가 아니라 내가 해야 했어요. 매스컴에서 희화된 특이하고 이상한 사람들이 아니라는 것을 보여줘야 한다는 사명감에 5분 만에 결정했죠. 특히 도희는 특별한 캐릭터라고 생각했어요. 그 아이가 처한 상황이라는 것이 너무나 끔찍하잖아요. 친엄마와 잠깐 살았던 낯선 남자의 집에 홀로 남겨진 채, 할머니에게 구박받고 술 취한 남자가 저지르는 가정 폭력 때문에 고통받는 최악의 상황에 놓여 있죠. 하지만 도희는 본인의 자유를 얻기 위해 굉장히 파격적인 일을 감행해요. 그리고 영남의 도움 없이 스스로를 알아서 구원하고 결국 본인이 원하던 것을 쟁취하죠. 저는 오히려 영남이 도희에게 약간 의지하고 끌려간다고 생각했어요. 외롭고 힘든 나날을 보냈던 영남은 아마도 누군가 그렇게 강력하게 자신을 붙잡았을 때 약간은 붙잡혀지고 싶다, 라고 생각하지 않았을까요? 물론 영남이 도희에게 마음이 흔들리는 신들은 많이 삭제됐어요. 관객들이 조금 더 열린 방식으로 해석할 수 있도록 남겨두었죠. 〈도희야〉는 잠깐 소속사 없이 일할 때 찍은 영화라 촬영장을 매니저 없이 다녀야 했어요. 서울에서 혼자 차를 몰고 처음 순천으로 내려가던 다섯 시간 동안 이 사람과 제대로 연결되었던 것 같아요. 영화 역시 영남이 서울에서 좌천된 후 짐 싸서 시골로 내려가는 신부터 시작하잖아요. 아마도 이런 기분이었겠지, 똑같은 풍경을 보았겠지, 이런 생각을 했겠구나…. 이 과정이 한 캐릭터에 접근해가는 얼마나 좋은 시작이었는지 몰라요. 게다가 저예산 영화라 호텔이 아니라 민박집에서 스태프들과 같이 생활할 수 있어서 더 특별했어요. 거실에 모여서 함께 라면 끓여 먹던 기억이며, 진짜 돈으로 만들 수 없는 소중한 시간이었죠. 정말 손에 꼽을 만큼 즐거웠던 현장이었어요."

YOUNG NAM

A GIRL AT MY DOOR

비트Beats?

연기의 목적을 달성하는 행동의 조각. 러시아 연출가이자 연기 교육자였던 콘스탄틴 스타니슬랍스키Konstantin Sergeevich Stanislavsky가 정의한 연기 행동action의 최소 단위, 러시아어인 'кусок(한 조각)'은 이후 스타니슬랍스키의 초기 시스템과 방법론을 적용시킨 미국 현대 영화인들에 의해 'Beat' 혹은 'Bit'로 번역되어 사용되었다. 배우가 구현한 연기의 성취에 접근하기 위해 액톨로지Actorology, 배우학는 연출, 카메라 혹은 편집의 단위인 신scene과 쇼트shot 대신 '비트'를 연기 분석의 단위로 삼는다. 각 비트의 구분점은 연구 대상(배우)을 기준으로 나뉜다. 하나의 신과 쇼트 속에 여러 개의 비트가 존재하기도 하고, 하나의 비트가 여러 신과 쇼트에 걸쳐 구현되기도 한다. 연구자의 연기 비트 분석은 연출자의 목적이나 배우의 해석과 다를 수 있다.

BEATS

보이지 않아도 보인다
〈린다 린다 린다〉

액션의 마음, 마음의 액션
넷플릭스 〈센스8〉

엄청나게 잔인하고 믿을 수 없게 평화로운
KBS 〈최고의 이혼〉

01:15:01 ~ 01:17:50

Beat #3

송은 노래를 멈추고 가만히 객석을 바라본다. 텅 비어 있다.
고개를 들어 위를 본다. 오른쪽을 본다. 왼쪽도 본다.

보이지 않아도 보인다

〈린다 린다 린다〉

일본 시바사키 고등학교로 유학 온 한국인 유학생 송(배두나)은 우연히 교내 밴드 합류를 제안받는다. 실상은 비워진 보컬 자리를 채우기 위해 "아무나 맨 처음 지나가는 사람을 고르자"는 멤버 케이(카시이 유우)의 제안에 우연히 송이 걸려버린 것이다. 일본의 펑크록 밴드 '더 블루 하츠'의 곡 '린다 린다'를 축제에 올리기로 결정한 후 악보를 나눠 가진 송과 케이는 나란히 버스 정류장 벤치에 앉아 버스를 기다린다. "나… 열심히 해도 돼?" 아직 일본말도 서툴고 노래도 그닥이지만 송은 사흘 앞으로 다가온 무대를 정말 열심히 준비한다. 늦은 밤까지 공연 연습을 하던 송은 지쳐 쉬고 있는 멤버들을 뒤로하고 연습실을 빠져 나온다. 그리고 내일 문화제가 열리게 될 학교 강당의 문을 열고 들어선다.

	1	텅 빈 강당 무대로 입장하는 송. 무대 쪽을 바라보며 걷다가 멈춰 객석을 마주 보고 중앙에 선다.
"에-, (한국어) 오늘 저희를 보러 와주신 여러분들께 정말 감사드립니다. 오늘 투어 마지막 날이라서 저희 멤버들도 단단히 각오를 하고 올라왔습니다. 아… 그럼 여기서! 밤샘, 연습으로 이 수면 부족 상태에 이른 우리 멤버들을 소개하겠습니다. 드럼! 연습은 좀 땡땡이 치지만 귀여운 교코!!! (박수) 베이스! 음식은 좀 짜지만, 말은 좀 없지만, 귀여운 노조미! (박수) 기타! 성격이 좀 급하고, 화가 나면 제일 무섭지만, 제일 상냥하고, 저를 밴드에 넣어준 케이! (박수) 마지막으로, 보컬! … 송!! 엣! (일본어) 가자!" (노래) "시궁쥐처럼 아름다워지고 싶어…."	2	손 마이크를 한 채 관객들에게 인사를 하고 밴드 멤버들을 한 명 한 명 소개한다. 이어 눈을 감고 '린다 린다'의 첫 소절을 부른다.
	3	송은 노래를 멈추고 가만히 객석을 바라본다. 텅 비어 있다. 고개를 들어 위를 본다. 오른쪽을 본다. 왼쪽도 본다.
	4	갑자기 하품을 한다. 몸이 찌뿌둥한 듯 상체를 쭉 늘린다.

텅 빈 강당 무대에 오른 송은 마치 밴드를 바라보는 듯 걸어간다. 그리고 손 마이크를 하고 객석을 향해 인사한 후 밴드 '파란 마음'의 멤버들을 한 명 한 명 소개하기 시작한다. "에-"라는 일본어식 추임새로 시작하지만 소개는 한국말로 진행된다. 영화 내내 서툰 일본어로 조심스럽게 말하던 송의 모습과 달리 살짝 너스레까지 섞어 모국어를 쓰는 송은 훨씬 편안해 보인다. 조용히 눈을 감고 '린다 린다'의 첫 소절을 마친 송은 마치 앵콜 송까지 모두 끝낸 가수처럼 객석과 무대를 천천히 바라본다. 박수와 함성 소리가 들리는 것만 같다. 상상 속의 공연에서 빠져나온 송은 이내 쩍 벌어지는 하품으로 그간 쌓인 연습의 피로를 풀어낸다.

어쩌면 연기란 보이지 않는 것을 보여주는 예술, 배우란 보이지 않는 것을 보는 사람인지도 모른다. 〈린다 린다 린다〉의 감독 야마시타 노부히로가 일본어도 노래도 능숙하지 않은 외국인을 캐스팅해 대본을 전면 수정까지 하면서 '송'을 연기할 배우에게 바랐던 것은 노래song 실력이 아니라 남다른 투시력과 상상의 구현력이었던 것 같다. 영화 초반, 밴드 합류를 결정하기 위해 노래 '린다 린다'를 듣던 송에게 멤버들이 놀라서 다가간다. "괜찮아? … 송, 울고 있잖아." 송의 우는 얼굴은 끝내 화면에 나오지 않는다. 하지만 어깨도 들썩이지 않고 무심하게 헤드폰을 내리는 배두나의 뒷모습에서는 자신이 울고 있었다는 것조차 인지하지 못한 송의 눈물이 보이는 것 같다. 인적 없는 한밤의 교정, 펄럭이는 만국기 아래 축제 부스들이 줄지어 늘어선 길을 통과하며 배두나는 "두더지 잡기 하세요!" "야끼 소바 맛있어요! 어서 오세요!"라며 신나게 외친다. 나풀나풀 걸어가는 이 배우의 경쾌한 발걸음은 한낮, 왁자지껄한 축제의 한복판을 걸어가는 것 같다.

배두나는 영화 내내 보이지 않은 것을 보여주고, 보이지 않는 것을 본다. 송이 부르다 만 노래의 다음 가사는 "사진에는 찍히지 않는 아름다움이 있으니까写真には写らない美しさがあるから"다. 린다linda는 스페인어로 '아름답다'는 뜻이다. 린다, 린다, 린다. 학창 시절의 마지막 축제, 함께라서 즐거웠던 시간, 친구들의 파란 마음. 무대 위의 송은 그 아름답고, 아름답고, 아름다운 것들을 보고 있다.

Season 2 Episode 7. 39:18~ 43:55

Beat #6

"많이 늘었네요, 형사님."

액션의 마음, 마음의 액션

넷플릭스 〈센스8〉

‘‘K-장녀’의 모든 것’. 〈센스8〉으로 연결된 8명의 주인공들 중 서울의 박선(배두나)만 떼어 놓고 본다면 이런 제목이 붙어도 무방했을 것이다. 아버지(이경영)의 반대 때문에 운동선수로서의 꿈도 접고 가족 회사를 책임져야 하는 것도 모자라, 선은 망나니 같은 남동생 중기(이기찬)의 죄를 뒤집어쓴 채 감옥까지 대신 간다. 그러나 어린 동생을 지켜주라는 어머니의 유언을 저버리지 못하는 착한 딸인 선은 두려움이 있어야 할 자리에 책임감을 밀어 넣은 채 시즌 2 중반을 넘도록 싸우고 또 달려왔다. 가까스로 탈옥에 성공한 선은 부모님이 나란히 모셔진 추모 공원을 홀로 찾는다. 자책하며 눈물 흘리는 선의 옆으로 하나둘 나타난 센세이트Sensate들은 “네 잘못이 아니”라며 위로한다. 따뜻하게 위로받은 마음을 안고 돌아가려는 순간, 집요하게 선의 뒤를 쫓아온 형사 문(손석구)을 마주한다. 그는 박중기를 잡을 수 있도록 수사에 협조해달라고 부탁한다. 자신을 믿어준다면 “반드시 보호해”주겠다는 약속과 함께. “난 누구의 보호도 필요 없어.”라며 거절하는 선에게 문은 그 말의 진위를 가릴 대련을 신청한다. 이미 한차례 문을 납작하게 쓰러트린 전력이 있는 선은 코웃음을 치며 도전을 받아들인다. 들고 있던 가방을 내려놓고 샌들을 벗어 던진다. “얼마나 실력이 늘었는지 볼까, 형사님?”

대사		지문
	1	주먹을 휘두르는 문의 선제공격에도 눈 하나 꿈쩍하지 않는 선. 그저 상체를 꼿꼿이 편 채 왼쪽, 오른쪽으로 주먹을 피하다가 빈틈으로 한 방 날릴 뿐이다. 다시 들어오는 공격에도 절도 있는 발차기로 대응하다 360도 돌려차기로 공격한다. 몇 번 훅을 날린 후에 앞으로 쭉 뻗어 차올린 다리로 문의 어깨를 내려찍어 제압한다.
문 "마지막으로 져본 게 언제지?" 선 "기억 안 나는데?" 문 "킹콩 김과의 경기에서 네가 썼던 기술 기억나. 우리 도장에서 최고였는데 네가 박살을 내더군. 나무 베듯이."		문의 질문에 선은 가소롭다는 표정으로 대답한다. 살짝 움츠러든 몸짓에도 불구하고 문은 이 상황을 즐기는 듯 웃어 보인다.
		정교한 뒷발 돌려차기로 대결을 이어가던 선의 나무 베듯이 돌려 찬 킥에 문형사는 코피를 흘린다.
선 "이렇게?" 문 "응, 바로 이렇게." 선 "이제 됐지?"		자신만만한 표정으로 내려 보는 선은 이쯤에서 싸움을 끝내려 한다.
문 "아니, 아니지."		문이 고개를 절레절레 흔들며 여전한 대결 의사를 밝히며 다시 일어난다. 선은 해볼 테면 해보라는 표정이다. 오가는 주먹 끝에 선이 문의 왼팔을 잡아 업어 친 후, 연속 발차기로 아래쪽 계단으로 몰아간다. 계단을 거꾸로 내려가며 방어하던 문이 뒤로 넘어가려 할 때 선이 팔목을 잡아끌어준다.
	2	놀라는 문. 눈썹을 찡긋하며 내가 살려줬지? 하는 표정을 짓는 선.

선 “넌 생각이 너무 많아.”

문 “내 사부님도 같은 말을 하셨지… 중요한 경기에서 졌는데 이걸 해도 되는지 안 되는지 너무 많이 생각한다는 거야. 스승님 왈, 싸움은 머리로 하는 게 아니라 가슴으로 하는 거라셨지. 당신도 그렇게 생각해?”

선 “내 생각에 당신은 나 귀찮게 할 시간에 그 사부님 곁에 좀 더 오래 붙어 있는 게 좋겠어.”

문 “그런데, 이쪽이 훨씬 재밌거든. 자, 덤벼. 시작하자고!”

잠시 싸움을 멈춘 두 사람은 계단을 함께 내려가며 이야기한다.

3 선도 기꺼이 대결에 응한다. 다시 서로를 공격하던 중 마주 잡은 팔이 엑스자로 교차되어 꺾인다. 두 사람은 그 어느 때보다 가까이 밀착된다.

문 “당신이 싸움을 기억 못 하는 이유가 뭔지 알 것 같아. 넌 사람을 상대로 싸우지 않아. 다른 걸 위해 싸우지. 넌 네 아버지 때문에 싸움을 위한 가짜 정체성을 사용했어. 당신 아버지는 네가 얼마나 특별한 사람인지 알기를 거부한 거지.”

문의 말에 허를 찔린 듯, 냉정하고 거침없던 선의 표정이 순간 아득하게 바뀐다.

4 하지만 선은 다시 주먹을 뻗는다. 대신 이번엔 인정사정 보지 않는다. 분노의 외침과 울분이 담긴 발차기 연타에 문은 쓰러진다. 강타하는 주먹과 명치끝을 파고드는 발차기에 문은 속수무책으로 밀린다. 턱 밑으로 어퍼컷을 날린 후 휘청이는 문을 부둥켜안듯이 밀고, 두 사람은 아예 계단 아래로 날아가듯 떨어진다. 뒹굴듯이 싸우다가 다시 일어나 주먹이 오간다.

5 이번엔 선이 살짝 균형을 잃고 쓰러지려는 찰나, 문이 그녀를 붙잡는다. 왼손은 문에게 잡혀 결박당한 채 오른손은 문의 멱살을 잡고 있다. 떨어지는 땀방울과 떨어지는 태양 빛이 뒤엉키는 시간, 서서히 얼굴이 가까워지는 두 사람은 입을 맞춘다. 하지만 이 순간에도 선은 멱살을 잡은 오른손의 힘을 풀지 않는다. 어느덧 스르르 손에 힘이 풀린 선의 눈빛이 흔들린다.

6 그 순간, 선이 방심하고 있던 문을 돌려 치는 주먹으로 가격한다. 문의 등을 지고 날아올랐다가 빠르게 어깨를 잡고 돌려서 바닥에 메다꽂는다. 완전히 넉다운된 채 누워서 정신을 잃은 문. 가쁜 숨을 내쉬며 툭툭 일어선 선은 문을 내려다보며 말한다.

선 "많이 늘었네요, 형사님."

선은 머리를 가볍게 흔들어 정리한 후 자리를 뜬다.

배우들에게 '액션 신'은 '액션'인 동시에 '신'이다. 즉 고난도의 '무예martial arts'를 보여주는 것이 목적이 아니라, '액션'에 큰 비중을 둔 '연기'를 수행해야 한다는 뜻이다. 무술과 스턴트에만 능한 고수도, 감정 연기만 발달된 배우도 좋은 액션 신을 만들어낼 수 없다. 물론 어떤 액션 신은 깊고 섬세한 감정의 트랙과 잠시 분리되어 액션 그 자체의 장르적인 쾌감 위에서 달려가기도 한다. 또 어떤 액션 신은 배우의 신체 기술과 캐릭터의 심리를 2차선 도로에 나란히 싣고 달려가기도 한다. 〈센스8〉에서 배두나가 연기한 선은 매번 8차선 도로 위 같은 복잡한 액션 신을 완주해야 했던 캐릭터다. 특히 추모 공원에서 문형사와 본격적으로 대결을 시작해서 끝내는 5분도 안 되는 시간 동안 배두나는 기술 및 동선의 수행, 감정의 변화, 대사의 구술을 순차적이 아니라 통합적으로 진행한다. 지그재그로 차선을 변경하는 동시에 그 차선에 머무를지, 이동할지를 도통 예상하지 못하게 만들어야 한다.

비트 1은 비교적 선명하다. 여유로운 태도와 간결, 정확한 액션으로 문이 전혀 자신의 맞수가 될 수 없음을 증명해 보인다. 힘의 우위는 선에게 있다. 비트 2는 잠시 액션을 멈추고 선과 문 사이의 인간적인 호감과 친밀함의 리듬을 키우는 데 할애한다. 리듬의 주도권은 두 사람 모두에게 공평하다. 하지만 비트 3에 이르러서는 힘의 우위가 문에게 넘어간다. 평생 자신을 괴롭혀온 트라우마를 타인의 입에서 듣게 되는 순간, 선의 얼굴은 잠시 다른 세상으로 이동한다. 배두나의 육체는 여전히 힘주어 손석구의 팔을 붙잡고 있지만, 배두나의 눈은 어딘가 먼 시간으로, 깊은 바닥으로 가버린다. 배두나의 얼굴 위에서 선의 지난 시간들이 몽타주로 지나가는 장면이 보이지 않는데도 보이고, 현실의 5초는 길고 느리게 흘러간다. 마치 9시 뉴스에 나오는 자신을 상상하던 〈플란다스의 개〉의 현남이나, 호주 워킹 홀리데이를 설명하던 〈고양이를 부탁해〉의 태희처럼 말이다. 고레에다 히로카즈 감독이 "배두나의 '존 아웃zone out' 모먼트"라고 설명한 이 배우 특유의 순간적 몰입, 그 찰나와 같은 영원의 시간을 통과하며 배두나는 때론 천국을, 때론 지옥을 터치 다운하고 다시 현실로 돌아온다. 선은 약해진 마음에 대한 우려에 스트레이트 훅을 날리면서 비트 4를 준비 운동 없이 밀고 들어온다. 비트 1이 마치 범에게 덤비는 하룻강아지 같은 문을 상대하는 여유롭고 우쭐한 액션이었다면, 비트 4의 주먹은 다른 대상을 향해 있다. 자신에게 희생을 강요한 아버지와 남동생 그리고 "원하는 것과 가질 수 없는 것 사이에 갇혀버린" 스스로의 운명을 향한 울분의 발차기다. 비트 5는 지그재그로 달려온 앞선 주행으로 흘러내린 땀과 격렬한 호흡, 석양까지 끼얹어진 채 시간과 공간이 뒤엉킨다. 하지만 선은 오래 지체할 시간이 없다. 다시 힘을 획득한 선은 순식간에 문을 제압하고 짧은 격려의 말과 후련한 숨을 내쉰 후 가뿐하게 퇴장한다. 로맨틱했던 입맞춤은 어쩌면 잠시 자각의 문을 열어준 것에 대한 감사 인사인지도 모른다. 역시, 스키니 비치 선!* 하늘 아래 태양SUN은 하나다.

* '돈 전부를 마른 여자에게 걸었어Smart Money's on the Skinny Bitch.' 〈센스8〉 시즌 1 에피소드 3의 제목. 낮에는 투자 회사의 대표로 일하지만 밤이면 불법 격투장의 파이터로 뛰는 선을 심판은 '스키니 비치'라고 부른다.

15화 00:12:28 ~ 00:16:02

Beat #3

"나… 아마 알았을 거야. 니가 나 좋아하는 거."

엄청나게 잔인하고 믿을 수 없게 평화로운

KBS 〈최고의 이혼〉

휘루(배두나)는 3년의 결혼 생활을 끝내고 "사랑하지만 좋아하지는 않는" 남편 석무(차태현)와 이혼했다. 무심하고 무뚝뚝한 석무는 휘루가 일방적으로 바라봐야 하는 존재였다. 하지만 새롭게 다가오는 시호(위하준)는 다정한 눈으로 휘루를 지켜봐준다. 꼬인 데 없이 건강하고 젊은 이 남자는 심지어 전 남편을 제대로 잊을 때까지 자기를 "계속 이용하라"고 씩씩하게 제안한다. 휘루 역시 그의 호의가 싫지 않다. 그의 노래에 위로받고 그의 이야기에 웃을 수 있었다. 함께 영화도 보고 술잔도 나누었다. 하지만 휘루의 마음속에는 여전히 석무가 있다. "밉고 싫은데 걱정"이 된다. 지난 관계에 대한 휘루의 여전한 혼란을 눈치챈 시호는 결국 직구의 고백으로 승부수를 던진다.

휘루 "뭐야. 아니, 노래로 어린이집까지 접수한 거야?" 시호 "누나 때문에 땜방 전문 됐다니까요." 휘루 (웃음) "계속 할 거야?" 시호 "아니요. 나 곧 떠나요. 런던 가요. 집 내놓고 그 돈으로 여행 좀 가려고요." 휘루 "어!!!! 우와- 얼마나?" 시호 "그냥 돈 떨어질 때까지 버티는 거죠, 뭐." 휘루 "와- 진짜 너무 좋겠다. 나 유럽은 한 번도 못 가봤는데. 가까운 데만 이렇게 막 빙빙 돌았거든. 시호 "아… 예상한 반응이 아닌데." 휘루 "와, 진짜 좋겠다. 부럽다."	1	시호는 휘루의 눈을 응시하며 외국으로 떠난다는 소식을 전한다. 휘루는 투명하게 환호하고 진심으로 기뻐한다. 예상과는 다르게 흘러가는 휘루의 반응에 실망한 듯 고개를 갸웃하는 시호는 씁쓸한 미소를 짓는다. 휘루는 마치 그 모습을 보지 못한 것처럼 계속 부러움의 찬사를 이어나간다.
시호 "한 방 더 먹이네…. 같이 안 갈래요?" 휘루 "에엥?" 시호 "이혼… 했잖아요. 끝난 거 맞죠?" 휘루 "아…." 시호 "좋아해요…." 휘루 "어?" 시호 "사랑…" 휘루 "어… 야…" 시호 "아…. 엉망이네 진짜. 아니, 언제 어떻게 말해야 되나 엄청 고민했는데 이런 말은 결국 그냥 이렇게 튀어나와버리나 봐요. 그래도 말 나온 김에 그냥 할게요. 좋아한다고. 많이 생각한다고. 너무 생각난다고. 행복하게 해줄게요. 많이 웃게 해줄게요." 휘루 "왜 계속 웃고 있어?" 시호 "침 못 뱉게요." (웃음)	2	시호는 짧고 분명한 언어로 사랑을 고백한다. 당황해서 눈빛이 흔들리는 휘루는 대답 대신 짧은 감탄사만 내뱉는다. 더 지체할 수 없는 시호는 또박또박 진심을 담은 고백을 전하기 시작한다. 휘루의 표정은 점점 웃음기가 사라지고 복잡해져 간다. 하지만 시호는 미소를 잃지 않은 채 확신에 찬 다짐과 다정한 약속을 이어간다. 갑작스러운 고백에 난감한 듯 고개 숙인 휘루의 얼굴을 보기 위해 이리저리 목을 빼는 시호. 그 장난기 가득한 모습에 휘루도 어느새 피식 웃음 짓는다.

휘루 "모로 반사 같은 거…. 나 학교 다닐 때 그런 거 배웠거든? 신생아들이 몸의 위치나 변화 같은 게 있을 때, 팔을 벌려서 뭔가를 껴안거나 잡는 행동을 한대. 뭐 껴안기 반사라고도 한대. 근데 그게 보통은 5~6개월 지나면은 없어지거든. 근데 나는 그게 안 사라진 것 같애. 뭔가 변화가 있을 때 상처받거나 외롭거나 무섭거나 그럴 때… 아무…나 껴안…거든."

시호 "어렵게 말하면 내 마음대로 해석할 건데?"

휘루 "나… 아마 알았을 거야. 니가 나 좋아하는 거. 그게 위로가. 됐어. 네가 쳐다보는 게, 니가 웃는 게, 니가… 막 거기 있는 게, 그냥 너무 위로가 돼가지고 나도 모르게 너한테 손을 뻗었던 거 같애. 그러니까 내가 잘못한 것도 있어. 진짜 미안해. 진짜 미안해."

3 결심한 듯 웃음을 거둔 휘루는 그동안 시호와 나누었던 시간이 외로움과 두려움이 만들어낸 반사 행동이었을 뿐이라고 설명한다. 자조적인 표정과 함께 "아무나" 껴안는다는 말의 끝을 살짝 흐린다. 거절이나 승낙 대신 갑작스러운 고해를 듣게 된 시호는 당황한다. 하지만 다시 한번 분명한 대답을 원한다. 마침내 휘루는 시호의 눈을 똑바로 바라보며 사실 그 마음을 알면서도 모른 척했음을 시인한다. 시호가 만들어준 위로의 순간을 이야기할 때는 잠시 아련하게 미소 짓기도 한다. 그러나 이내 이기적인 태도에 대한 미안함과 사과를 거듭 전하며 입술을 깨문다.

멀리서 보면 따뜻한 오후의 평범한 카페 데이트처럼 보인다. 하지만 그 안에는 치열한 감정의 격전이 벌어지는 중이다. 습관이 되어버린 사람과 공간에서 좀처럼 벗어나지 못하는 자신과는 달리, 낯선 땅으로 떠날 결심을 한 시호에 대한 진심 어린 부러움이 축하의 환호 사이 언뜻언뜻 비친다. 출국 소식을 전하는 상대의 저의를 못 알아듣는 척 딴청 피우던 휘루는 마침내 던져진 직접적인 고백 앞에 당황한다. 비트 1, 2는 휘루의 속마음이 궁금한 시호의 적극적인 고백에 대한 배두나의 '리액션'으로 채워진다. 이어지는 비트 3은 반대로 배두나의 정교하고 능숙한 '액션'을 확인할 수 있다. '모로 반사moro 反射' 같은 생경한 용어의 사용은 자칫 장식에 그치거나 감정 몰입을 방해할 가능성이 크다. 하지만 배두나는 오로지 뉘앙스와 시선, 호흡을 이용해 이것을 이야기처럼 들리게 만든다. 게다가 건조한 용어 해설이 순간적으로 가장 내밀한 사적 고백으로 변경되는 고난도 트랙 위에서도 기어 전환을 눈치챌 수 없을 만큼 유연하게 오간다. 상대를 "아무나"로 만들어버린 나의 잔인한 행동의 속성을 인정하는 동시에, 위로를 주었던 너의 고마운 마음 역시 살짝 떨리는 목소리와 붉어진 눈을 통해 묘사한다. 배두나의 연기는 차가움과 뜨거움이 행과 행 사이 바짝 등을 대고 있는 대본을 통과하면서도 좀처럼 적정 온도를 벗어나지 않는다. 불쑥 날아온 고백을 거절할 수 없게 거절하는 동시에, 위선 없는 태도로 상대의 마음까지 조용히 움직이는, 엄청나게 잔인하고 믿을 수 없게 평화로운 비트다.

COLLABO RATION

RENDEZ-VOUS

배두나

고레에다 히로카즈

PHOTOGRAPHY 우상희

영화 〈공기인형〉

〈브로커〉

배두나 ⟋ 고레에다 히로카즈
12년, 우주의 순환과 필연의 랑데부

영화인의 우정에는 오해가 있다. 촬영 현장의 화기애애한 분위기가 반드시 좋은 영화로 이어지는 것은 아니다. 감독과 배우의 영혼을 연결하는 '페르소나'라는 신화는 과장되기 일쑤다. '사단' 혹은 '패밀리'로 명명된 허약한 패거리의 붕괴 역시 종종 목격하게 된다. 충돌과 불화 속에 탄생하는 마스터피스도 있고, 의리와 우정 속에 함몰되는 유람선도 있다. 냉정하게 말하자면 상업 영화 현장의 동료란 서로의 필요와 목적에 의해 모였다가, 특정 기간 전력을 다해 영혼과 육체를 나누고는, 영화 개봉을 디데이로 이별하는 관계다. 그것은 어쩌면 예술인 동시에 상품으로 작동해야 하는 '영화'의 속성일 것이다. 12년 전, 한국 배우 배두나는 일본 감독 고레에다 히로카즈와 처음 만났다. '한-일 문화 교류'나 '일본 진출' 같은 거대한 의도나 어젠다가 개입되지 않았던 돌출적 조합이었다. 하지만 언어를 뛰어넘은 그들의 협업으로 영화 〈공기인형〉은 제62회 칸 국제영화제 '주목할 만한 시선' 부문에 초청되었고, 배두나는 이 영화로 제33회 일본 아카데미 시상식에서 우수 여우주연상을 수상했다. 국적도, 세대도, 성별도 다른 그 둘은 지난 12년간 희귀한 우정을 지속해왔다. 그러나 두 사람이 좋은 친구가 되었다는 사실이, 그들의 다음 작업을 보장하는 근거가 될 수는 없다. 2021년 〈브로커〉에서의 협업은 타국에서의 영화 작업을 성사시킬 만큼 세계적 거장으로 자리 잡은 한 감독과, 국경과 영역을 한정 짓지 않고 단단하게 성장해온 한 배우가 각자의 가치를 공고히 한 끝에 만들어낸 필연의 랑데부다. 친분과 우정이라는 신화에 매몰되지 않은 채, 12년이라는 완전한 우주의 주기를 따라, 배두나와 고레에다 히로카즈가 다시 조우했다.

현장 통역 연지미, 번역 감수 임경선

백은하 2009년 〈공기인형〉이 개봉했고, 2021년 〈브로커〉*로 다시 만났습니다. 공식적인 작업으로 보자면 무려 12년 만입니다.

고레에다 히로카즈 드디어 염원이 이루어졌습니다. (웃음)

배두나 감독님과 다시 한번 작업하는 건, 저 역시 오래 기다려온 프로젝트였어요. 카메라 안에서 연기하고 있는 저라는 배우를 이렇게나 좋아해주시는 감독을 정말 오랜만에 다시 만난 느낌이었지요.

고 저 역시 두나 씨가 연기한 신들이 너무 좋아서 보고 또 보고 있습니다. 눈을 뗄 수가 없어요.

배 하하하하. 늘 저렇게 말씀해주신다니까요. 배우로서는 더할 나위 없는 행복이죠.

12년 만에 만난 배두나라는 배우는 어떻게 여전하고 또 어떤 부분이 달라져 있던가요?

고 약간의 호흡 차이로 그 신을 코미디로 바꿀 수도 있고, 한순간에 진지함으로 바꿀 수도 있는 기가 막힌 센스, 이건 그때나 지금이나 여전했습니다. 달라진 점이라면… 톱클래스 운동선수들이 경기 중 최고의 기록을 세우는 순간에는 마치 세계가 멈춘 것 같은 진공의 순간, 몰입의 순간이 찾아온다고 하잖아요. 어느덧 배두나가 그런 경지에 이르렀다 싶은 순간들을 목격했어요. 아마 〈브로커〉를 보신다면 제가 무슨 말을 하는지 아실 거예요.

배 저는 아직 영화를 못 봐서, 어떤 장면을 말씀하시는지 전혀 알 수가 없는데요? (웃음)

고 저렇게 말하지만 이미 다 알고 있을걸요? 어떻게 보면 사소할 수도 있는 통화 장면이 있는데, 그때 두나 씨의 연기를 보면서 와! 이거 왔다! 라고 생각했어요. 뭐라고 해야 할까, 하루의 모든 에너지를 그 한 컷에 모두 소진해버린 게 아닐까 싶을 정도였죠. 그래서 그 촬영이 끝나고 난 후에 나도 모르게 두나 씨를 와락 안아줘 버렸어요.

배 마구 열연하는 장면도 아니었고, 그냥 되게 자연스럽게 흘러가는 신이었어요.

---

* 일본 감독 고레에다 히로카즈가 연출하고 송강호, 강동원, 배두나, 이지은(아이유) 등 한국 배우들이 출연해 한국어, 한국 배경으로 촬영되었다. 영화사 집 제작, CJ ENM 투자·배급의 한국 영화로, 2021년 4월 부산에서 크랭크인하여 같은 해 6월 크랭크업했다. 아이를 양육할 수 없는 이들이 익명으로 아기를 두고 갈 수 있도록 마련된 '베이비 박스'를 둘러싼 이야기.

고 배두나는 궁금증이 끼어들 여지가 없을 만큼 적확한 연기를 해요. 핀셋으로 꼭 집는 느낌이랄까. 아– 이거지, 저 이상은 없지. 더 이상의 선택지는 없지… 하는 생각이 들죠. 그렇다고 해서 답을 하나로 규정시켜 납작하게 만든다기보다는 그 감정을 더욱 풍요롭게 확장시키는 식이란 말이죠. 예를 들어 차 앞 좌석에서 뒤돌아보는 장면이 있어요. 그때 몇 초의 공백, 뒤돌아보는 속도, 그 리듬이 대단해요. 그게 너무 기가 막히게 좋아서 감탄을 하며 몇 번씩이나 다시 모니터를 되돌려 보게 되더라고요. 결국 대사도 없는 짧은 포즈pause와 속도, 리듬을 통해서 감정까지 표현해내는 데 성공하죠. 배우는 감정을 표현하고 있을 뿐이지만, 그건 육체를 완벽하게 컨트롤하고 있기 때문에 가능한 거라고 생각하거든요. 앞서 말한 일류 운동선수 수준의 신체 컨트롤이 가능한 사람이 곧 일류 배우라고 생각해요.

배 그런데 저는 그걸 계산해서는 못 해요. 계산해서 하면 바로 어색해지거든요.

고 또 떠오른 순간은, 〈브로커〉에서 두나 씨가 어떤 반론을 하기 전 침을 꿀꺽 삼키거든요. 그런데 침을 삼키는 호흡과 리듬으로 이 인물에 대한 많은 것이 설명되는 느낌이었어요. 사실 시나리오상에서 이 인물의 배경이 잘 파악되지 않는다는 의견을 많이 들었거든요. 하지만 저는 만약 배두나가 이 연기를 한다면 충분히 보일 것이라고 계속 주장을 했죠. 어쩌면 시나리오만 읽는다면 열 명 중 한 명 정도밖에 눈치채지 못했을 캐릭터의 이면을, 이 배우는 그중 여섯 명 정도는 분명히 눈치채거나 알 수 있는 것으로 바꿔버려요. 언어를 더하거나 과장된 동작을 더하지도 않은 채 그 뉘앙스를, 시나리오의 행간까지지도 다 표현해내는 거예요. 각본을 하나도 바꾸지 않고 정말 사소한 포즈, 타이밍, 리듬의 조절만으로 연기가 이렇게 바뀔 수 있구나, 라는 것을 언제나 보여주는 배우라는 걸 새삼 깨달았고 그 부분에서 다시 한번 감탄하지 않을 수 없었습니다. 두나 씨, 그건 어떻게 가능한가요?

배 전 감독님이 다 알려주셨다고 생각했어요. 촬영 들어가기 전에 감독님이 써주신 글에 제 캐릭터에 대한 설명이 충분히 있어서, 이 사람이 어떤 사람인지를 알고 촬영에 들어갔으니까요. 그러니 그 순간 그냥 침이 꿀꺽 넘어가던데요. (웃음) 저도 궁금한 게 있어요. 〈공기인형〉에 이어서 이번에도 놀랐던 것은, 한국어를 모르시는데도 불구하고 어떻게 정확히 제가 오케이라고 생각했던 테이크에 대해 오케이를 하시는 거예요? 저뿐 아니라 다른 배우들의 연기도 그래요. 지켜보면서 와, 방금 테이크는 너무 와닿는다, 라고 생각하면 어김없이 오케이가 나요. 너무 신기해요.

고 그건 그냥 알 수 있지요. 물론 제가 한국어의 뜻을 정확히 이해하고 있는 건 아니기 때문에 최종 확인이 필요한 부분은 있지만 지금 연기가 좋다 나쁘다, 이건 알 수가 있는 거죠. 서로 주거니 받거니 하는 대사가 마치 음악처럼 조화롭게 들린다거나, 대사가 온전히 배우 자신의 것이 되어 감정까지 충분히 표현된다든지, 신체 움직임과 발화된 대사가 딱 맞아떨어지는 것들이 느껴지거든요. 그런 면에서 연기라는 것은 언어의 뜻만의 문제는 아닌 것 같아요. 어쩌면 오히려 제가 한국어의 뜻을 모르기 때문에 더욱더 그런 부분에만 집중할 수 있기도 하고요.

"웃기고 이상한 모습이 너무 매력적이에요."

음악이나 무용처럼 말이죠?

고 네, 맞아요. 자막이 없는 영화를 봤을 때 앞뒤의 뉘앙스를 더 예민하게 집중해서 보게 되잖아요. 그것과 비슷한 것 같아요. 프랑스에서 〈파비안느에 관한 진실〉을 찍으면서 아, 충분히 알 수 있구나, 라는 확신이 생겼어요. 만약 외국어로 연기하는 배우들에게서 내가 좋은 연기를 캐치할 수가 없다고 판단했다면 다른 나라에서 또다시 영화를 찍는다는 건 두 번 다시 생각할 수 없었을 거예요. 하지만 그때의 경험을 통한 확신과 함께 이렇게 또 한국이라는 타국에서 영화를 찍을 수 있었죠.

어쩌면 까뜨린느 드뇌브 배우와 작업할 용기를 낼 수 있었던 것도, 돌이켜보면 〈공기인형〉에서 첫 외국 배우였던 배두나와 함께한 경험이 작용했겠군요.

고 그렇죠. 그런데 까뜨린느 드뇌브는 좀 달라요. 이 배우의 대사를 듣고 있으면 마치 음악처럼 들리기도 하고, 뭔가 대사도 완벽한 것 같거든요. 그래서 "지금 너무 좋았습니다!" 하고 나서 통역사에게 물어보면 "아… 지금 대본과는 전혀 다른 대사를 하고 계십니다."라는 답을 듣죠. (웃음) 이 배우는 0점 아니면 10점, 50점, 30점, 그러다가 어떤 순간에 딱 100점의 연기가 나와요. 그런데 그 완벽한 테이크가 어느 시점에 찾아오는지는 아무도 모르죠. 만약에 그 100점짜리가 첫 테이크에 왔는데, 포커스가 안 맞는다거나 녹음이 잘못되었다거나 기술적으로 실수가 있을 수도 있잖아요. 그래서 다시 한번 가주십시오, 부탁하면 "나 방금 100점이었거든요. 그러니까 더 이상은 안 나와요." 하고 연기를 끝내버려요. 이건 험담이 아닙니다. 실제로 그게 정말 100점짜리 훌륭한 테이크니까요. 그리고 어떤 신에서든 반드시, 한 번은, 그런 완벽한 연기를 해내시죠. 그런데 그 기회는 정말 딱 한 번밖에 없어요. (웃음)

배 그 부분은 저도 동의하긴 해요. 배우에게 기가 막힌 것이 한 번 나왔을 때, 그런 게 또다시 나오기란 진짜 쉽지 않거든요. 그걸 두세 번 할 수 있는 사람은 정말 말도 안 되는 경지의 배우라고 생각해요. 이미 내가 지난 테이크를 어떻게 했었는지 머릿속에 남아 있기 때문에 신선한 감정이 나오기가 쉽지 않죠.

고 이번에 작업한 송강호 배우도, 기본적으로 배우는 첫 테이크가 제일 좋은 법이다, 라는 말을 하셨죠. 물론 송강호 씨 같은 경우에는 '테이크 2'도 '테이크 1'로 만들기 위해 부단히 노력하는 배우였습니다.

예전에 감독님이 한 인터뷰에서 현장의 모든 사람들이 배두나를 좋아하지만 가장 좋아하는 건 감독님 본인이다, 라는 말씀을 하셨어요. 그리고 그 인터뷰를 읽은 〈터널〉과 〈킹덤〉 시리즈의 김성훈 감독님은, 왜 고레에다 히로카즈 감독님이 그렇게 말씀하셨는지는 충분히 이해하지만 배두나를 제일로 좋아하는 사람은 자신이라고 하시던데요.

고 그분과 꼭 한번 만나보고 싶은데요. (웃음)

배 사실 김성훈 감독님은 진짜 고레에다 감독님의 팬이세요. 특히 어떻게 어린 배우들을 그렇게 훌륭하게 디렉팅하시는지 만나서 꼭 여쭤보고 싶다고 하시더라고요.

고 〈브로커〉를 포함해 저는 어린 배우들을 연출할 때 미리 대본을 주지 않는 방식을 택하는데요. 만약 기억력을 써서 대사를 하게 되면 기억을 통한 반복적인 재현을 하게 될 가능성이 높아요. 그래서 오히려 그 자리에서 대사를 알려주고 눈앞에 실재하는 상대 배우들과 무언가를 주거니 받거니 함으로써 귀를 충분히 활용하도록 유도하는 편입니다. 그 아이가 그 순간 실제로 듣고 느끼면서 결국 그 자리에 존재할 수 있게끔 만들죠. 진짜 좋은 배우란 아무리 머리로 대사를 기억하고 있더라도 연기하는 순간에는 처음 그 순간에, 그 자리에 존재하는 것처럼, 어린아이처럼 귀를 열고 연기할 수 있는 배우가 아닌가 생각해요. 배두나가 바로 그런 배우이고요. 정말 귀가 좋은 배우입니다.

"누구나 다 그렇지 않아요? 살짝 허점이 있는 사람이 더 좋잖아요."

| ‘배우 배두나’를 처음 인지한 건 어떤 영화를 통해서였나요?

고 〈고양이를 부탁해〉였어요. 이미지로 보자면 빨간 장갑을 끼고 있는 그 모습이 너무 인상적이었고, 신으로 보자면 만두 먹는 장면을 무척이나 좋아해요. 그 만두는 아마도 맛이 없었을 것 같지만(웃음) 친구 할머니가 내주신 거니까 열심히 먹잖아요. 그리고 작은 공장 앞을 지나던 밤거리 신, 월미도에 놀러 갔다가 동남아시아 남자들을 만나던 신도 기억이 납니다. 살면서 본 영화들 중 잊어버리게 되는 것도 많은데 유독 이런 두나 씨의 순간들은 다 기억이 나요. 아! 그리고 막차를 놓칠까 봐 지하도를 달려가던 장면에 이어 지하철에 딱 올라탄 후 문이 닫히는 순간의 표정은… 말로 표현하기가 어려운데, 이 배우가 그 순간을 온전히 자기 것으로 만들어버리는구나, 하며 감탄했어요.

배 아까 그 까뜨린느 드뇌브에 대한 이야기를 할 때도 여쭤봤던 것처럼, 과연 배우가 자기의 연기가 100점이라는 것을 확신할 수 있을까? 라는 의문이 계속 드는 것이, 방금 감독님이 좋아하신다는 그 신들 중 많은 부분이 우연히 얻게 된 것이거든요. 배우로서 의도했다거나, 여기서 잘해야지 해서 구현했던 게 아니라요. 가령 〈고양이를 부탁해〉의 만두 먹는 신에서 만두를 왜 그런 표정으로 먹게 됐느냐, 하면 당시 할머니 역을 맡은 배우분이 세트에서 너무 오래 대기를 하셔서 그 만두를 손에 계속 들고 계셨어요. 그래서 하나씩 주실 때마다 만두에 구정물이 묻어오는 게 보이는 거예요. (웃음) 그래도 이걸 예의 바르게 먹긴 먹어야 되는데 어떻게 하나… 하다가 나도 모르게 나온 표정이었던 거죠.

고 하지만 그렇게 얻어버린 우연을 생생한 연기로 반영할 수 있다는 것은 배우가 오감을 모두 다 열어놓고 사용하기 때문일 거예요. 저는 두나 씨가 살짝 방심한 듯 풀려 있는 순간을 참 사랑하거든요. 〈브로커〉에서도 자다가 일어나서 살짝 머리가 삐친 상태로 나오는데 그 모습이 참 좋았어요. 〈플란다스의 개〉에서도 코피가 나서 대충 휴지로 막고 있는 장면이 있잖아요. 그렇게 웃기고 이상한 모습이 너무 매력적이에요. 그래서 감독 입장에서는 자꾸만 더 이상한 거를 시키고 싶어진달까.

배 하지만 누구나 다 그렇지 않아요? 살짝 허점이 있는 사람이 더 좋잖아요.

고 그걸 다른 말로 하면, 배두나는 그 허점을 결국 개성으로 바꾸는 배우라는 거죠. 사실 〈린다 린다 린다〉가 일본에서 개봉했을 때 시부야에 있는 극장으로 영화를 보러 갔었거든요. 솔직히 영화를 보면서는 야마시타 노부히로 감독을… 질투했었습니다. 아, 이 감독은 배두나의 장점과 매력을 너무나 잘 알고 있구나, 하는 게 보여서 말이죠. 맞아, 저거지, 저게 배두나의 매력이지! 물론 〈린다 린다 린다〉에 나오는 모든 배우들이 매력적이기는 했는데, 그들 그룹 속으로 두나 씨가 딱 들어가면 거기만 뭔가 공기가 바뀐다고나 할까요. 그건 엄청난 힘인 것 같아요. 마츠야마 켄이치가 연기하는 남학생에게 고백을 받는 장면에서도 “너를 싫어하지

“영화의 모든 가치관을 공유하고 있는 사람”

않지만 좋아하지도 않아."라고 하는 대사를 정말 발군의 센스가 깃든 말투로 표현해내거든요. 모국어가 아닌 언어로 연기하면서도 어떻게 그게 가능한지 되게 궁금해졌죠. 노래방 주인에게 노래만 부르다 가겠다고 실랑이하는 장면 역시 너무 이상하고 재밌는 장면으로 만들어냈고요.

하지만 정작 그 허점의 매력, 인간적인 매력으로 빛나는 배두나라는 배우를 〈공기인형〉에서는 인간적인 매력을 하나도 쓸 수 없는, 그것에서 벗어나야 하는 역할로 캐스팅하셨잖아요. 이 무슨 악취미입니까. (웃음)

고 하하하하. 일단은 그 인간적인 매력을 모두 봉인한 상태에서 인간성을 하나하나 획득해나가는 과정을 보여주고 싶었습니다. 〈공기인형〉은 하나의 생명이 모든 오감을 사용해서 인간이 되어가는, 이 세상과 만나고 세상을 알게 되어가는 과정을 그린 영화잖아요. 그 과정에서 두나 씨가 가지고 있는 매력이 0에서부터 차곡차곡 올라가는 것이 이야기의 축이었어요. 그래서인지 비디오 가게에서 노조미에게 공기를 불어 넣는 장면, 그리고 혼자서 아파트를 뛰쳐나와 강에서 유람선을 타는 장면은, 이런 얘기는 좀처럼 안 하는데, 제 영화지만 정말 좋아하는 장면입니다.

감독님이 쓰신 책 『영화를 찍으며 생각한 것』을 보면, "지금 자신이 화면 속에서 어느 위치에 있는지 부감으로 볼 수" 있는 배우 배두나의 "정상급 신체 감각"을 이야기하며 "빼어난 프로페셔널이 한 사람 있으면 상승효과를 일으켜서 주위 사람들도 자신의 프로페셔널한 부분을 끌어내게 된다는 점을 실감한 현장이었습니다. 물론 저 역시 그중 한 사람입니다."*라고 쓰신 글이 인상적이었습니다.

고 이번 〈브로커〉에서도 창문에서 손을 내밀어 꽃잎을 만지는 신이 있거든요. 어쩌면 배두나의 손을 너무 좋아하기 때문에, 그 손을 찍고 싶어서 쓴 신이라고도 할 수 있어요. 처음엔 조감독이 이건 도대체 무슨 의미냐고 물어보기도 했는데, 촬영 후에는 모두 그 신을 좋아하게 되었죠. 소소한 장면일 수도 있겠지만 개인적으로 자랑스럽게 생각하는 신입니다. 그렇게 작은 꽃잎, 유리창, 아니면 눈앞에 있는 토마토까지도 작은 동작을 통해 모두 다 의미 있게 살려내는 배우라는 점이 여전히 대단하게 느껴져요.

* 고레에다 히로카즈, 『영화를 찍으며 생각한 것』, 바다출판사, 2017, pp. 240~243

> 〈공기인형〉은 '대체품'이 된다는 것에 대한 슬픔을 이야기하고 있잖아요. 어쩌면 배우야말로 늘 대체될지도 모른다는 공포가 제일 큰 직업이라는 생각이 드는데요. 〈공기인형〉의 경우 일본 배우를 캐스팅할 수도 있었는데, 사실 여러 어려움을 뛰어넘어서 한국 배우를 캐스팅했어요. 이 배우가 아니면 안 되었던 이유가 있을까요.

고 배두나는 대체 불가능하니까요. 순서로 보자면 〈공기인형〉은 제가 준비하던 작품에 배두나를 캐스팅한 것이 아니라, 배두나와 일본에서 영화를 찍는다면 어떤 이야기를 할 수 있을까에서부터 출발한 영화였어요.

배 저는 이번 〈브로커〉에서 왜 다시 저를 캐스팅했는지 그 이유가 더 궁금하긴 해요. 역할마다 캐릭터에 접근하는 방식이 다르다 보니 〈브로커〉는 〈공기인형〉 때와는 전혀 다른 방식으로 연기하고 있거든요. 〈공기인형〉에서는 바로 직전의 감정에 몰입하느라 매 촬영마다 처음부터 대본을 다시 읽고 들어갔어요. 예를 들어 74 신을 찍으면 1 신부터 73 신까지 읽고 카메라 앞에 섰죠. 그런데 이번 〈브로커〉에서는 전혀 다른 방식으로 접근하고 있거든요. 매일 그때그때 부딪치는 방식으로. 만약 〈공기인형〉 때처럼 연기했다면 〈브로커〉에서의 연기가 엄청 무거워졌을 것 같아요. 사실 감독님이 경험했던 12년 전의 제 방식이라면 이번 영화의 역할과는 맞지 않을 텐데, 어떻게 이번 작품을 꼭 저와 함께하고 싶다는 확신을 가지셨는지 궁금해요.

고 음… 한국에서 영화를 찍는데 배두나가 없이 찍는다는 생각을 저는 한 번도 해본 적이 없는데요?

배 아… 그런 거예요?

고 〈공기인형〉은 인간이 되어가는 역할이었으니까… 굉장히 특수한 세계를 다룬 작품이었잖아요. 저에게도 그렇고, 두나 씨에게도 그랬겠죠. 그런데 〈브로커〉는 훨씬 나다운 작품이 될 거라고 생각했죠. 감독으로서 10년 동안 조금이라도 성장한 모습을 두나 씨에게 보여주고도 싶었고, 특수한 세계가 아닌 이야기 속에서 이 배우와 다시 한번 다른 방식으로 함께 작업해보고 싶다는 것이 솔직하고 자연스러운 마음의 흐름이었어요.

> 〈공기인형〉에 길에서 만난 노인이 알려주고 이후에 노조미 목소리로 낭독되는 시가 있잖아요. '생명이란 혼자서는 완벽해질 수 없도록 만들어졌나 보다… 생명은 자기 안에 결여를 품고 있어서 누군가 그 결여를 채워줘야 한다.' 고레에다 감독님과 배두나 배우는 서로에게 어떤 결여를 채워주는 동료였나요?

고 좀 전에 나란히 앉아 사진 촬영을 할 때 우리의 얼굴이 닮았다, 라는 말씀을 해주셨지만, 영화에 있어서 거의 모든 가치관을 공유하고 있는 사람이라고 생각해요. 어떤 결여를 채우고 메워주는 존재라기보다는 이게 좋다, 이게 나쁘다, 아니면 지금 무엇이 좋았다, 라는 걸 항상 똑같이 느끼고 공유할 수 있는 아주 든든한 파트너 같은 느낌입니다.

배 고레에다 감독님과는 서로 무엇이든 말할 수 있어요. 사실 배우가 현장에서 매번 의견을 말할 수 있는 입장은 아니잖아요. 그런데 꼭 말하지 않아도 내가 가는 길이, 내가 생각하는 것이 맞는구나, 하는 걸 확인시켜주는 느낌이랄까. 그런 결핍을 채워주는 분이시죠.

작품은 12년 만에 같이 하지만 그 사이에도 친구로서 인연의 끈을 놓지 않고 계셨어요.

배 감독님 영화가 한국에서 개봉할 때는 늘 달려가기도 하고, 감독님이 제 촬영 현장에 놀러 오시기도 하고, 제가 홍보 때문에 일본에 갈 일이 있으면 꼭 만나서 밥도 같이 먹고 했죠.

고 긴자에 위치한 '랑게츠'라는 식당에만 있는 '스키-샤부'라는 메뉴를 같이 먹으러 가는 것을 좋아해요. 또 두나 씨가 우동을 좋아해서 우동도 많이 먹으러 가고. 참, 우리 사누키에서 열린 우동 영화제에도 같이 갔었죠. 초대를 하면서도 설마 오진 않겠지 했는데….

배 그런데 제가 바로 갈게요! 했죠.

고 배두나 배우가 진짜로 온다고 하니까 영화제 측에서도 깜짝 놀라고. (웃음)

"뭔가를 먹으면서 연기할 때 정말 근사해요."

배 관객들 잠깐 만난 걸 제외하면 영화는 안 보고 하루 종일 우동만 계속 먹으러 다녔던 멋진 체험이었어요. (웃음)

고 배두나는 먹는 모습이 아름다운 배우라고 생각해요. 특히 뭔가를 먹으면서 연기할 때 정말 근사해요.

배 그래서 그렇게 계속 먹이셨구나. 저 이번 영화에서 엄청 먹어요.

고 라면, 어묵을 비롯해서 주로 편의점 음식으로 잔뜩 먹였어요. (웃음) 먹으면서 대사를 한다는 게 배우한테는 되게 힘들고 어려운 부분이기도 한데, 심지어 먹으면서도 그 대사가 명료하게 들리게끔 한다는 것은 상당한 테크닉을 필요로 하거든요. 그런데 두나 씨는 입 안에 음식이 가득 있는 상태에서 웅얼거리면서도 거의 100% 명료하게 연기를 해내는 점이 기가 막힐 정도였어요.

배 저는 먹여주면 연기하기 훨씬 편해요. 자, 이제 내가 대사 친다, 기다려! 이렇게 시작하는 걸 별로 안 좋아하거든요. 사실 우리는 일상에서 먹으면서도 말을 하고, 다른 행동을 하는 동시에 말을 하잖아요. 그래서 뭔가 먹여준다거나 행동을 부여해주면 오히려 연기하기가 편해요. 그런 식으로 관객들이 너무 내 대사를 기다리지 않게, 시선이 내 대사에만 집중되지 않게 하는 걸 선호해요.

고 저 역시 시나리오를 쓸 때, 항상 어떤 행동을 하는 김에 대사를 말하게끔 하는 편이에요. 손발을 움직이는 행동이 먼저고 거기에 대사가 따라오는 식이죠. 가끔 어떤 배우들은 대사에 집중한 나머지 먹는 장면에서도 손은 멈추고 그냥 대사만 하는 경우도 있거든요. 그런데 제가 정말 좋아하는 배우인 키키 키린 씨는 항상 몸을 움직이면서, 계속 손을 움직이면서 대사를 하거든요. 좋은 배우란 그런 것 같아요. 그래서 저는 잘 먹는 배우를 좋아합니다.

배 제 주위 사람들은 모두 다 알 정도로, 감독님을 인간적으로나 영화적으로나 모든 면에서 너무 존경하고 있어요. 처음에는 감독님이 한국에서 한국 배우들과 작품을 찍는다고 하셨을 때, 그중 같이 작품을 해본 배우는 저밖에 없으니까 되게 책임감도 느꼈어요. 그러다가 어느 순간 그냥 편안하게, 하던 대로 하게 되더라고요. 역시나 감독님 영화 현장은 너무 즐거웠고, 감독님은 저의 빈틈까지 딱 꿰뚫어 보고 계시더라고요.

고 두 번째 작품을 같이 하면서 배두나가 배우로서도 인간적으로도 그사이 정말 성숙했다는 걸 느낄 수 있었어요. 그리고 무척이나 근사한 방식으로 자신의 커리어를 쌓아가고 있구나, 라는 것도 새삼 알게 되었죠. 이렇게 언어의 벽을 뛰어넘어 한 배우와 감독이 작품을 이어간다는 것이 좀처럼 어려운 부분이기는 한데, 벌써 두 번째 작품을 함께 할 수 있었어요. 물론 우리에게 세 번째도 분명히 찾아올 거라 믿고 있습니다. 그 세 번째를 향해서, 앞으로도 저는 정진해나가겠습니다.

“먹여준다거나 행동을 부여해주면 오히려 연기하기가 편해요.”

ENSEMBLE

배두나

조승우

tvN 〈비밀의 숲〉 시리즈

배두나—조승우 서로의 결여를 알아본 거울 같은 존재

두 명의 배우가 한 작품에서 마침내 조우하기까지, 과연 몇 번의 우연이 필요할까? 1979년 10월생인 배두나는, 1980년 3월생인 조승우보다 다섯 달가량 먼저 세상에 나왔다. 만화에서 튀어나온 것 같은 큰 눈을 가진 소녀는 오빠와 남동생 사이에 낀 둘째로, 하얀 종이에 먹으로 그린 것 같은 곱고 예민한 눈을 가진 소년은 누나 한 명을 둔 막내로 자랐다. 나고 자란 서울 잠원동에서 뿌리내린 나무처럼 살고 있는 조승우와 달리, 어린 시절부터 자주 이사를 다녔던 배두나는 둥지 떠난 새처럼 자유롭게 세계 곳곳을 날아다니고 있다.

배두나는 한양대로, 조승우는 단국대로, 두 사람은 나란히 '연극영화과 98학번 신입생'이 되었다. 그리고 새로운 천 년이 시작되던 해, 조승우는 1000:1의 오디션 경쟁을 뚫은 〈춘향뎐〉으로 충무로 대문을 열었고, 같은 해 배두나는 〈플란다스의 개〉를 통해 잡지 모델에서 본격적인 배우의 길로 접어들었다. 한 배우는 한국 영화의 지난 20년을 호령했던 거장 임권택의 도령복을 갖춰 입고, 다른 배우는 한국 영화의 다음 20년을 이끌어갈 신예 봉준호의 후드티를 뒤집어썼다. 전통과 현대, 클래식과 뉴웨이브, 신구 세대의 그래프가 엇갈리는 교차점 위에 그들은 어느덧 '배우 배두나'와 '배우 조승우'로 나란히 서 있었다.

2005년 씩씩한 샤우팅 창법으로 첫 해외 진출을 알린 일본 영화 〈린다 린다 린다〉를 거친 배두나가 2006년 〈괴물〉로 천만 타깃의 심장을 명중시킬 때, 조승우는 2005년 〈말아톤〉의 '초원이'로, 2006년 〈타짜〉의 '고니'로 밑장 빼기 없는 백만 불짜리 연기를 보여주며 도합 천만 관객의 눈을 손보다 더 빠르게 홀렸다. 그리고 마침내 뮤지컬 제왕의 시대와 글로벌 뮤즈의 시대가

도래했다. 〈지킬 앤 하이드〉 〈헤드윅〉 〈맨 오브 라만차〉 등 '피케팅'을 통해 회전문을 도는 열혈 팬덤의 환호 속에 조승우는 한국 뮤지컬 산업을 뒤흔드는 무시무시한 배우로 자리 잡았다. 동시에 2015년 개봉한 〈내부자들〉로 충무로에서도 여전한 힘을 '후레쉬'하게 확인시키기도 했다. 배두나는 봉준호, 박찬욱의 영토를 넘어 세계 거장들의 대지로 달려 나갔다. 고레에다 히로카즈의 〈공기인형〉을 통해 언어의 차이와 생명의 여부를 뛰어넘는 확장성을 보여주었고, 〈클라우드 아틀라스〉, 〈주피터 어센딩〉, 〈센스8〉 시리즈로 이어지는 워쇼스키 감독들과의 협업 속에 물리적 거리 너머의 존재들과 소통하는 제8의 감각을 장착했다. 동시에 배두나의 얼굴은 전 세계 넷플릭스 시청자를 한국 콘텐츠의 킹덤으로 이끄는 가장 신뢰도 높은 아이콘이 되었다.

2017년 4월 11일, 서울 상암동 CJ ENM 사옥. tvN 〈비밀의 숲〉 대본 리딩 현장에서 마침내 배두나와 조승우가 만났다. 스무 살쯤에 배우의 길로 접어들었던 두 사람은, 서른 중반을 넘긴 나이가 되어서야 처음으로 서로를 바라볼 수 있는 시선을, 비로소 카메라 앞에 나란히 서는 시간을 허락받았다. 그들이 함께 4년에 걸쳐 가꾸어온 〈비밀의 숲〉 시리즈의 황시목과 한여진은 앙상블 연기가 일궈낼 수 있는 가장 이상적인 형태를 하고 있다. 여기에는 비범한 남자를 돕는 평범한 여자도 없고, 밝고 건강한 여자가 구원하는 어둡고 병든 남자도 없다. 전략적 동맹 속에 핀 의심도, 일방적 선의에 의한 희생도, 강요된 조력의 발판도 놓여 있지 않다. 대신 첫눈에 서로의 결여를 알아본 거울 같은 존재들이 의심 없이 서로를 끝까지 믿은 끝에 도달해버린 어떤 희귀한 우정이 있다. 배우 배두나와 배우 조승우는 각자의 미션을 묵묵히 수행하는 가운데 서로의 연기를 경이롭게 바라보는 동료가, 아무도 눈치채지 못한 서로의 변화를 세심하게 살피는 친구가 되었다. 염도 높은 포장마차 우동을 나눠 먹고 위로의 소주잔을 부딪치는 '시목+여진'을 향한 멜로적 기대가 진하게 끓어오를 때면, 무심하게 물 한 컵을 부어 희석해가면서 말이다.

PHOTOGRAPHY 이승희 ©StudioDragon

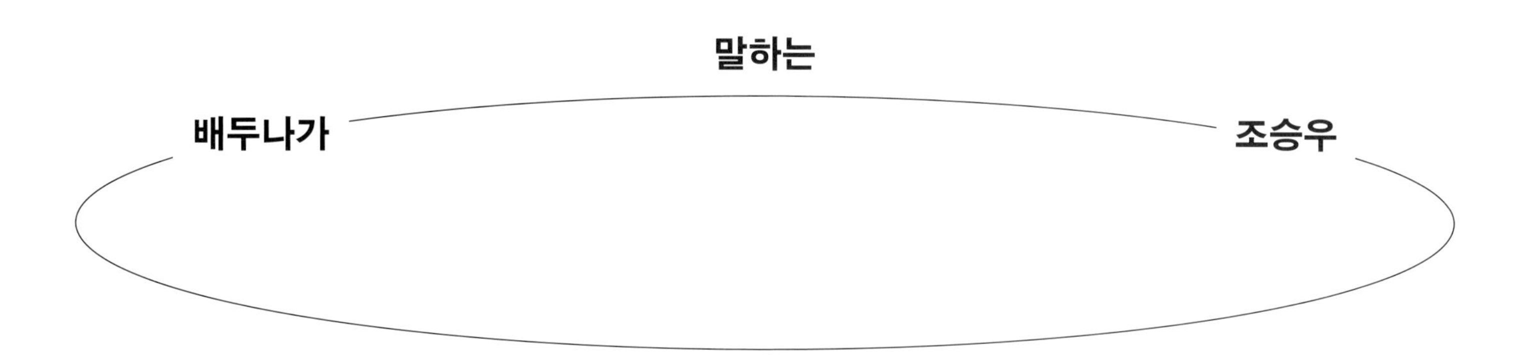

일단 연기할 때 서로 원하는 바가 정확하게 일치했죠. 가령 서너 명이 함께 등장하는 장면에서는 누가 그 신을 주도해야 될지를 승우 씨와 저는 똑같이 느껴요. 그러면 우리는 그 사람이 끌고 갈 수 있게끔 서포트를 해주면서 딱 빠져줘요. 만약 그럼에도 불구하고 그 배우가 우리의 힘을 못 받아, 그럼 다시 같이 들어가서 살짝 당겨주는데, 이런 호흡이 기가 막혔어요. 정말 최고의 연기 파트너였어요. 한 명이 나오든 열 명이 나오든 나만 잘하려고 하는 배우들이 있잖아요. 전체적인 조화보다는 내가 제일 돋보이고 싶어 하는 경우가 종종 있죠. 그런데 조승우 배우는 리허설을 하는 순간 자기가 어디서 들어가고, 어디에서 빠져주고, 어디에서 받쳐줘야 하는지를 귀신같이 캐치하는 거예요. 그런 균형 감각이 이 배우를 더욱 멋지게 만든다고 생각했어요.

〈비밀의 숲〉 시즌 2에서 모든 배우가 한 명씩 돌아가며 장문의 대사를 연기해야 하는 경검 회의 신이 있었어요. 누군가 쭉 얘기하면 다음 사람이 쭉 얘기하고, 그럼 되게 지루할 수 있잖아요. 저는 늘 그런 생각을 해요. 이런 기능적인 말을 어떻게 사람 말처럼 들리게 할까? 그래서 어떤 방식으로든 내 방식으로 소화해보려고 노력하죠. 제가 그 긴 대사를 막 끝냈을 때 조승우 배우가 조용히 딱 한마디를 하더라고요. 경이로워. 제가 하는 연기를 그렇게 받아들이는 사람이 많지는 않아요. 왜냐면 제 연기는 어떻게 연기를 저렇게 했지? 감탄하게 만드는 연기가 아니거든요. 오히려 쉬워 보이도록 만드는 연기죠. 그런데 조승우 씨는 그걸 알아봐주었죠.

시즌 2에서 최빛(전혜진)의 어두운 비밀을 듣게 되는 구치소 신이 있는데, 진짜 너무 화가 난 나머지 부들부들 떨렸어요. 분노를 누르기 위해 손에 힘을 꽉 주고 제 허벅지를 꼬집어가면서 있었을 정도로. 나중에 방송을 보니 시목의 시선이 여진 손이 있는 아래로 슬쩍 향하더라고요. 이수연 작가가 인터뷰에서 그런 말을 했어요. 시목이는 절대 취조하는 사람에게서 눈을 떼지 않는 사람이다. 그런데 그 신에서만 한여진을 걱정하느라 조승우 배우가 그렇게 한 것 같다고. 아마도 승우 씨는 황시목이 지금 예외적인 행동을 하고 있다는 걸 모르지 않았을 텐데, 지금 한여진의 상태가 매우 안 좋다는 걸 바로 직감하면서 거기로 자신의 눈이 가는 걸 막지 않았던 거죠. 기술적으로도 훌륭하고 연습도 준비도 엄청 많이 하지만 일단 현장에서는 정말 유연한 방식으로 반응하는 최고의 배우라고 생각해요.

"조승우를 아냐고요?
제가 아는 배우 중에 최고였어요."

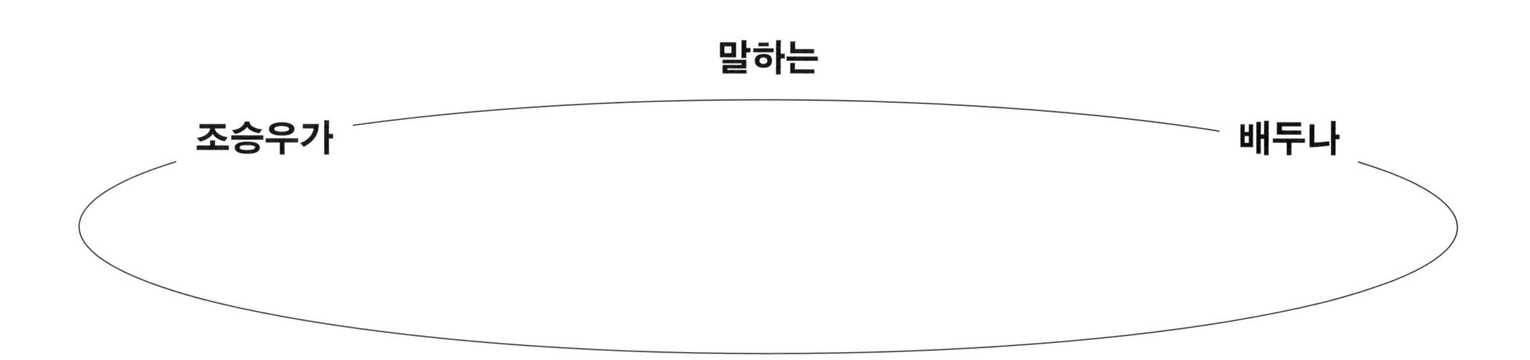

"저 사람이 대사가 아니라 말을 하고 있구나."

〈비밀의 숲〉이 첫 만남인가요?

네, 그전에 만난 적은 없고 저만 혼자 두나 씨를 본 적은 있죠. 제가 단국대 98학번이고, 두나 씨는 한양대 98학번이었을 거예요. 매년 5월이면 각 대학별로 공연을 올리는 '젊은 연극제'가 열렸거든요. 막 입학해서 공연 준비하면서 다른 학교 공연도 보러 다니고 그랬죠. 국립극장이었는데, 그때 관객들에게 문을 열어주고 있는 사람이 있었어요. 키가 되게 크고, 범상치 않은 느낌에, 인형같이 생긴. 그래서 동기들이랑 저 사람 좀 보라고, 그 존재감이 엄청나서 그 문 앞을 떠나지 못하고 한참 서서 봤던 기억이 나요. 야- 진짜 한양대는 다른가 보다, 이러면서. (웃음) 뭐랄까, 되게 예쁘기도 했지만 되게 신비로웠어요. 그때 본 그 사람이 얼마 안 가서 잡지에도 나오고 드라마에도 나오면서 유명해지더라고요. 〈링〉이 99년이죠? 저도 〈춘향뎐〉 오디션을 99년에 합격해서 촬영을 하고, 두나 씨도 영화를 막 시작했을 거예요. 〈플란다스의 개〉를 보는데 영화도 참 재밌었지만 어떻게 하면 저렇게 내추럴한 연기를 할 수 있을까, 너무 신기하다고 느꼈어요. 저는 이미 무대에서 익힌 약간 정형화된 틀이 있었는데, 이 사람은 정말로 자연스러운 연기를 하더라고요.

20년 넘게 같은 시기, 동종 업계에서 일하면서 한 번도 만나지 않기가 오히려 어려웠을 것 같네요.

저희도 〈비밀의 숲〉 대본 리딩 날 처음 만났을 때, 어떻게 우리는 한 번을 못 만났을까요, 라며 되게 의아해하면서 어색함을 날리기도 했어요. 그리고 느꼈죠. 그 옛날처럼 두나 씨는 역시나 키가 크시구나. (웃음)

어느덧 연기와 일에 조금 무덤덤해지던 시기에 〈비밀의 숲〉을 만났다는 이야기를 들었어요. 작품뿐 아니라 이 작품을 통해 동료 배두나를 만난 것이 그 시기의 조승우에게 어떤 영향을 끼쳤을까요.

〈비밀의 숲〉을 결정했을 때의 시점이, 부담을 버리고 조금은 철딱서니 없이 살기로 결심했던 때였어요. 그렇게 들어간 드라마에서 만난 배두나는 저에게 동기 부여도 해주고 정말 많은 자극을 줬던 것 같아요. 그녀의 연기를 옆에서 보면서 큰 에너지를 쓰지 않는 것 같은데도 불구하고 어쩜 저렇게 맛깔나게 연기를 할 수 있을까 감탄했어요. 보통은 자기가 책임져야 할 분량에서는 막 눈에 불을 켜고 어떻게든 전달을 하려고 하는 게 있잖아요. 그런데 두나 씨는 뭔지 모를 여유가 있었어요. 덕분에 저 역시 그 여유를 빌려온 것 같고요.

촬영 현장 메이킹 영상을 보면 서로를 너무 재미있어하는 게 느껴지던데요. 거의 만담 듀오랄까.

죽이 척척 잘 맞더라고요. 무슨 얘기를 해도 잘 웃어주고. 아무래도 같은 시기에 영화계에서 성장해왔으니까 무슨 이야기를 하더라도 공감대가 잘 형성될 수 있었던 것 같아요. 카메라의 동선을 잡기 위해 러프하게 리허설을 하기는 하지만, 저희는 찍기 전에 이걸 이렇게 해볼까요? 저걸 저렇게 해볼까요? 한 적이 거의 없어요. 대사도 많이 안 맞춰보고 타이밍만 맞춰놓은 상태에서 슛을 들어가는데도 더 맞출 게 없었어요. 대사를 제외한 움직임이나 호흡은 다 현장에서 나온 거예요. 그러다가 한 번 빵 터지면 웃음 참기에 바쁘고. (웃음) 그런데 저희는 아직도 서로 존댓말을 써요. 장 형사 역할을 했던 최재웅이라는 배우가 저와 오랜 친구인데 어느새 두나 씨와는 친구를 먹었더라고요. 그런데 저는 친구, 하기 싫었어요. 친구 해서 두나야, 승우야 이렇게 하고 싶지 않았어요. 두나 씨, 승우 씨, 요즘은 두나배. 승우조. 그냥 그게 더 편해요. 뭐랄까. 존경과 존중의 개념이랄까. 가끔 반말을 섞을 때도 있지만 어떤 선을 넘어가고 싶지 않았어요. 이게 딱 좋아요.

배두나의 한여진이 아니었다면 조승우의 황시목은 좀 달라졌을까요.

그런 에너지를 못 받았다면 완전 달라졌겠죠. 저는 배두나 배우가 만들어낸 여진이 제일 매력적인 캐릭터라고 생각해요. 단편적으로 얘기하자면, 일할 때는 냉정하고 철저하지만 가장 따뜻하고 인간적인 매력을 가진 사람이랄까. 황시목은 그런 사람과 공조를 해나가며 타인에게서 받는 진심과 에너지를 처음으로 느꼈던 것 같아요. 시즌 1에서 시목이 어린 시절 수술한 이야기를 하면서 여진과 통화하는 신이 있잖아요. 그때 두나 씨가 옥탑방에서 눈물 콧물 먹으면서 "머리 수술한 거 왜 말 안 했어요…" 하는 연기를 방송으로 보는데 코끝이 막 찡하더라고요. 그리고 다음 컷에 포장마차에서 혼자 소주를 마시는 제 얼굴이 나오는데 잘 살았네, 황시목이도. 그런 느낌이 들었어요. 황시목에게도 친구라는 존재가 생길 수 있겠구나, 라고. 거기서 배두나 배우의 연기를 보고 진짜 정말 반해버렸어요.

설정상 황시목은 표정 변화가 거의 없는 인물이지만 한여진과 함께 있을 때는 그 무표정에서 표정이 느껴지기도 했어요.

여진이랑 같은 공간에 있다 보면 무의식적으로라도 태도나 심리 상태 같은 게 더 편해진다는 느낌이 알게 모르게 있었던 것 같아요. 저도 방송을 보면서 느꼈고요. 그래서 보시는 분들이 저 둘이 뭉치면 너무 재미있고 좋다고, 뭔가 케미가 남다르다고 했을 때 되게 기분이 좋았어요.

황시목 같은 사람은 잘 파악하기도 어렵고 어떻게 움직여야 될지 방법을 찾기도 어려운 사람인데, 한여진은 전혀 어렵게 대하지 않죠.

여진은 내가 이거 이만큼 해줄게, 너도 나한테 이만큼 해줘, 이런 인물이 아니잖아요. 아, 그래요? 원래 당신은 이런 사람인가 보구나? 그래도 난 내 거 할게, 난 내 감정을 비칠래, 아님 말고. 이런 식이랄까. 게다가 시목의 딱딱함을 완충해주는 여진 특유의 넉살이라든지, 절대 굴하지 않는 성격도 있죠. 그래서 둘은 오래간만에 만나도 스스럼없이 밥도 먹을 수 있고, 이런저런 얘기도 할 수 있는 존재가 될 수 있었다고 생각해요. 그나저나 현실에서도 여진이 같은 친구 있으면 참 좋을 것 같지 않아요? 밥 안 먹어도 배부르고 든든한 느낌이랄까.

그래서 황시목이 그렇게 밥을 안 먹었군요. (웃음) 절대 나 혼자가 아니라 우리 둘이 같이 만들었구나 싶었던 장면이 있으세요?

여진과 나오는 장면은 대부분이 다 그렇다, 가 정답일 거예요. 찍는 내내 그런 생각을 했거든요. 이 작품은 황시목의 이름이 제일 앞에 뜨지만 한여진의 존재감은 정말 절대적이라고. 한여진이 없는 〈비밀의 숲〉은, 더 나아가 황시목은 아무 의미가 없는 거예요. 저는 시청자들이 이 드라마를 많이 좋아해줬던 이유 역시 이 둘이 함께 있었기 때문이라고 생각해요. 섞일 듯 섞이지 않는, 또 안 섞일 듯 섞여가는 이 둘의 모습이 재밌고, 보고 싶고, 그래서 자꾸 기다려졌던 거라고.

동료 배우로서 인상적이었던 순간이 있나요?

솔직히 말씀드리면 이수연 작가님 대본은 정말 어려워요. 배우가 작품에 들어가기 전에 대본이라는 지도를 놓고 자기 캐릭터의 길을 찾아가야 하는데, 아마 그런 면에서도 저보다 배두나 배우가 훨씬 어려웠을 거예요. 말하자면 되게 극과 극의 상황에 놓이는데요. 어떤 부분은 너무 지나치게 생략이 들어가서 나중에 다 만들어진 드라마를 봐야만 이해가 되는 경우가 많았고, 어떤 경우는 배우 한 명에게 집중된 대사가 많았죠. 더불어 가장 어려운 건 이수연 작가님 대본이 대부분 문어체라는 거예요. 저는 미리 양해를 구하고 대사를 제 입에 맞게 많이 수정을 했어요. 그런데 두나 씨는 거의 대본의 토시 하나 안 바꾸고 문어체의 대사를 구어체로 들리게 만드는 놀라운 능력이 있는 사람인 거죠. 나는 나 살겠다고 이렇게 바꾸고 저렇게 바꾸고 막 했는데, 이 양반은 이걸 그냥 해버리네? 그걸 오로지 호흡으로 다 바꿔내는 배두나 배우를 보면서 조금 부끄러웠던 기억도 있어요. 한번은 두나 씨에게 물어봤는데, 본인은 대사를 달달달달 외워서 오지 않는대요. 뭐랄까- 고수의 느낌이 있잖아요. 전체적인 흐름을 파악하고 현장에 온 이후에, 그 순간의 공기를 느끼면서 신이 어떻게 구성될 건지 딱 파악한 다음에야 대사를 자연스레 외우는. 심지어 그 시간도 되게 짧더라고요. 더욱더 놀라웠죠. 그리고 구치소에 수감돼 있는 경찰 국장을 찾아가서 그날 밤 사건의 중심에 최빛이 있었다는 걸 알게 됐을 때, 그때의 한여진 연기도 너무 놀라웠죠. 상실감과 박탈감, 믿었던 사람에 대한 실망감, 이 무수히도 많은 감정이 막 교차하면서 그 얼굴에 오는데 저는 숨이 턱 막혔어요. 같이 연기를 하는 순간에도. 어떻게 저렇게 복합적인 감정을, 저렇게 순식간에 해낼 수 있을까.

배우가 캐릭터를 보는 게 아니라 배두나가 한여진을 보는 것 같은 순간을 여러 번 보았다고요.

강렬하게 인상에 박히는 연기가 있는 반면, 잔잔하게 남는 연기가 있죠. 곱씹어 생각할수록 내가 지금 영화를 보는 건가, 아니면 그냥 누군가의 삶을 들여다보고 있는 건가 헷갈릴 정도로. 그게 앞서 말한 내추럴함인데. 사실 극에서의 연기란 결국 사람들 인생의 단면을 툭 하고 잘라서 보여주는 건데, 그게 진짜 인생처럼 느껴지는 연기가 제일 어렵다고 생각해요. 전혀 이질감도 느껴지지 않고, 저 사람이 대사를 하는 게 아니라 말을 하고 있구나, 연기를 하는 게 아니고 진짜의 감정을 쏟아내고 있구나, 하는 배우가 있죠. 그 부분에 있어서만큼은 저는 배두나 배우 말고는 생각나는 이름이 없어요. 그렇게 연기하는 사람은 없었어요. 여태껏. 굳이 메소드, 라는 말을 꺼내지 않아도, 카메라가 돌면 그 인물로 싹 바뀌어버리거든요. 시즌 1에서 박무성 아들이 경찰한테 폭행당한 상처를 보고 "어떻게 이럴 수가 있죠?"라면서 한여진의 감정이 폭발하는 장면이 있는데, 두나 씨가 컷 사인이 나고도 감정이 추슬러지지가 않아서 카메라 위치를 바꾸지 않고 기다렸던 때가 있었어요. 도대체 얼마나 몰입을 했으면 저럴까, 되게 놀라웠던 기억이 있답니다. 진짜 신비로운 배우라니까요.

시즌 1과 2 사이에는 3년의 시간이 있었는데 다시 만났을 때는 어땠나요? 그 사이의 변화가 느껴지던가요?

시즌 2에서는 프랑스 배우 같은 느낌으로 돌아왔는데 그것도 너무 새롭고 좋더라고요. 각자 여유는 더 생겼겠고, 모두 노화도 진행되고. (웃음) 요즘은 현장이 많이 좋아져서 밤샘 촬영 같은 것은 거의 없는데, 가끔 촬영이 새벽으로 넘어가면 두나 씨가 잠깐잠깐씩 고장 날 때가 있어요. 대사가 씹히거나 하면, 이제 맛이 갔나 봐요 승우 씨, 그러면서 자책하고 있어요. 그러다가 스태프 중에 누가 초콜릿 같은 걸 주면 그새 좋다고 바로 살아나서, 또 기가 막힌 연기를 보여주시죠. 그러고 보면 시즌 1 때는 밤늦게 촬영을 해도 되게 쌩쌩했거든요. 그런데 요즘은 조금 덜 쌩쌩하더라고요. 배고픈 것도 잘 못 참고. 이에 초콜릿이 끼어 있어서 제가 잠깐 멈춘 적도 있어요. "잠깐만요, 두나 씨 이빨에 쪼꼴렛 녹으면 갈게요!" (웃음)

현장에서 배두나는 어떤 동료인가요?

같이 촬영하는 현장이 그냥 너무 재미있어요. 대기할 때 서로 아무 말 안 하고 초콜릿 나눠 먹으면서 음악만 듣고 있어도 편하고요. 보고 있으면 강아지 같기도 한데, 또 성격은 고양이 같을 때도 있고.

촬영 현장의 반려 배우네요. (웃음)

정작 본인은 집사 같아요. 한번은 두나 씨가 슈퍼마켓에 간식 사러 갔다가 저랑 일하시는 스태프들에게 모두 로또 용지를 한 장씩 사서 쫙 나눠 줬어요. 아무도 당첨되지는 않았지만 잠시나마 우리 팀들이 진짜 소소한 행복을 느꼈던 순간이었죠. 그리고 두나 씨는 자기 스태프들 주변의 동료들도 뼈가 으스러지도록 챙기는 스타일이에요. 작은 역으로 나오는 분들한테까지도 되게 잘하고. 편견도 없고 늘 열려 있고…. 세계적인 배우란 이런 거구나, 라고 느꼈죠.

한여진과 개인 배두나가 닮은 부분이 있는 것 같나요?

닮은 부분이 당연히 있겠지만, 근데 조금 다르기도 한 것 같아요. 제가 봤을 때 배두나는 굉장히 소심한 사람이에요. 물론 남들 시선 전혀 신경 안 쓸 거 같고 그 어떤 것에도 데미지를 받지 않는 자유로운 영혼에, 그냥 좀 쉬운 표현으로 마이웨이, 이런 느낌이 있잖아요. 물론 저도 만나보지 않았을 때는 비슷하게 생각했죠. 그런데 막상 가까이서 일을 하며 본 배두나는 부끄러움도 되게 많고, 두려움도 되게 많고, 어색해하는 것도 많고, 부담스러워하는 것도 많고, 그냥 너무너무 소녀에요. 칭찬해주면 좋아하고, 맛있는 거 먹는 건 더 좋아하고. (웃음)

그런데 어떻게 매번 그렇게 의연한 연기를 해낼 수 있을까요?

그래서 배우인 것 같아요. 되게 단면적인 예를 들자면, 제가 할 수 없는 것들을 배두나 배우는 너무 많이 가지고 있거든요. 저는 솔직히 말하면 드라마나 영화에서 키스 신, 베드 신 같은 게 하나만 들어가 있어도 두렵거든요. 되게 무서워요. 그런데 배두나 배우는 그 신이 작품에 필요하다고 느끼면 주저함이나 두려움을 그냥 과감하게 제껴버리잖아요. 진짜로 저 양반은 카메라가 돌기만 하면은 그냥 또 다른 인격체가 생겨나는구나, 영락없는 천상 배우구나, 생각했죠. 굉장히 존경스러울 정도로.

제54회 백상예술대상에서 〈비밀의 숲〉으로 남우주연상을 받았을 때, 수상 소감에서 제일 먼저 배두나라는 이름이 나왔죠.

너무 식상하게 들릴 수도 있지만, 진심으로 그녀가 없었으면 이 작품도 없었다고 생각해요. 사실은 두나 씨가 상을 받아도 전혀 이상할 게 없는 상황인데, 단지 황시목의 이름이 먼저 나간다는 이유만으로 제가 상을 받게 된 것 같아서 제일 먼저 생각이 나더라고요. 〈비밀의 숲〉에서 한여진과 배두나 배우가 가지고 있는 공은 너무 커요.

이런 최고의 파트너와의 새로운 협업도 꿈꾸고 있나요?

저는 지금까지 다른 작품으로 다시 만난 여자 배우가 없어서인지 잘 상상이 안 돼요. 〈비밀의 숲〉 시즌 5까지 하겠다고 입방정을 떨긴 했는데, 만약 그게 불가능하더라도 언젠가는 꼭 배두나 배우와 다시 만나서 연기하고 싶어요. 한번은 우리가 이런 얘기를 나눴어요.

> "두나 씨…. 〈비밀의 숲〉도 되게 좋은데, 우리가 또 다른 작품으로 만날 수 있을까요?"
> "왜 안 돼요, 승우 씨?"
> "지금 여진이랑 시목이는 너무 강렬하게 인식이 돼버렸잖아요. 뭔가 떼려야 뗄 수 없는 존재같이. 그래서 같이 다른 작품을 하고는 싶은데 어떤 모습일지 상상이 잘 안 가서요. 시즌 3을 가려면 검경이 뭘 또 같이 할 수 있을까요? 시목이랑 여진이 결혼이라도 해야 하나?"
> "에이- 그건 아무도 원하지 않을걸요? 이혼하고 시작하면 모를까. (웃음)"

COLLEAGUES

감독 봉준호

"반경 1미터 안의 공기를 바꾸고 템포를 지배하는 배우"

봉준호

감독

영화 〈플란다스의 개〉

영화 〈괴물〉

"결. 초. 보. 은!" "무슨 소리야…? 결초 보훈?"
아파트 관리사무소에서 경리로 일하는 현남(배두나)은 이모 문방구에서 아르바이트 중인 친구(고수희)와 전화 통화로 십자말풀이를 하며 무료한 오후를 뭉개는 중이다. 가로 15번의 정답을 확신하는 친구와 달리 현남은 영 그게 답이 아닌 것 같다.
"너, 세로 15번 본 거 아니야?" 그때, 강아지를 잃고 절망에 빠진 어린 소녀의 등장과 함께 영화 〈플란다스의 개〉의 십자말풀이 정답은 미결로 남겨졌다. 1999년 데뷔작 〈플란다스의 개〉를 준비하던 봉준호는 신인 캐스팅에 대한 주변의 우려에도 불구하고 "현남은 절대 배두나"라는 결정을 번복하지 않고 촬영에 돌입했다. 당시 반짝이는 신세대 아이콘으로 급부상 중이었던 배두나는 '쌩얼'에 노란 후드티를 바짝 조여 묶은 채 복도식 아파트를 질주하는 모험을 감행했다. 하지만 이듬해 개봉한 〈플란다스의 개〉는 전국 관객 '609명만'을(609만 명이 아니다) 기록한 채 쓸쓸하게 극장에서 내려졌다. 첫 주연작에서 자신의 남다름을 발견해준 감독에게, 첫 연출작에서 자신의 비범함을 알아봐준 배우에게 서로 갚아야 할 은혜는 그렇게 유보되었다. 그러나 6년 후 이들이 두 번째로 협업한 영화 〈괴물〉은 전국 관객 1301만 9740명을 기록하는 반전의 드라마를 만들어냈다. 이후 봉준호는 영화 〈기생충〉으로 칸 국제영화제 황금종려상과 4개의 오스카 트로피를 거머쥐며 세계의 감독이 되었고, 배두나는 특정 시대, 특정 세대의 아이콘에 머무르지 않고 다양한 국경과 매체를 유연하게 오가는 세계의 배우가 되었다. 두 동료는 함께하지 않았던 시간 속에서도 각자 단단하게 묶어낸 필모그래피의 매듭을 통해 22년 전 서로의 안목과 판단이 틀리지 않았음을 증명해냈다. 보은報恩도, 보훈報勳도 모두 정답이었던 셈이다.

배두나 배우를 처음 본 순간을 기억하세요?

TV에서 처음 본 건 그 자주색 교복을 입고 나온… 맞아요, 드라마 〈학교〉였죠. 데뷔작을 준비할 때 이미 그 드라마가 방영 중이어서 인기가 많았고, 가요 순위 프로그램 진행도 했던 것 같고. 새로운 제너레이션의 아이콘이고, 최첨단 미래의 가수처럼 보였는데 혹시 이 사람을 아파트 관리사무소에 앉아 있는 경리 아가씨로 만들 수 있을까, 하는 생각이 들었죠. 원래 감독들은 자기 멋대로 먼저 상상을 하니까, 아마도 그런 구석이 있을 거야, 발견하고 싶다, 는 관점에서 오디션을 청했던 것 같아요. 〈마더〉 때 어떻게 하면 저 도시적으로 잘생긴 배우 원빈을 시골 바보 총각으로 만들까 고민했던 것처럼.

〈플란다스의 개〉 오디션과 관련해서는 '배두나가 졸고 있었다'라는 일화가 유명하잖아요.

그건 세월의 윤색이나 기사의 과장 때문인 부분이 있어요. 물론 한창 떠오르던 스타였고 스케줄이 많을 때라 피곤해 보이긴 했지만, 두나 씨는 특유의 차분함 같은 게 있었죠. 약간의 심드렁이랄까, 어찌 되든 상관없지, 라는 느낌은 있었지만. (웃음) 이 사람에게는 흔히 오디션장에서 듣게 되면 낯뜨거워지는 말, 예를 들면 시켜만 주시면 열심히 하겠습니다! 식의 애티튜드가 없었어요. '안 되면 어떡하지'라는 조바심이 전혀 느껴지지 않는 그 모습 자체가 아파트 관리사무소에 나른하게 앉아 있는 현남의 모습과 잘 맞겠다는 생각이 들었죠. 그렇다고 이 영화가 이창동 감독님 스타일의 리얼리즘 영화는 전혀 아니잖아요. 초반에는 동네에서 만날 것 같은 현실적인 사람처럼 보이지만, 강아지 사건이 진행되고 여기저기 뛰어다니면서 현남이 되게 만화적인 활약을 하게 되잖아요. 하지만 현실적인 느낌이 나는 동시에 만화적인 활약도 그럴듯해 보이는 배우라는 게, 사실 말처럼 쉽지는 않거든요. 그런데 두나 씨가 심드렁하게 늘어져 있다가 돌연 유난히 큰 눈에 후드 끈까지 확 당겨 묶고, 무말랭이가 든 금속 반찬통을 들고 뛰어다니는 순간 모든 게 자연스럽게 보였어요. 저로서는 되게 행운이었죠. 돌이켜보면 필연적이라는 생각이 들고, 어쩌면 두나 씨 덕분에 찍을 수 있었던 영화가 아니었나 싶어요. 물론 본인은 속으로 고민이 많고 힘들었을 수도 있겠지만, 옆에서 보기엔 첫 영화 주인공을 맡았다는 압박감과 무게감에 결기를 다지거나 기합을 넣어서 동작이 뻣뻣해지는 법이 전혀 없었어요.

시나리오 안에 있던 현남이 배두나를 만나서 달라진 부분이 있나요.

애초에 이 캐릭터에서 계획했던 부분보다 훨씬 많았죠. 시나리오를 직접 쓰다 보니까 제 머릿속에서 이 인물은 이럴 거야 하고 상상을 할 수 있지만, 캐스팅이 확정되면 실제 주민등록번호를 가지고 있는 사람이 걸어 들어오게 되잖아요. 그러면 그 배우로부터 많은 영감과 아이디어를 받게 되죠. 특히 두나 씨는 그 '접힌' 자세가 너무 인상적이었어요. 사무실 의자가 무슨 방바닥도 아닌데 무릎이 순식간에 턱 밑까지 탁! 접히면서… 저 같은 사람은 도저히 상상할 수 없는 자세로 앉아 있게 되더라고요. 모델 생활도 했고 몸이 워낙 유연해서였는지 그 자세가 너무 재밌어서 관리사무소나 문구사에서 몇 번 나와요. 특히 촬영하면서 제일 좋아했던 모먼트가 있어요. 현남이 아침에 출근해서 사무실 정리하고 정수기 물통도 갈고 청소하는 신을 찍는데, 갑자기 대걸레의 긴 봉을 좌우로 이상하게 흔드는 테이크가 나온 거예요.

걸레에 축이 고정된 상태에서 마치 가수가 마이크 스탠드를 흔들 듯이 이렇게 쓱- 쓱- 움직이는데 그게 너무 유연해 보이기도 하고 또 약간 지긋지긋하면서도 나른한 느낌을 동시에 내는데, 너무 좋더라고. 그런 건 디렉팅의 영역에서 지시할 수 있는 부분이 아니니까요. 당시는 현장 편집도 없었던 시대인데도 이 테이크는 꼭 살려야겠다! 라고 촬영하는 순간부터 머릿속으로 편집을 했죠.

하품하는 장면에서 감독님이 꼭 목젖이 보여야 한다는 주문을 해서 결국 12번 테이크를 가고 급기야 눈물까지 흘렸다고 하던데요.

아…. 제가 왜 그랬을까? 아마도 신인 감독의 쓸데없는 불안감이 아니었을까요. 요즘은 테이크를 많이 안 가거든요. 〈기생충〉 때도 많아야 대여섯 번 정도였고, 두 자릿수를 넘기는 경우가 거의 없어요. 기억이 잘 안 나긴 하는데… 제가 정말 그런 이상한 디렉션을 줬다면 아마도 현남을 너무 만화적인 캐릭터로 그리고 싶은 강박도 있었나 봐요. 만화에서 보면 하품하는 사람의 목젖이 보이곤 하니까. 그런 어리석은 집착을 하다니…. 배두나 배우를 비롯해서 제가 신인일 때 고생하셨던 모든 배우와 스태프들에게 반성문을 한번 돌려야 될 것 같은 생각이 들어요. 이 지면을 빌려서 사과의 말씀을 드리고 싶습니다. (웃음)

함께했던 첫 작업에서 가장 인상적인 순간은 언제였나요?

현남의 노란 후드티 의상을 보면, 손 넣는 주머니가 있잖아요. 두나 씨가 거기에 쏙 들어가는 휴대용 CD 플레이어를 늘 들고 다녔어요. 워낙 음악 애호가이기도 하니까 애지중지하면서 갖고 다녔죠. 그런데 어느 날 스태프 중 한 명이, 자기가 잠깐 CDP를 맡아놓겠다면서 촬영장이니까 음악은 집에 갈 때 들으라는 식의 얘기를 했나 봐요. 그때 두나 씨가 이건 지극히 개인적인 건데 왜 이런 걸 가지고 뭐라고 하느냐며 잠깐 화를 내고서는 그걸 다시 자기 주머니에 넣는 걸 제가 몇 발짝 떨어져서 봤었거든요. 그 모습이 되게 단호하더라고요. 결국 그 스태프가 "아… 알겠어…." 하고 머쓱해하며 물러날 만큼. 아마도 그날이 두나 씨가 현장에서 화내는 걸 본 유일한 기억일 거예요. 그동안 차분하고 담담하고 때론 나른한 모습만 보다가 한순간 아주 예민해지는 모습을 목격하면서, 자기의 바운더리, 자기의 세계를 쉽게 건드리면 안 되는 사람이구나, 생각했어요. 흔히 생각하는 신인 배우의 이미지랑은 좀 달라서 아주 인상적이었고, 배우를 떠나 인간으로서 그 모습이 되게 멋져 보였죠. 그 이후 쌓아온 필모그래피에서도 침범할 수 없는 자기의 세계가 분명하게 느껴지잖아요. 또 그렇게 어떤 부분이 예민하고 분명한 자기 세계가 있는 사람인데, 연기에서만큼은 좀처럼 못 하겠다는 말 없이 정말 조용하고 묵묵하게 해내거든요. 그것이 이 배우, 이 사람의 최대 매력인 것 같아요.

20년이 넘게 지나도 〈플란다스의 개〉에서 보여준 배두나 배우의 연기에는 촌스러워지지 않는 모던함이 있어요. 이 모던함의 정체는 뭘까요?

당시는 신인 감독으로서 허우적대느라 정신이 없던 와중이라, 제가 두나 씨에게 연기에 대해 깊이 있게 뭔가를 제시했을 리는 없고요. 대신 이 배우를 캐스팅할 때부터 결코 과하게 뭔가를 하지 않을 것이라는 확신은 있었어요. 윤주(이성재)의 아내로 나왔던 김호정 배우가 연극에서부터 기초를 탄탄하게 쌓고

경력도 되게 오래된 분인데, 두나 씨와 처음 리딩을 해보고 나서는 좀 놀랐다고 하시더라고요. 저렇게 자연스럽게 연기하는 것이 오히려 쉬운 게 아닌데 대단하다고 칭찬을 했던 기억이 나요. 베테랑 배우들의 코멘트까지 들으니 연기에 관해서는 안심을 해도 되겠다는 생각이 들었죠. 감정과 상황을 표현하려고 과하게 하다 보면 결국 오버 액팅이 나오기 마련인데, 두나 씨는 기본적으로 어떤 여유가 있달까. '절제'라는 표현도 쓰고 싶지 않은 게, 절제는 뭔가 하고 싶은데 억누른다는 거잖아요? 그런데 배두나 배우는 애초에 어떤 특정 선을 넘을 생각이 아예 없다고 해야 하나? 애써 절제하지 않아도 그냥 처음부터 자연스러운 일상적인 톤, 딱 그 선을 생각했던 것 같아요. 그게 말씀하신 '모던함'의 요소일 수 있겠죠. 물론 이후에 연기한 〈괴물〉이나 〈터널〉처럼 장르적인 텐션이 강한 연기도 척척 잘 해냈지만, 〈플란다스의 개〉〈고양이를 부탁해〉처럼 잔잔하고 담백한 연기를 할 때는 애써 절제하지 않아도 되게끔 하는 연기를 보여주는 것 같아요. 물론 그조차 알고 보면 엄청 의식하고 노력해서 한 거라고 하면 할 말이 없는데…. 아마도 생래적으로 그런 배우가 아니었을까, 생각해요.

〈괴물〉의 양궁 선수 남주와 배우 배두나는 어떤 지점에서 연결되었나요?

일단 양궁 선수를 영화에 등장시키고 싶다는 건 아주 오래된 꿈이었어요. 92년 바르셀로나 올림픽 개막식에서 성화를 들고 온 최종 주자가 장애인 궁사의 화살 끝에 불을 붙여주면 그 불화살이 딱- 하고 날아가서 성화대에 불이 확- 붙거든요. 최고로 멋있었고, 최고로 모험적이었던 성화 점화 방식이었죠. 그런데 저는 대학생이었던 88년도에 그것과 똑같은 생각을 먼저 가지고 있었어요. 당시 정부에서 88 올림픽 성화 점화 방식 공모를 했었는데, 대한민국은 역시 양궁 아니냐! 김진호 선수 같은 분이 불화살을 쏘면 완전 가능하지! 라는 생각을 혼자 했었죠. 물론 귀차니즘 때문에 공모에 참가하진 않았지만요. 4년 후에 바르셀로나 개막식 중계를 보는데 야- 저거 내 아이디어였는데, 너무 억울하기도 하고, 그 비주얼이 너무 좋아서 언젠가 영화에 저런 장면을 넣고 싶다는 생각을 계속 했었어요. 〈괴물〉의 핵심이 정부나 공권력, 군대가 넋 놓고 있을 때 민간인들이 조잡스럽지만 처절하게 괴물과 싸우는 거잖아요. 미국 같으면 총기를 들고나오겠지만 우리라면 싸울 수 있을 게 뭘까? 하다가 식칼 들고 싸우는 것도 웃기고…. 그래서 그 어설프게 싸우는 가족 중에 반드시 양궁 선수가 있어야겠다, 라는 생각을 하게 된 거죠. 영화 전체를 봐도 〈괴물〉은 시끌벅적하고, 사람도 많이 죽고, 액션도 많지만, 남주의 반경 1미터 안에는 별도의 공기가 있거든요. 양궁을 정신적인 스포츠라고도 하고, 국가대표 선수들은 일부러 사물놀이패까지 초청해서 아무리 시끄러운 환경 속에도 자기 주변을 진공 상태로 만드는 훈련을 받는다고 하더라고요. 복잡하고 산만한 상황으로부터 스스로를 고립시키는 것, 거의 명상적인 훈련이죠. 그런 면에서 한 개인의 바운더리가 확실하게 구축되어 있고, 그 안에 자신만의 공기가 있는 배두나에게 양궁 사수는 너무 적역이었다고 생각해요.

〈괴물〉에서 남주가 병원에서 의사들도 마스크 안 쓴다고 지적할 때나, 경찰에게 "지금까지 우리 얘기를 안 믿는다는 거?"라고 말할 때, 손바닥을 꼿꼿하게 세우는 동작이 인상적이었어요.

콘티에서부터 '경찰의 명치를 약간 찌르듯이'라고 되어 있었죠. 저는 배우의 손을 가지고 뭘 하는 거에 관심이 많아요. 〈설국열차〉 때 틸다 스윈튼이 하는 이상한 손동작이라거나, 〈마더〉에서 김혜자 선생님이 자기 손을 보는 장면이나 초반에 작두에 손이 잘릴 것 같은 장면도 있죠. 손 페티시까지는 아니고, 제가 어릴 때부터 만화를 많이 그리면서도 손 그리기가 유독 어려웠던 기억이 있어요. 그런데 실사로 배우의 손을 찍으면 그걸 배우가 다 구현해주니까, 그걸 잘하는 배우들에겐 손에 대한 더 이상한 요구를 하는지도 모르겠어요. 말씀하신 〈괴물〉의 그 장면에서도 남주는 양궁 선수니까 길게 말하기보다는 간결하고 짧게 할 것 같다는 느낌이 들었고, 대사를 끝내는 손동작을 하는 디렉션을 줬죠. 두나 씨가 팔다리도 길지만 손가락도 길기 때문에 워낙 손 표현력이 좋은 배우이기도 하고요. 동작대교에서 아버지(변희봉)가 돌아가시는 중간 클라이맥스 있잖아요. 거기서 배두나 배우가 활을 쏘기 전에 화살 로딩을 하는 동작이 있어요. 그때 손가락을 되게 절묘하게 움직이거든요. 특유의 움직이는 속도가 있어요. 영화 속에서 남주는 느림보 캐릭터잖아요. 오빠들로부터 거북이 같다고 놀림을 당하기도 하고. 그런데 심지어 손가락에서 그 템포를 보여주더라고요. 분명 24프레임으로 찍었을 텐데 얼핏 보면 36프레임인가?

할 정도였어요. 마치 배우가 그 동작 자체를 고속 촬영, 슬로모션 같은 느낌으로 연기했달까. 찍으면서도 되게 감탄했던 장면이었어요. 사실 남주 샷을 제외한 그 시퀀스의 모든 샷은 비가 주룩주룩 쏟아지고 총을 탕탕 쏘고 괴물이 빽빽거리는데, 배두나는 그 짧은 순간 이상한 고요함을 만들어내거든요. 특히 그걸 얼굴도 아니고 손으로 말이죠. 좋은 배우란 결국 본인만의 템포를 가지고 있는 배우라는 생각이 들었죠. 〈고양이를 부탁해〉에서도 연기 경력 초반임에도 불구하고 영화 전체에서 유지되는 태희의 일관된 템포가 있거든요. 주변 친구들이 처한 불안정한 상황 속에서 중심을 딱 잡아주면서 쭉 끌고 가는, 전체를 장악하는 배두나만의 템포가 늘 놀랍다고 생각했어요.

배두나의 상징처럼 인식되어온 단발이나 커트 머리가 아니라 〈괴물〉의 남주는 머리를 짐스럽게 길렀으면 좋겠다는 요구를 하셨다고요?

제가 그런 멘트를 했는지는 정확히 기억이 안 나는데, 강하게 긴 머리를 주장하긴 했어요. 일단 감독으로서의 욕심은 되게 단순했어요. 최종 클라이맥스에서 남일(박해일)이 버벅거리다가 던진 화염병이 '삑사리'가 나고, 그때 남주가 나타나 딱- 불화살을 쏘잖아요. 느리다고 구박을 받았던 여동생이 또다시 한 박자 늦게 등장해서 결국 결정타를 날리는 모습에서 저게 남주지! 라는 느낌이 났으면 했어요. 그리고 뒤돌았을 때 바람에 머릿결이 촥- 날렸으면 좋겠는 거예요. 물론 실제 양궁 선수들은 대부분 머리를 짧게 자르거나 뒤로 꽉 묶거나 모자를 쓰잖아요. 더 좋은 결과를 위해선 당연한 걸 텐데, 저는 이상하게도 양궁 경기를 볼 때마다 바람에 머리가 몇 가닥은 날려서 코나 입에 막 걸리는데도 집중해서 쏘면 오히려 더 멋지지 않을까 이런 상상을 했었거든요. 그걸 영화적으로 써보고 싶었던 마음이 있었죠.

감독 봉준호가 정의하는 배두나는 어떤 배우인가요?

앞서 말한 자기만의 템포뿐 아니라 자신을 둘러싼 공기가 모든 작품에서 신기하리만큼 유지되는 배우죠. 그런데 한 발짝 떨어져서 보면 자연스럽게 그 작품의 일부가 되어 있고요. 〈린다 린다 린다〉부터 워쇼스키와 찍은 할리우드 SF물까지 엄청나게 다르고도 넓은 스펙트럼이 있는데, 배두나는 어디에서든지 본인만의 아우라를 유지하면서도 그 작품 속에 되게 자연스럽게 녹아들어 있어요. 그게 어찌 보면 상충될 수 있는 부분임에도 불구하고 말이죠. 솔직히 배우나 연기에 대해 말한다는 건 여전히 참 어려운 영역인 것 같아요. 카메라의 움직임, 비주얼 이펙트, 빛의 사용, 이런 부분에 대해서는 어느덧 선호하거나 싫어하는 것에 대해서나 스스로도 좀 알 것 같고 비교적 정리가 되는데, 배우들에 대해서는 아직도 모르겠거든요. 정글 속에서 뭐가 튀어나올지 모르는 것처럼. 그럼에도 불구하고 얘기하자면 저는 인간이란 일관성이 없다고 믿는 편이거든요. 겉과 속이 많이 다른 게 인간이기도 하고요. 그래서 어떤 배우가 거대하고 일관된 콘셉트를 바위처럼 박아놓고 매 신 그걸 유지하려고 한다면 되게 갑갑해서 못 견디는 편이에요. 리허설도, 캐릭터 분석도 좀처럼 안 하는 타입이라 그런 방식으로 캐릭터에 접근하는 배우분들은 저를 좀 많이 당황스러워하시죠. 촬영 전에 "감독, 우리 얘기 좀 하자"고 그러시고. 그러면 저는 이 핑계 저 핑계 대면서 도망을 다니죠. 〈살인의 추억〉 때도 박해일 배우가 자기가 범인인지 아닌지 알려달라고 새벽에 술을 먹고 그렇게 전화를

ROLLEIFLEX

하더라고요. (웃음) 물론 배가 앵커를 내리듯 배우들 입장에서는 분명하게 닻을 내려놓고 연기를 하고 싶은 마음이 있을 거예요. 그런데 배두나 배우는 애초에 접근 방식에서 차이가 있는 것 같아요. 〈도희야〉에서는 이 인물이 성 소수자라는 설정이 중요하지만 정작 이 배우의 연기는 거기에만 얽매이지는 않더라고요. 드라마 〈비밀의 숲〉에서도 특정 직군을 표현하고 있는데도 그것에 별로 연연하지 않는 느낌이 들었고. 성 소수자, 여성 경찰, 주부, 양궁 선수처럼 뭔가 분명한 타이틀이나 직함이 걸려 있으면 감독이건 배우건 꼭 이런 행동을 해야지, 이런 말투를 써야지, 아니면 이런 장면이 있어야 하지 않을까? 하며 불필요한데도 강박적으로 신경을 쓰게 되는 요소들이 있잖아요. 그런 부분에서 배두나 배우는 되게 초연하게 벗어나 있는 것 같아요. 이런 배우의 자유로움이 작품을 더 사실적이고 풍성하게 만들고, 캐릭터의 여유나 입체감 역시 그런 애티튜드로 인해서 생기는 것 같고요. 한마디로 상투적인 어떤 것들이 스며들 여지가 없는 거죠.

2006년 〈괴물〉을 마지막으로 벌써 15년의 세월이 흘렀습니다. 그간 배우 배두나의 행보를 어떻게 지켜보셨는지요.

일본뿐 아니라 미국, 프랑스까지 이토록 폭넓게 그리고 인상적으로 활동한 한국 배우가 있을까 싶어요. 정말 독보적인 일이죠. 그런 와중에도 〈도희야〉처럼 작지만 섬세한 영화들에 출연해서 본인만이 할 수 있는 강한 존재감을 드러내는 것이 되게 멋지더라고요. 또한 나는 이렇게 해야 돼 하고 커다란 깃발을 흔들며 달려간다거나, 메가폰을 잡고 본인의 콘셉트를 크게 외치는 것도 아니잖아요. 그저 여전하고 자연스러운 태도로 침착함을 유지하면서도 폭도 넓히고 깊이도 깊어지고 있다는 점이 존경스러워요. 저 같은 감독들에게도 그렇겠지만, 배우 배두나를 바라보는 동료, 후배 배우들 역시 그 점에서 많은 영감을 받고 있을 거라 확신하고요.

감독 정재은

"감독의, 감독을 향한, 감독을 위한 배우"

정재은
감독
영화 〈고양이를 부탁해〉

무너진 지붕을 딛고 시작되는 여행, 사라지는 기억 위로 쌓이는 추억, 흙으로 돌아가기 위해 축조되는 건물. 정재은 감독의 영화에서는 우정도, 사랑도, 삶도 상태가 바뀌고 위치가 옮겨질 뿐 소멸되지 않는다. 질서 있는 텍스타일 패턴을 반복해서 그리던 〈고양이를 부탁해〉의 지영(옥지영)은 질서 속에 편입되지 않고 물길을 따라 움직이는 친구 태희(배두나)와 동행한다. 가족사진 속 얼굴은 없어졌지만, 사라지지 않을 것을 이미 품은 사람에겐 그곳이 어딘지는 더 이상 중요하지 않다. 데뷔작 〈고양이를 부탁해〉 이후 〈태풍태양〉 〈나비잠〉 등의 극영화 외에도 다큐멘터리 〈말하는 건축가〉 〈말하는 건축 시티:홀〉, KBS 〈모던코리아〉 '짐승' 등을 만들어온 정재은 감독은 좀처럼 다음 행선지를 예상하기 힘든 창작자다. 흥미로운 관심사를 따라 하나의 영토에 머물지 않은 채 소요하는 정재은 감독의 태도는 배두나가 연기한 태희가 누구의 분신인지를 충분히 짐작게 한다.

2001년 10월 13일에 개봉했던 〈고양이를 부탁해〉가 2021년 10월 13일 디지털 리마스터링 과정을 통해 재개봉했습니다. 20년 만에 다시 만난 태희와 배두나는 어떻게 다르고 또 여전하던가요?

단지 오랜 시간이 지났다는 차원을 떠나서, 그때는 보이지 않았던 것들을 굉장히 많이 느낀 과정이었어요. 〈고양이를 부탁해〉는 필름으로 찍었고, 현상 과정에서 블리치 바이패스* 작업을 했죠. 물론 그 덕에 불안한 청춘과 우울하고 을씨년스러운 인천의 분위기가 잘 살기도 했지만, 그 때문에 배우들의 디테일한 결이 사라진 것이 오래도록 속상했었어요. 머리카락의 질감이나 세밀한 표정이 전체적으로 뭉개진 상태였죠. 하지만 20년 만에 오리지널 네가 필름을 가지고 디지털로 색 보정을 하면서 깜짝깜짝 놀란 순간이 정말 많았어요. 태희가 '선원 모집' 공고를 보고 찜질방 전단지를 돌리는 척 선원 대기실로 들어가요. 그때 배두나가 선원 아저씨들을 등지고 돌아서 대기실의 다른 쪽으로 움직이는 동작이 있거든요. 그 동선을 누가 지시했는지는 기억이 나질 않지만, 필름에서는 잘 보이지 않았던 두나의 얼굴이 너무나 섬세한 연기를 하고 있는 거예요. 낯선 공간에 들어선 이 친구의 약간의 불편함과 호기심을 깜빡깜빡 입짓까지 더해가며 디테일하게 표현하면서 싹 돌아서 가는데, 그 안의 공백을 채우는 미묘한 표정들이 너무 좋더라고요. 정말 배두나는 연기를 잘하는 배우였구나 새삼 느꼈죠.

* bleach bypass. 〈세븐〉 〈라이언 일병 구하기〉 등에 쓰인 현상 기법으로, 필름의 은 입자를 씻어내지 않고 남겨두어 강한 대비와 거친 질감을 표현한다.

© 성은경

또 하나는 태희와 지영이 밤에 도시락 만드는 공장 앞에서 담배를 피우면서 워킹 홀리데이에 대해 이야기하는 장면인데요. 최영환 촬영감독은 그 장면을 찍던 순간이 영화 전체를 통틀어 제일 기억에 남는다고 하더라고요. 배두나가 완전히 사라지고 정말 저런 세계를 꿈꾸는 태희처럼 느껴졌다고요. 제가 볼 때도 그런 식의 연기로는 배두나 말고 다른 배우를 상상할 수 없어요. "거긴 땅은 넓고 인구가 없어서 그런 거겠지…."라며 아무렇지도 않게 말을 하는 이 친구의 얼굴이 잠시 딴 세상에 다녀온 것처럼 느껴졌어요. 굉장한 대사, 엄청난 감정의 재발견, 이라기보다는 배우 배두나가 가진 속성을 새삼 확인했죠. 계산해서 연기를 한다기보다는, 그 캐릭터로 들어가서 그 사람의 공기를 폭 묻혀서 나온 향이 디지털 화면 속에 더욱 선명하게 느껴지는 식으로. 리마스터링은 20년 만에 배두나의 연기에 다시 한번 반했던 과정이었어요.

미리 약속된 동선을 벗어나지 않은 채 그 안에서 구현되는 미묘한 움직임은 감독의 디렉션을 넘어선 배우만의 영역이라고 생각하는데요. 그 부분에 있어서 배두나는 정말 탁월한 배우죠.

예를 들어 월미도에서 동남아시아분들을 만나 같이 걸어올 때 약간 이상하게 흐느적거리면서 걷는 걸음걸이나 몸짓은 언제 봐도 너무 사랑스러워요. 카메라의 풀샷이나 롱샷은 배두나의 몸짓을 만났을 때 최상으로 빛나죠. 특히 넓은 프레임에 동선이 많은 장면에서는 할 수 있는 것이 굉장히 많은 배우에요. 그렇게 사소한 디테일을 잘 살리는 배우지만 동시에 연기에 들어가서 집중을 하면 자기 얼굴에 뭐가 묻었다거나, 머리카락이 내려왔다거나, 실핀이 엉뚱한 데 꽂혀 있다거나 하는 걸 전혀 신경 쓰지 않기도 해요. 그 역할, 공기, 상황 속으로 뛰어드는 순간 진짜 자기를 놓아버리는 상태가 되는 것 같아요. 감독인 저는 도저히 상상할 수 없는 어떤 지점, 완전히 몰입해버리는 순간 같은 것들요.

사람 배두나의 어떤 모습에서 태희와의 접점을 찾으셨나요?

타인을 향한 연민? 사실 영화에는 많이 담기지 않았지만 태희가 연민을 표현하는 장면들이 시나리오에 굉장히 많았어요. 버스에서 파는 잡상인의 칫솔을 거절하지 못하고 사는 것도 결국 연민의 일부인 거죠. 당시 제가 본 배두나는 그런 연민의 마음이 깊은 사람이었어요. 심지어 자신이 직접 경험한 일도 아니고 완전하게 알지 않더라도 타인을 바라보는 기본적인 마음 자체가 깊은 사람이라는 생각이 들었죠. 제 눈에는 배우 배두나가 그 이후 많은 영화에서 구축했던 캐릭터들에서 역시 공통적으로 연민이라는 감정이 보여요. 많은 사람들이 좋아하는, 지영이 할머니가 주신 만두를 먹는 장면을 봐도 누군가의 불편한 호의 또한 최선을 다해 받아들이는 태희의 모습이 느껴지잖아요. 꾸역꾸역 열심히 먹고 있지만 그게 동시에 힘들기도 한. (웃음) 그런 감정이 복합적으로 살아 있어서 찍을 때도 되게 좋았어요. 그 장면을 두나 배우가 너무 힘 있게 만들어주었기 때문에 나중에 태희가 만두를 사러 간 장면에서의 감정이 자연스럽게 연결되는 힘이 생겼던 것 같아요.

태희는 저를 비롯해 많은 관객들이 사랑하는 캐릭터가 되었습니다. 하지만 정작 배우는 처음 대본을 읽었을 때 이 인물에는 별다른 감흥을 못 느꼈다고 하던데요.

그래서 시나리오를 준 이후에도 직접 만나지 못했어요. 대신에 먼저 제가 만든 다른 작품들을 볼 수 있느냐고 물어봤죠. 아마 그 단편들이 마음에 안 들었다면 〈고양이를 부탁해〉를 안 했을 것 같아요. (웃음) 결국 그제야 약속을 잡고 처음 만난 곳이 운현궁 옆 월드 오피스텔에 있던 제작사 '마술피리' 사무실이었어요. 첫 만남에서는 제가 생각하는 태희라는 인물에 대한 이야기를 주로 했던 것 같아요. 태희의 서사는 다른 역할들에 비해 명확하지 않죠. 친구들 사이에서 계속 여기저기로 옮겨 다닐 뿐이에요. 그래서 태희의 시선으로 보는 다른 친구들의 이야기가 중요해 보이고, 어떻게 보면 리액션을 수행하는 인물에 가까워 보이죠. 하지만 그것만으로 끝나는 캐릭터도 아니고,

그렇다고 중요하지 않은 캐릭터도 아니에요. 메인 롤 같은 느낌이 안 드는 메인 롤이랄까. 저는 궁극적으로 이 영화를 통해 그런 캐릭터를 만들고 싶었던 것 같아요. 태희는 강력한 개인 서사도, 엄청 센 스토리도 없고, 겉으로 봤을 때 진지하거나 고민이 많은 사람도 아니죠. 그렇지만 그저 왔다 갔다 하기만 해도 그 경로를 통해서 어느덧 모든 것을 품고, 결국 다른 지점에 서 있는 인물이기를 바랐던 것 같아요. 이 영화의 모든 주제가 태희라는 인물에 담겨 있다, 그리고 모든 의미가 태희의 선택에 달려 있다, 고 설명했어요. 이 세계가 아닌 다른 곳으로 떠나고 싶고, 내가 소속된 집과 사회를 떠나는 느낌은 어떨까? 계속 고민하다가 혼자 떠날 수도 있지만 갈 데 없는 친구 한 명과 함께 떠나는 태희의 그 선택을 위해서 어쩌면 이 영화 한 편을 만든 것인지도 모른다고. 물론 그렇게 말하면서도 정작 저 역시 태희를 완벽하게 캐치하지는 못했던 것 같아요. 제가 직접 쓴 시나리오라고 해도 어떤 인물인지 확고하지는 않았어요. 배우 역시 캐릭터를 확고하게 만듦으로써 힘을 줬다기보다는, 이 캐릭터만의 무드나 모드를 창조해서 배두나만의 태희로 만들었던 것 같아요.

그런 확신은 언제쯤부터 들었나요?

사실 첫 촬영을 해보고 알아서 잘하겠구나 하고 생각했죠. 결국 편집에서 잘리긴 했지만 원래 시나리오상에서는 태희가 시인 친구와 이미 같이 잔 걸로 나와 있어요. 그리고 그것 때문에 마음의 갈등을 겪으면서 수녀님과 상담하는 장면이 있었어요. 장난도 동정심도 아니라고, 자기도 진짜 진짜 좋아해서 잔 거라고 말하는 대사였는데 그 연기만 보고도 태희는 그냥 배두나에게 믿고 맡겨도 되겠다고 생각했던 것 같아요.

촬영하면서 가장 인상적이었던 순간은 언제였나요?

상상 속에서 배를 타고 둥둥 떠다니는 장면이 있어요. 태희는 확고한 정주성을 가지지 않는 유목민 같은 캐릭터라고 생각했기 때문에 '배'라는 설정을 줬거든요. 그런데 실내 장면에서 태희가 누워 있던 그 배는 실제 운항이 가능한 배가 아니었어요. 그냥 인테리어 소품이었죠. 그런데 제작비가 부족해 똑같은 배를 새로 만들 수는 없고 다른 배를 빌리자니 연결이 튀는 상황이라, 이걸 찍냐 마냐 하면서 계속 촬영을 미루고 있었어요. 그런 상황을 두나가 가만히 듣더니 자기는 수영을 잘하니까 괜찮다는 거예요. 결국 배우를 믿고 찍어보자고 촬영에 들어갔어요. 얼굴 클로즈업 때는 근처에 스태프들이 있었지만, 혼자 누워 배 위에 떠 있는 모습을 멀리서 풀샷으로 찍을 때는 정말 불안했어요. 다행히 물도 새지 않고 사고도 없이 촬영이 잘 끝났지만요. 두나는 그런 배우예요. 자기가 행해야 하는 액팅에 대한 두려움이 전혀 없죠. 아무리 수영을 잘한다고 해도 내심 불안했을 텐데, 감독에 대한 믿음 그리고 수행자로서 자신의 역할에 대해서 조금의 흔들림도 없어요. 확 들어가서 그냥 해내버리죠. 물론 상황이나 인물이 스스로 설득되지 않을 때는 분명히 힘들어해요. 하지만 어떻게 하든지 그걸 이해하려고 끝까지 노력하는 것 같아요. 그리고 일단 촬영에 들어가면 오로지 자기가 표현해야 할 캐릭터와 그것에 다가가기 위한 유일한 방향타인 감독에게만 집중하는 배우였죠. 사실 배우가 이견을 제시할 수도 있고, 마음이 안 맞으면 화를 낼 수도 있는데 배두나는 그냥 '감독 바라기'라고 생각하시면 될 것 같아요. 감독에 대해 신기할 정도의 절대적인 신뢰를 가지고 있는 배우였고, 모든 연기의 방향이 감독이 무엇을 원하는지에 맞춰져 있었어요. 감독의 의도가 잘 전달될 수 있도록, 감독의 언어를 이해할 수 있도록, 감독이 최대한 일을 잘할 수 있도록, 자신이 어떤 방식으로든 도와야 한다고 생각하는 배우죠. 짐작건대 아마도 무대 배우인 어머니의 영향이 아니었을까, 저는 생각해요. 어릴 때부터 어머니를 통해 본 감독은 인간이라기보다 하나의 세계를 만드는 창조주였던 것 같아요.

태희와 지영이를 태운 비행기는 어디로 갔을까요?

아마 얘네들이 아주 멀리 갈 만큼의 돈은 없었을 것 같고, 동남아시아 어디쯤 가지 않았을까요?

집이 아닌 어딘가로 훌쩍 떠나는 태희의 마지막 모습은, '글로벌 배우' 배두나의 첫 장면 같기도 해요.

멈추지 않고 계속 흘러가겠다는 태희의 방식이 결국 이 배우의 삶의 태도이자 철학이 된 것 같아서 놀랍고 신기했죠. 결국 두나 역시 태희 같은 항해자로 살게 된 거니까요. 그렇게 어디에서도 완전히 토착화되지 않는 배두나의 캐릭터야말로 해외에서의 작업이 계속 이어진 이유가 아닐까 생각해요. 어떤 낯선 곳에 데려다 놓아도, 심지어 인형 연기를 해도, 약간은 비어 있는 특유의 여백으로 그 캐릭터를 소화하죠. 그렇게 토종이 되지 않는 연기를 구사하고 있기 때문에 계속 다른 곳으로 옮겨 다니면서 연기할 수 있는 게 아닐까요?

그 말을 듣고 보니 정착하지 않고 언제라도 떠날 사람이 안겨주는 불안함과 그래서 느껴지는 안도가 이 배우의 중요한 매력으로 작용한 게 아닐까 싶네요. 이곳에 아예 뿌리내리겠다고 작정하고 온 이민자 같은 느낌이 아니니까.

그렇죠. 내 밥그릇을 빼앗을 것 같은 위협적인 이민자가 아니라, 엄청난 자극을 주는 흥미로운 방문자 같은 느낌이죠. 배두나는 어느 날 갑자기 나타나 옆에 있어도 하나 이상할 것 없고, 또 어느 날 홀연히 떠났다고 해도 그래, 떠났구나 하는 그런 존재죠.

현장 스틸작가 한세준

"배우의 탄탄한 자존감에는 포토샵이 필요 없죠."

한세준
현장 스틸작가
영화 〈괴물〉
영화 〈인류멸망보고서〉
영화 〈터널〉
영화 〈마약왕〉
넷플릭스 〈고요의 바다〉

한세준의 카메라는 지난 26년 동안 다양한 배우의 얼굴을 담아왔다. 삼베 상복에 굴건을 쓴 배우 안성기의 얼굴을 필름으로 포착하던 그의 셔터는, 어느덧 금속 우주복에 헬멧을 쓴 배우 배두나의 클로즈업을 디지털 픽셀 속에 채워 넣고 있다. 1996년 임권택 감독의 〈축제〉의 마당으로 들어간 이후 〈공동경비구역 JSA〉 〈살인의 추억〉 〈올드보이〉 〈좋은 놈, 나쁜 놈, 이상한 놈〉 〈도둑들〉 〈변호인〉 〈다만 악에서 구하소서〉까지 끝이 없는 긴 축제 같았던 한국 영화 현장의 대표적인 기록자가 된 한세준 작가는, 배두나와는 영화 〈괴물〉부터 넷플릭스 시리즈 〈고요의 바다〉까지 총 5편의 작품을 함께 했다.

배두나의 첫인상은 어땠나요?

〈괴물〉이니까 2005년이었을 거예요. 너무 희한한 느낌의 얼굴이긴 했어요. 눈이 정말 크고, 코도 정말 오뚝하고, 누구와도 비슷하지 않은 이목구비였죠. 거기에 다른 사람이 흉내 내지 못하는 목소리 톤과 특유의 몸짓까지 분명한, 자기 색깔이 있는 배우라는 생각이 들었죠. 당시 두나 씨는 관심사도 다양하고 취미도 참 많았고, 특히 한창 사진에 빠져 있을 때라 현장에 중형 카메라를 들고 온 모습을 제가 찍어주기도 했죠. 얼마 전 〈고요의 바다〉 촬영장에서 "요즘에는 왜 사진 안 찍어요?"라고 물었더니 "연기나 열심히 하려고요."라고 하더라고요. 가볍게 대답했지만 가만히 보면 전에 비해 확실히 이 사람의 삶에서 연기가 차지하는 비중이 더 커진 것처럼 보여요. 그 어느 때보다 연기 자체에 진지하게 집중하고 있는 게 느껴지기도 하고. 두나 씨만의 연기의 멋도, 맛도 더 커진 것 같고요. 〈터널〉 촬영 때, 눈이 정말 많이 오는 날이었어요. 전화기를 들고 지하에 갇혀 있는 남편(하정우)과 통화하는 장면이었는데, 너무 많이 울어서 눈이 퉁퉁해진 모습을 찍은 적이 있어요. 눈도 붓듯이 내리고 눈도 너무 부어 있고. (웃음) 어느 정도 적당히 해도 될 것 같은데, 그러지 않는구나, 여전히 정말 열심히 하는 배우구나, 하는 생각을 했죠.

현장에서 배두나는 어떤 동료인가요?

처음 촬영을 하면서도 확실히 까탈스러운 배우는 아니라고 생각했어요. 〈괴물〉은 연기하는 공간도 어지럽거나 지저분할 때가 많았고, 한강 물도 깨끗하지 않고, 게다가 그 차가운 강물에서 잠수도 해야 했죠. 물론 안전장치가 있긴 했지만 위험한 교각 위를 혼자 걸어야 하는 장면도 많았고요. 충분히 짜증을 낼 수도 있었을 텐데 한 번도 그런 모습을 본 적이 없어요. 대신 스태프를 비롯해서 다른 배우들과 되도록 즐겁게 현장에 있으려고 노력하는 모습이 보였죠. 그때는 아직 어려서 그런가? 했어요. 하지만 그 이후 현장에서도, 지금도 여전히 변함이 없더라고요. 사실 촬영 현장이라는 게 늦게 끝난다든지, 누군가가 힘들게 한다든지, 상황이 꼬인다든지 하는 변수들이 항상 있을 수 있잖아요. 그런데도 두나 씨는 그 순간 스태프들을 먼저 챙겨주고, 하나하나 기분들을 살피고, 누구와도 잘 지내려고 노력해요. 기다려야 하는 시간엔 같이 할 놀이나 게임을 제안하기도 하고요. 〈고요의 바다〉 때 저는 배드민턴부였고, 공유 씨는 농구부, 두나 씨는 탁구부였죠. (웃음) 언제나 현장을 참 기분 좋게 만들어주는 배우예요. 〈터널〉 촬영할 때는 한창 외국을 자주 왔다 갔다 하던 시기였는데, 그때마다 초콜릿 같은 먹을 것도 사 오고, 스태프들 춥다고 일본에서 발에 붙이는 핫팩 같은 것도 사 와서 붙이라고 나눠 주고 그랬죠. 소소하지만 정말 마음을 쓰지 않으면 할 수 없는 정성들을 많이 보여주는 사람이에요. 아! 이벤트도 어찌나 좋아하는지. 예를 들어 크리스마스에 일하러 나오면 다들 얼마나 우울하겠어요. 그러면 두나 씨는 아침 일찍부터 촬영장에 나와서 풍선을 불어 벽에 크리스마스 장식을 해서 주변 사람들을 행복하게 만들어주기도 했죠. 요즘에는 현장을 즐겁게 만드는 데 그치지 않고 으쌰 으쌰, 동기 부여도 많이 해주고, 점점 주변 사람들을 다독이고 챙기는 어른 역할도 하는 것 같고요.

현장을 기록하는 사진가로서 배두나는 어떤 즐거움을 주는 피사체인가요?

저희는 직업상 계속 배우를 바라봐야 하는 입장이잖아요. 어떤 면에선 굉장히 즐거운 일이죠. 그런데 만약 그 대상이 계속 바라보기 힘든 사람이라면 이만한 고역도 없을 거예요. 하지만 두나 씨처럼 좋은 에너지를 가진 배우를 가장 가까운 곳에서 계속 지켜보고 카메라에 담는다는 건 정말 행복한 일이라고 생각해요. 저와는 오랜 시간 꽤 많은 영화에서 만났는데, 이번 작품 끝났을 때 처음으로 말했어요. 두나 씨와 일할 수 있어서 너무 행복했다고. 생각해보면 지금까지 어떤 배우에게도 그런 인사를 해본 적이 없어요. 가장 친하고 가장 많은 작업을 한 송강호 배우에게도 "강호 형이 있어서 행복했어요."와 같은 말을 해본 적이 없는데 말이죠. (웃음) 그랬더니, 두나 씨는 "으아- 진심…이세요?" 하면서 너무 부끄러워하시더라고요. 진심이었어요.

20년 가까이 바라본 이 배우의 얼굴에서 어떤 변화가 느껴지시나요?

처음엔 배우보다는 독특한 외모의 모델이라는 선입견이 강했던 것 같아요. 그런데 어느덧 대단한 배우가 되었잖아요. 그렇게 연기가 갖춰진 배우로 자리 잡고 보니 독특한 외모 역시 독보적으로 좋은 배우적 요소로 작용하는 것 같아요. 너무 특이했던 지점들이 고스란히 다 장점이 되어버리는 거죠. 저는 마냥 잘생기고 예쁜 배우에게서 좋은 사진이 나온다고 생각하지 않아요. 결국 연기를 잘하는 사람에게서, 좋은 배우에게서 좋은 사진이 나오죠. 배우의 다양하고 깊은 감정을 담는 것이 결국 좋은 현장 사진인 거고요. 누구나 나이가 들어가면서 얼굴에 굴곡이 생기잖아요. 그런데 두나 씨는 그런 얼굴을 그대로 드러내는 것에 별로 개의치 않아요. 가령 홍보용으로 쓸 사진을 보내면 대부분 크고 작은 수정을 요구하거든요. 여성 배우들뿐 아니라 남성 배우들도 여드름 자국을 없애달라, 턱선을 좀 날렵하게 해달라, 목주름을 제거해달라, 그렇게 구체적인 포토샵 요구가 들어오는 편인데, 유독 배두나 배우만 아무 말도 없더라고요. 그래서 저 역시 그냥 아주 기본적인 정리만 해서 보내는 식이죠. 따로 물어본 적은 없지만, 40대를 20대처럼 보이게 만드는 것도 큰 의미가 없고, 배우에게 주름 하나는 크게 중요한 요소가 아니라고 생각하는 것 같아요. 쿨하다 그럴까, 합리적이라고 할까. 자기를 포장해서 보여주는 걸 기본적으로 좋아하지 않는 성격인 것 같기도 하고요. 그건 결국 배우로서의 탄탄한 자신감이자 이 사람의 단단한 자존감 때문이 아닐까요.

배우 한예리

"기꺼이 앞에서 함께 울어주는 사람이었어요."

한예리

배우

영화 〈코리아〉

한국예술종합학교에서 한국 무용을 전공했던 한예리는 〈기린과 아프리카〉 〈푸른 강은 흘러라〉 〈백년해로외전〉 〈바다 쪽으로, 한 뼘 더〉 등의 단편과 독립 장편을 통해 시나브로 배우의 길로 접어든 무용가이자 배우다. 첫 상업 영화 현장이었던 〈코리아〉에서 북한 선수 유순복의 유니폼을 입은 신인 배우 한예리는 첫 해외 경기를 앞두고 잔뜩 긴장한 자신의 캐릭터와 여러모로 겹쳐 보인다. 배두나가 연기한 리분희는 그 실력은 내가 알고 있으니 "누구 눈치 볼 것도 없고, 마음 편히 경기하라"며 절도 있게, 그러나 "진심"으로 격려한다. 그 응원을 받은 유순복은 세계선수권대회에서 '코리아 팀'을 우승으로 이끄는 결정적인 역할을 해냈고, 영화 〈코리아〉를 통해 배우 한예리는 제49회 백상예술대상 영화 부문 여자 신인 연기상을 받았다. 이후 영화 〈해무〉 〈최악의 하루〉 〈춘몽〉, 드라마 〈육룡이 나르샤〉 〈청춘시대〉 〈(아는 건 별로 없지만) 가족입니다〉까지, 한예리는 말간 얼굴에 깃든 강인한 생명력을 가진 새로운 세대의 대표 배우로 자리 잡았다. 〈코리아〉 즈음 배우 배두나의 본격적인 해외 협업 시대가 시작되었다면, 한예리에게는 10년 후 〈미나리〉와의 운명적인 조우가 찾아왔다. 촬영 당시만 해도 척박한 제작 조건의 미국 독립 영화였던 〈미나리〉는 윤여정의 노련한 위트와 한예리의 푸른 기운이 더해지며 비로소 비옥하게 영글어갔다. 정원사도, 농부도 필요 없는 자생력 강한 미나리처럼 쓰임새도 향도 독보적인 배우로 성장한 한예리는 2021년 2월 미국 아카데미 시상식 레드카펫 위에서 붉고 당당하게 피어올랐다. 어쩌면 분희의 대사를 통해 전달된 "그 실력 유감없이 발휘해서 조국에 이바지하라"던 선배 배두나의 오래된 지령을 마침내 완수한 셈이다.

카메라 앞에서 연기 호흡을 맞추기 이전에 탁구대 위에서 훈련 호흡을 먼저 맞췄다고요.

(배)두나 언니와는 촬영에 들어가기 4개월 전에 처음 만났는데, 매일 모여서 탁구 연습만 했어요. 모두에게 체력적으로 정말 힘든 과정이었고 특히 언니가 고생을 많이 했었죠. 저는 신인이라 자고 일어나서 연습실에 오는 것밖에 일이 없었지만, 언니는 그 와중에 다음 작품 관련된 미팅이라든지, 화보라든지, 여러 일을 동시에 진행해야 하는 부분이 많았을 거잖아요. 그런데도 하루도 연습에 빠진 적이 없어요. 그 시기에 혼자서 그 많은 연습량을 소화하고, 매일 출석해서 저희와 함께 훈련했던 것이 얼마만큼 대단하고 어려운 일이었는지 이제서야 깨닫게 되는 것 같아요. 연습 때면 후배들 먹으라고 매일같이 간식을 사 오셨어요. 그때는 마냥 함께 재미있게 지냈는데, 돌이켜보면 언니가 저희 수준에 맞춰주시려고 노력했다는 걸 알겠어요. 본인이 더 낮춰서 다가오고, 친절하게 얘기해주고, 스스럼없이 놀아주고, 당시 제 고민이나 얘기를 되게 경청해줬던 기억이 나요.

현장에서 배두나 배우가 해주었던 이야기 중에 기억에 남는 말이 있나요?

정확한 워딩은 기억이 안 나지만, 우리가 잘해야 된다, 는 얘기를 많이 하셨어요. 남한 선수들의 스토리가 중심이고 북한 선수들의 서사는 그에 비해 덜 나오지만, 그렇기 때문에 우리가 기운으로는 밀리면 안 된다고요. 그렇게 양쪽의 힘이 균형감 있게 팽팽하게 느껴질 때 비로소 영화가 산다고. 한번은 배우는 꼭 영화나 드라마가 아니어도 할 수 있는 다양한 경험들을 해보는 게 좋다는 이야기도 해주셨어요. 그중 하나가 라디오 DJ였는데 기회가 온다면 꼭 해보라고 하셨죠. 당시만 해도 제가 라디오를 진행한다니, 상상할 수 있는 영역이 아니었거든요. 그런데 이후 〈FM 영화음악〉에서 제안이 왔을 때 언니가 했던 말이 자연스럽게 떠올랐어요. 당시 제가 되게 지쳐 있는 상태였는데 라디오를 하면서 많은 치유를 받았죠.

촬영 중에는 순복과 분희가 어떤 식으로 협업하고 밸런스를 맞춰야 한다고 생각했나요?

그때는 누군가와 밸런스를 맞춘다는 생각조차 할 겨를이 없었어요. 그저 저에게 주어진 것을 해내는 데 급급했죠. 만약 제가 조금이나마 여유가 있고 경험이 많은 배우였다면 언니와 좀 더 깊은 얘기도 했을 텐데 그때는 정말 제 코가 석 자였어요. 체력적으로도 내용적으로도 리분희가 끌고 가야 하는 것들이 많잖아요. 게다가 주인공이란 어쩔 수 없이 외롭고 힘든 자리이기도 했을 테고요. 지금 아는 걸 조금 더 일찍 알았더라면 감히 위로까지는 아닐지언정 응원이라도 해줄 수 있었을 텐데 말이죠. 하지만 두나 언니는 제가 뭘 해주는 게 없는데도 상대 배우로서 정말 최선의 노력을 다해주셨어요. 예를 들어 저만 눈물을 흘리는 신인데도 기꺼이 앞에서 함께 울어주는 사람이었어요. 당시만 해도 제가 기술이 없던 배우다 보니 언니가 이끌어주는 감정과 맞춰주는 호흡에 큰 도움을 받았죠.

배우로서 서로 주고받았던 교감의 순간들이 있나요?

언니와는 촬영했던 매 순간이 그랬던 것 같아요. 연습할 때부터 천천히 차곡차곡 쌓인 서로에 대한 신뢰가 강했어요. 특히 경기 장면을 찍을 때 눈빛을 교환하고 나면 우리가 지금 함께 무언가를 집중해서 만들어가고 있구나, 라는 느낌이 들었죠. 두나 언니는 순간 집중력이 되게 좋은 배우고, 그 순간 이 사람이 최선을 다하고 있구나, 라는 게 느껴져요. 결국 함께 있는 저까지도 같이 집중할 수 있게끔 해주었죠.

현장에서 배두나는 어떤 동료였나요?

연기에 대한 충고나 지적은 거의 안 하세요. 오히려 뭔가 하나라도 잘 해냈을 때 칭찬을 많이 해주셨어요. "야- 너 진짜 잘한다." "잘했어, 잘했어, 나도 어디 가서 노력으로는 안 지는데 너네들 진-짜 장난 아니다!" 이런 식으로. 그 말을 들으면 우와! 칭찬받았다! 라는 기쁨이 즉각적으로 느껴질 만큼 확실하게. 덕분에 긴장도 많이 풀어졌죠. 신인 배우들은 긴장도 많이 하고 뭘 해도 확신이 없기 때문에 선배들한테 받는 칭찬이 너무나 중요하거든요. 게다가 두나 언니는 굉장히 솔직한 편이어서 칭찬의 말이 생각나면 나중을 위해 아껴두기보다는 바로바로 해주세요. 만약 조금이라도 자기 안에서 꼬인 데가 있으면 그런 말을 하기 쉽지 않잖아요. 돌이켜보면 참 건강한 사람이었구나, 하는 생각이 들어요.

신인 때는 선배 배우들의 장점을 쑥쑥 스펀지처럼 흡수하는 시기이기도 하잖아요.

언니를 보면서 참 유연하다, 라는 생각을 계속 했어요. 뭐라고 해야 할까… 힘이 제대로 빠져 있는 상태랄까. 숏이 들어간 이후에도 계속 힘을 주는 것이 아니라 오히려 일부러 힘을 빼요. 그래야 자기 연기를 하는 동시에 현장에서 어떤 일이 생기든, 상대가 어떤 것들을 던지든 유연하게 쳐낼 수 있으니까요. 어쩌면 그 힘 뺀 듯한 상태가 제대로 준비하고 있는 상태였던 것 같아요. 그것이 바로 이 배우의 유연함의 힘이겠구나, 싶었고 닮고 싶었죠. 게다가 두나 언니는 현장을 정말로 좋아해요. 그리고 누구보다 편하고 즐겁게 그 현장을 만들어가죠. 촬영 현장을 즐기는 것이 배우에게 얼마나 중요한지를 언니를 통해 많이 배웠던 것 같아요.

배우 배두나 혹은 사람 배두나의 행보를 지켜보면서 어떤 자극을 받나요.

〈코리아〉가 한창 진행되고 있을 때 언니가 〈클라우드 아틀라스〉 오디션을 보고 와서 대본을 보여줬던 기억이 나요. 너무 신기했죠. 영어 대본의 두께가 정말 엄청나더라고요. (웃음) 해외에 나가서 미팅한 이야기며, 만난 사람들 이야기 같은 걸 들려주기도 했어요. 당연히 우-와! 신기하다 했지만 그 모든 것이 언니에게는 이상하게도 자연스러운 느낌이었어요. 물론 그 자체는 엄청나게 특별한 일인데도 불구하고 말예요. 이 배우에게는 당연히 일어날 수 있는 일처럼, 자연스러운 기회처럼 보였어요. 본인이 하려고만 한다면 뭐든지 얼마든지 할 수 있는 사람이라는 생각이 들었고, 이미 다 준비되어 있는 사람이라고 느껴졌죠. 제가 생각하는 두나 언니는 자신이 무엇을 원하는지를 분명하게 알고 있고, 본인의 인생을 최대한 즐기고 사는 사람이었어요. 지금 무슨 일이 일어나고 있는지, 앞으로 어떻게 살아가야 하는지, 그리고 자신이 무엇을 원하는지를 누구보다도 잘 알고 그것들을 선택해가면서 나아가는 사람이랄까. 그런데 그렇게 살 수 있으려면 상당히 똑똑해야 되거든요. 사실 자신의 인생을 위한다는 건 가장 어려운 일이고 그건 단순히 돈에 대한 욕심, 명예에 대한 갈망, 이런 것들을 다 초월하는 거니까요. 이어지는 언니의 선택을 보면서 나 역시 어떤 것에도 얽매이지 않고 자유롭게 그리고 즐겁게, 하고 싶은 것을 찾아가야 되겠다는 생각이 많이 들어요.

촬영감독 김현석

"위험도 어려움도 파도처럼 뛰어넘는"

김현석

촬영감독

영화 〈도희야〉

우니 르콩트 감독의 〈여행자〉, 이창동 감독의 〈시〉, 정주리 감독의 〈도희야〉, 강상우 감독의 다큐멘터리 〈김군〉까지, 김현석은 참혹한 현실에 발 디딘 함축적인 화면을 통해 세상을 보는 다른 각도로의 여행을 권하는 시네마토그래퍼다. 2015년 〈도희야〉로 한국영화촬영감독협회에서 수여하는 황금 촬영상 동상을 받았고, 2019년 중국 감독 왕 샤오슈아이의 〈나의 아들에게〉로 민스크 국제영화제에서 최고 촬영상을 거머쥐기도 했다. 또한 그가 촬영한 배우들은 베를린 국제영화제부터 청룡영화상, 아시안 필름 어워드까지 수많은 국내외 영화제에서 연기상의 영광을 안았다. 김현석의 카메라가 포획한 배우의 얼굴들은 전형적인 아름다움에서 한참은 벗어나 있다. 〈도희야〉에서 배두나의 얼굴 역시 시종일관 건조하고 어둡고 절망적이다. 하지만 찰나처럼 찾아온 작은 빛이 영남의 온몸을 물들이는 순간, 마침내 배두나의 얼굴은 불안하지만 새로운 여행을 떠날 준비가 되었음을 알린다.

첫인상은 어떠셨어요?

지방의 촬영장까지 혼자 운전을 해서 내려온 배두나 배우가 저희가 밥 먹고 있는 식당으로 쓰윽 들어왔어요. 후드티 모자를 둘러쓰고 꾸벅, 꾸벅, 인사하면서 "잘 부탁드립니다." 그러는 거예요. 그렇게 씩씩하게 먼저 인사하는 배우라니, 그 모습이 너무 인상적이었죠. 〈플란다스의 개〉를 보고 있는 느낌이랄까.

슛 들어가기 전에 여러 패턴의 배우들이 있잖아요. 카메라 밖에서부터 아무도 못 건드리게 집중한다거나, 계속 농담하면서 긴장을 푼다든가. 배두나는 어느 쪽에 가까운 배우였나요.

아주 산만하죠. (웃음) 한참 농담을 하다가 연기에 들어가기도 하고, 컷! 하자마자 막 웃기도 하고. 그런데 일단 카메라가 도는 동안은 너무나 잘 해내버리죠. 호기심도 많고, 특히 사람에 대한 관심이 되게 많아요. 〈도희야〉 스태프들과는 정말 심할 정도로 친하게 지냈어요. 때론 제 집중을 방해할 정도로 심하게. (웃음) 한번은 촬영 전에 한 스태프가 여자친구와 헤어진 이야기를 막 시작하고 있었나 봐요. 그런데 그걸 안 끊고 왜? 왜 헤어졌어? 괜찮아? 이러면서 계속 이야기를 하고 있는 거예요. 아- 지금 해가 떨어지고 있는데! 해 지기 전에 빨리 찍어야 되는데! 또 프로덕션 중간쯤 촬영 팀원들 계약이 끝나서 교체된 적이 있는데 그것도 되게 힘들어하더라고요. 그 정도로 스태프들과의 유대 관계를 중시하는 배우였어요. 숙소도 같이 쓰면서 워낙 단란한 환경이 만들어지기도 했고요. 그래서 한번은 폭동 같은 게 일어난 적도 있었어요. 조명팀 숙소만 멀리 있는 산장에 배치된 거예요. 어차피 저예산인데 숙소에 상관없이 그냥 두나 배우 가까이라도 있게 해달라! 고. 왜냐면 두나 씨 주변은 너무 신나고 재밌어 보이니까. 아무튼 진짜 사랑을 많이 받았던 현장이었죠. 게다가 두나 씨가 촬영 내내 스태프들 선물한다면서 현장 사진을 넣은 다이어리를 손수 편집하고 있었어요. (웃음) 촬영 일정이 정말 말도 안 되게 빡빡했는데도 말이죠. 감정적으로 쉽지 않은 시나리오에, 배우가 울어야 되는 신과 웃어야 되는 신을 하루에 다 찍어야 하는 스케줄이 있기도 했죠. 물론 아주 열린 마음으로 이 작업에 참여했다는 걸 알고 있지만, 그럼에도 불구하고 어떨 때는 감내할 수 있는 수준을 넘어가기도 했을 거예요. 어느 날은 프로듀서가 바쁜데 굳이 선물 준비 안 해도 된다고 하는데, 두나 씨는 아니라고 꼭 만들고 싶다고! 그러니까 스케줄 좀 어떻게 해달라고! 하면서 특이한 집념 같은 걸 보여주었죠. (웃음) 돌이켜보면 〈도희야〉는 자신이 홀로 리드하는 역할이었고, 그 책임감과 부담감에 더욱 각별하게 스태프들을 챙겼던 것 같기도 해요.

결국 그 다이어리는 완성이 됐나요?

그럼요. 정말 멋지게 나와서 모두 너무 좋아했죠.

함께 촬영하면서 느낀 이 배우의 차별점은 무엇이었나요?

일단 모니터를 안 봐요. 동작이나 동선 체크를 제외하고 자기 연기를 다시 보기 위해 모니터 앞으로 가는 일이 없어요. 현장에서는 모든 걸 감독에게 믿고 맡기는 타입이죠. 어쩌면 모니터 보러 갔다 올 시간에 한 번이라도 더 스태프들과 농담을 해야 하기 때문에…. (웃음) 사실 촬영 중에 진짜 감명받았던 순간이 있었어요. 편집에서는 많이 삭제되긴 했는데, 영남이 자전거를 타고 집과 경찰서를 왔다 갔다 하거든요. 그래서 제가 특수 장비를 하나 만들었어요. 차 뒤에 넓은 플랫폼을 달고 그 위에 자전거를 올렸죠. 딱 영남의 자전거를 위한 미니 레커랄까. 거기서 배우가 자연스럽게 페달을 밟고 연기할 수 있도록요. 촬영팀에서 거의 발명을 한 셈인데, 제작팀에서는 안전 관련해서 계속 불안해했죠. 저도 혹시 모를 사고에 대비하기 위해 배우 바지 뒤 벨트 고리에 세이프티 와이어라고 안전핀 같은 걸 채웠어요. 그런데 두나 배우가 그걸 빼겠다는 거예요. 만약 찍다가 넘어지면 와이어 때문에 아스팔트에 몸이 되레 끌릴 수도 있다면서, 차라리 그럴 땐 자기가 떨어져서 구르는 게 나을 것 같다고. 그 말을 듣는데 순간 눈물이 핑 돌면서, 아, 배우가 저런 마음인데 나는 더 열심히 해야겠다, 뭔가 울컥했죠. 다행히 안전하게 잘 끝냈고요. 배두나는 촬영 때 어떤 제약이 주어지더라도 완전히 다른 마인드로 다가오는 배우예요. 그것이 힘들고 어렵다는 선입견이 처음부터 없거나, 아니면 그 벽을 완전히 허물어버리죠. 그런 태도가 촬영감독으로서 얼마나 힘이 되었는지 몰라요.

〈도희야〉의 경우 핸드헬드로 찍은 장면이 많잖아요. 머리로 행동의 지도를 대략 그려놓고 움직이는 배우가 있는가 하면, 순간순간 파도 타듯이 연기하는 배우들이 있고요.

배두나 배우는 완전 후자죠. 연기를 보면 정형화된 느낌이 하나도 없잖아요. 파도를 보다가 저거 타자, 싶으면 올라타는 식으로요.

그런 배우의 방식이 촬영감독 입장에서는 어떤 면에서는 재밌겠지만 또 어떤 면에서는 예상할 수가 없으니까 좀 불안하지는 않나요.

저는 개인적으로 그런 스타일의 배우들이 편하고 더 좋아요. 하지만 아무리 예측 불가능하다고 해도 전문가의 영역에서는 서로 보이거든요. 배우는 배우대로 전형적이지 않은 신선한 행동을 하려고 노력하고, 저는 저대로 그물을 걸쳐놓는 거죠. 어디에 걸릴지를 예의 주시하면서. 위험이 감지된다거나, NG가 예상되는 요소들만 미리 차단해놓고 조금 넓게 그물을 친다고 할까요. 배두나 배우는 혼자 새로운 걸 준비해 와서 탁 하고 카메라 앞에 펼쳐놓는 배우가 아니에요. 서퍼처럼 파도를 계속 지켜보면서 작게 오면 작은 것도 열심히 타고, 큰 파도가 오면 큰 것 역시 제대로 타는 배우죠.

함께 넘었던 파도가 있었나요?

저 혼자 파도라고 생각한 신이 있죠. 저는 되도록 현장에서 배우와 거리를 두는 편이거든요. 그런데 목욕탕 신에서는 앵글상 두나 씨가 누워 있는 욕조에 제가 발 하나를 담가야 하는 상황이 된 거예요. 아무래도 불편할 수 있으니까 한쪽 발을 아예 비닐로 꽁꽁 싸고 욕조에 들어갔어요. 게다가 노출이 있다 보니까 최대한 아래쪽을 안 보려고 노력을 했죠. 그러다 카메라가 움직이면서 살짝 눈이 내려갔는데 아… 저 깜짝 놀랐잖아요. 두나 씨가 너무 천진한 얼굴로 혼자 셀카를 찍고 있는 거예요. (웃음) 프로구나. 진짜. 아무나 〈공기인형〉 찍는 거 아니구나. 그 이후로 저도 갑자기 말문이 터져서 이런저런 이야기를 많이 하게 되었죠. 두나 씨는 제가 말을 잘 안 거니까 자기를 싫어하는 줄 알았대요. 그래서 정말 아니라고, 사실 제일 좋아하는 배우라고, 그렇게 한참 떠들면서 욕조에서 같이 사진도 찍고 그랬던 적이 있었죠. 그 쉽지 않은 촬영을 각자 열심히 달려왔던 마지막 순간에서야 마침내 가까워졌던 것 같아요.

2021년 8월부터 중국에서 왕 샤오슈아이와 두 번째 협업작인 〈Above the Dust〉의 촬영을 시작하셨는데요. 어쩌면 도전일 수도 있는 해외에서의 작업을 선택하는 데 있어서 동료 배두나의 행보가 어떤 영향을 주었나요?

배두나 배우는 전형적인 캐릭터를 선호하거나 거기에 부합하는 인물상이 아니잖아요. 하지만 결국 자기 재능을 제대로 발휘할 수 있는 더 큰 무대로 가면서 한국 배우의 영역도 넓혔죠. 다행히 다른 세계를 개척하고 싶은 호기심과 또 그런 배두나를 환영하는 사람들이 많았으니까요. 어떻게 보면 저 역시 한국 영화 촬영이 추구하는, 예를 들면 좀 더 세거나 자극적인 방향과 다소 맞지 않거든요. 그래서 그 방식을 따르지 않아도 내 재능을 발휘할 수 있는 더 넓은 세계로 눈을 돌린 거죠. 그런 면에서 두나 씨는 존재만으로 힘이 되는, 일종의 동질감을 느끼는 동료죠.

작가 이수연

"그 사람은 왠지 정감이 가, 이걸 저는 글로 표현할 자신이 없습니다."

이수연

작가

tvN 〈비밀의 숲〉 시리즈

이 숲에는 왕자의 입맞춤을 기다리는 잠자는 공주는 없다. 대신 감정의 깊은 수면 상태에 빠진 한 남자를 흔들어 깨우는 건강한 공무원이 있다. 이수연 작가가 창조한 '비밀의 숲'은 각성의 장이다. 저 숲에서 나오니 어둡고 어둡던 사회가 보였다. 저 숲에서 나오니 푸르고 푸르던 사람이 느껴졌다. 오랜 직장 생활을 우회해 "제2의 직업"인 드라마 작가의 길로 들어선 이수연 작가는 3년의 취재 끝에 마침내 데뷔작 〈비밀의 숲〉으로 들어가는 입구를 발견했다. 2017년 6월 첫 방영 이후 신드롬에 가까울 정도의 인기를 얻었던 이 드라마는 2020년 시즌 2로 이어졌다. 에피소드별로 분절되기 쉬운 수사물이라는 장르, 긴 호흡으로 지켜봐야 하는 TV라는 매체의 특성에도 불구하고 〈비밀의 숲〉은 보기 드물게 16부에 걸쳐 하나의 주제를 뚝심 있게 아우르며 우리 사회의 복잡한 원경을 포착해냈다. 또한 그 숲에서 숨 쉬는 인간의 세밀화 역시 면밀하고 풍부하게 그려냈다. 배우 조승우가 연기하는 검사 황시목은 발아래 떨어진 작은 빵 부스러기 같은 살인 사건을 따라 덩굴져 엉켜 있는 권력의 어두운 숲으로 관객들을 끌고 간다. 그리고 그 안에서 누구도 길을 잃지 않도록, 돌멩이를 떨어뜨려 출구를 찾는 눈 밝고 살가운 안내자는 배두나가 연기하는 경찰 한여진이다.

배우 배두나에 대한 첫 기억은 무엇인가요?

개인적인 첫 기억을 되짚어봤는데요. 드라마 〈광끼〉가 떠올랐습니다. 그때 배우님의 이미지는 이 두 단어로 남았다고 할 수 있겠네요. '새싹' 그리고 '개성'. 아직 미숙한 푸른 잎사귀로서의 새싹이 아니라 앞으로 훨씬 더 크게 뻗어나갈 거야, 잎을 크게 드리우는 나무가 될 거야, 라고 말해주는 새싹이요. 그리고 그렇게 훌쩍 자라난 지금도 개성은 그대로이시죠. 하나의 일을 오래 한 사람은 스스로 개성이 무뎌지거나 주변인 눈에 익숙해지거나 둘 중 하나인 경우가 많은데, 배두나 배우님의 개성은 여전하구나, 하나도 깎이지 않았구나, 신기하다, 문득 그런 생각이 드네요.

〈비밀의 숲〉을 홀로 집필할 당시 처음 세웠던 캐릭터 한여진의 '척추'는 무엇이었습니까?

인간의 이상향이요. '어떤 사람이 이 세상에 있어서 그가 없을 때보다 세상이 좀 더 나아졌다.' 한여진은 이런 사람이라고 생각합니다.

캐스팅 단계에서 어떤 점을 가진 배우가 한여진을 연기하면 좋겠다고 희망하셨나요?

자연스러움이 첫 번째 희망 사항이었습니다. '강력팀 유일의 여자 형사'와 같은 타이틀이 붙어버리는 순간 따라오는 고정관념하곤 상관없는 연기를 하시는 분이요. 기억이 가물가물하긴 한데 대본을 한창 쓰는 중에 제작사에서 가장 먼저 배두나 배우님께 대본을 드렸던 걸로 기억합니다. 그래서 제가 직접 캐스팅에 의견을 낸 것은 없습니다만, 한마디로 다행이었지요. 저에게 큰 행운이었습니다.

실제로 처음 만난 날을 기억하시나요?

플랫 화이트 커피를 드셨습니다. 가끔 커피 캡슐을 사러 갈 때면 '플랫 화이트' 맛이 보이는데, 그걸 보면 아직도 '어, 그때 그거다!'란 단상이 휙 스칩니다. 지금도 그 커피를 좋아하실까요? 벌써 5, 6년 전이라 바뀌었을까요.

캐스팅이 결정된 이후 대본 방향이 바뀌었다거나, 캐릭터의 디테일이 추가된 부분이 있었나요?

원래 설정된 여진은 경력, 계급, 나이가 지금보다 더 낮았습니다. 처음엔 아마 수사팀에 들어온 지 얼마 안 된 인물로 썼을 거예요. 캐스팅 과정에서 이런 면들이 수정됐고, 캐스팅이 끝난 후에 추가된 부분은 여진에게 취미가 있다는 설정입니다.

극 중 한여진은 일본 애니메이션 덕후이자, 마블 마니아였죠.

대본 리딩 후에 배두나 배우님께서 캐릭터한테 취미가 있으면 훨씬 풍부해진다, 라고 말씀해주셨습니다. 그래서 여진의 취미를 무엇으로 할까, 하다가 시목의 뇌 구조 그림 신도 이미 써놨을 때고 〈철완 아톰〉에 관한 대사*도 쓸 예정이었기 때문에 만화를 좋아하는 걸로 하자, 해서 그쪽으로 정했습니다. 이렇게만 말하면 배우님께서 취미 얘길 하셨을 때 제가 오호라 정녕 그렇습니다! 하며 당장 무릎을 친 듯 보일 수도 있겠는데 그건 아닙니다. 정말 좋은 제안이었지만 당시엔 날름 받아먹지 못했어요. 그때는 저도 드라마 집필이 처음이라, 캐릭터의 취미 설정을 함부로 할 수 없었기 때문입니다. 쓰는 사람 입장에선 취미를 설정하면 이게 반드시 역할을 해야 한다는 강박이 생깁니다. 로맨틱 코미디 장르의 경우엔 이 취미 때문에 주인공들이 얽혀야 할 것 같고, 〈비밀의 숲〉 같은 장르라면 사건 해결에 빌미를 제공할 것 같지요. 당시엔 그렇게 써야 한다고 생각했어요. 그런데 배우님은 그때 이런 말씀을 하셨어요. 취미가 꼭 어떤 역할을 하지 않아도, 있으면 다르더라고. 저는 '일반적인 작법'이라는 고정관념에서 쉽게 탈피하지 못했었는데, 배우님 말씀대로 여진의 취미를 설정한 것이 지금 돌아보면 참 다행입니다. 이제는 제 드라마의 주인공에게 취미를 주고 싶으면 줄 수 있게 됐습니다. 꼭 극적인 역할을 하지 않아도 된다는 걸 여진을 통해서 배웠으니까요. 이건 배두나 배우님 덕분이네요.

쓰신 대본(텍스트)을 연기로 구현하는 과정을 지켜보며 발견한, 이 배우의 가장 남다른 지점은 무엇이었나요.

가장 대표적으로 느낀 것은 '연기와 삶의 경계를 허문다'입니다. 종이 위에 'ㄱㄴㄷㄹ' 글자로 적힌 캐릭터를 살아 있는 사람으로 탈바꿈시키는 게 원래 배우란 직업 아닌가, 이렇게 생각하실 수도 있지만 모두가 그 지점에서 완벽히 성공하는 건 아니니까요.

배우가 만들어나간 부분과 작가가 창조한 부분을 뚝 떨어지게 나누고 가를 수는 없겠지만, 한여진이라는 결과물에서 확실한 배두나의 지분은 어떤 부분일까요?

'정감 있다.' 이 서술어는 글로도 또 연기로도 구체화하기 굉장히 어려운 형질입니다. 이와 비슷한 것으로 '싹싹하다' 혹은 '사랑스럽다'까진 어찌어찌 글로 표현할 수 있겠는데, '그 사람은 왠지 정감이 가', 이건 표현할 자신이 없습니다. 막 친절하게 굴지도 않고 엄청 사근사근하지도 않은데 여진이는 왠지 모두와 잘 지낼 것 같은 인물이었어요. 정감을 표현하는 것은 100퍼센트 배우 몫이었다고 생각합니다.

---

* 〈비밀의 숲〉 시즌 1, 8회. 한여진은 "만화가는 무엇을 그려도 좋다, 단 하나만 빼고. 사람의 기본 인권을 해치는 것."이라는, 〈철완 아톰〉을 그린 만화가 데즈카 오사무의 말을 인용한다.

조승우, 배두나 배우의 연기가 서로로 인해 더욱 힘을 얻는 시너지의 순간 혹은 기가 막힌 앙상블이라고 느낀 부분이 있으신가요?

두 분이 자리에 앉아 대사를 주고받을 땐 항상 함께라서 나오는 앙상블 효과를 느꼈습니다. 이전에도 이런 내용의 인터뷰를 드린 기억이 있는데, 둘이 가만 앉아서 대사를 하는 부분은 항상 이미 일어난 사건을 되짚어보면서 정리하는 타이밍이었어요. 대본을 쓸 땐 대사가 너무 많은 거 아닌가, 이미 시청자들께서 다 본 것인데 되짚어서 지루하면 어쩌지, 걱정했었는데 두 분이라서 그 걱정은 기우였습니다.

시즌 1이 시목의 세계의 추락을 보여준다면, 시즌 2는 여진의 숲이 파멸되는 것을 보게 됩니다. 1 시즌과 달리 2 시즌에 들어갈 때 배두나 배우와 나누었던 이야기 중 기억나시는 것이 있나요?

시즌 1과 2의 차이에 대해서 한 얘기 중엔 그게 기억나네요. 정확한 워딩은 이게 아니었을 수도 있지만, '있고 싶은 곳과 있어야 하는 곳의 차이'였어요. 여기 있으면 참 편한데, 그러나 여기에만 머무를 순 없다는 걸 스스로도 아는 것. 여진에게는 용산서가 있고 싶은 곳, 맘 편한 곳이지만 직업인으로서 발전하려면 본청에 있어야 한다는 걸 본인도 느끼고 있기에 16부 맨 끝에 여진이 용산서 옛 동료들에게 돌아갈 것이냐, 경찰청에 남을 것이냐 그 얘기를 했었습니다. 결론적으로 여진인 본청에 남았습니다만, 이게 현실이라면 전 용산서를 택했을 거예요. 발전이고 뭐고 스트레스 싫어! 내 맘 편한 게 최고야! 하면서. 그렇지만 배두나 배우님은 여진이 같은 선택을 했을 거란 생각이 드네요. 연기 생활 동안 많은 도전을 해온 분이니까요.

한여진은 이제 어떻게 진화 혹은 변화하게 될까요? 혹은 어떤 길을 가길 바라시나요.

저는 여진이가 이젠 자리 욕심을 내도 된다고 생각합니다. 좀 그랬으면 좋겠어요. 욕심을 내서 높은 자리에 올랐으면 좋겠어요. 아니면 아예 난 그쪽이 아냐, 대신에 발에 걸리는 건 다 찰 거야, 이쪽이어도 좋고요.

작가 이수연에게 배우 배두나는 어떤 동료였나요?

이래서 연기를 인생이라고 해도 되는구나, 를 보여주신 분이요.

감독 김성훈

"멈추지 마세요, 라는 그 말의 힘"

김성훈

감독

영화 〈터널〉

넷플릭스 〈킹덤〉 시리즈

김성훈은 끝까지 가는 감독이다. 제67회 칸 국제영화제 감독 주간에 초청된 〈끝까지 간다〉는 스크린이라는 기판 위에 짜놓은 정교한 서스펜스의 회로를 따라 관객들의 아드레날린 수치를 최고조로 올려놓았다. 출구 없이 이어지는 사건 사고의 미로, 사방이 막혀버린 깜깜한 터널, 좀비들로 가득한 조선의 궁궐로부터의 탈출. 장르적 쾌감을 연료로 배우의 육체와 정신을 모터 삼아 달려가는 김성훈의 영화와 드라마는, 동시대의 비극을 살피는 백미러와 삶의 곳곳에 도사린 위험을 경고하는 에어백도 잊지 않는다. 배두나는 끝까지 가는 배우다. 감독의 입에서 컷 사인이 떨어지기 전까지는 절대 연기를 멈추지 않는 이 배우는 함께 달릴 맛이 제대로 나는 러닝메이트다. 영화 〈터널〉로 시작해 〈킹덤〉 시리즈로 이어지는 중인 두 사람의 합주合走는 끝날 때까지 끝난 게 아니다.

배두나는 가만히만 있어도 너무 돋보이고 독보적인 사람이잖아요. 〈터널〉의 아내 역으로 캐스팅되었다는 소식을 접하고 처음엔 의외다 싶었어요. 흔히 보던 재난 영화 속 주인공 아내의 전형과 가장 먼 배우니까요.

처음 투자사에서 딱 그 얘기가 나왔어요. 배두나는 당당한 여성의 이미지가 너무 강하지 않으냐고, 좀 더 여성스러운 배우면 어떻겠느냐고. 뭐가 남성스럽고 뭐가 여성스러운 건지는 아직도 잘 모르겠지만요. 당시 언급된 캐스팅 후보들은 분명 세현이라는 캐릭터를 더욱 슬프게 만들 수 있었을 거예요. 그리고 관객들은 그 슬픔을 표현하는 배우를 안쓰러워하고 사랑했겠죠. 그런데 첫 미팅 자리에서 배두나 배우가 이런 말을 했어요. 터널에 갇힌 정수(하정우)의 아픔보다 밖에 있는 자신의 슬픔이 더 돋보이면 안 될 것 같다고. 그 말에 많이 놀랐어요. 솔직히 큰 역할이든 작은 역할이든, 미묘한 차이는 있겠지만, 배우는 현장의 감독과 스태프가, 극장의 관객이 자신을 사랑해주기를, 자신의 희로애락을 공유하기를 원하거든요. 격렬한 연기든 담담한 연기든 본질은 같다고 생각해요. 그런데 두나 씨는 처음부터 그걸 거부했어요. 관객들이 자신을 동정하면 안 될 것 같다고, 터널 안에 있는 사람을 슬퍼했으면 좋겠다고. 이 배우는 어떻게 시나리오를 읽자마자 그 짧은 시간에 이런 생각을 할 수 있지? 처음엔 말로만

이러나? 했어요. 그런데 말만이라도 너무 멋지잖아요. 촬영하는 중에도 계속 물었어요. 감독님, 여기서 제가 너무 돋보이진 않겠죠? 내가 더 불쌍해 보이면 안 되는데… 라면서 끊임없이 체크했어요. 이 영화와 자기 캐릭터의 본질을 정확히 알고 접근하는 배우라고 생각했죠. 물론 모든 배우는 저마다 감정을 만들어내는 각기 다른 접근법이 있을 거예요. 정밀한 가공을 통해 만들어낼 수도 있고, 내재된 감정을 그대로 끄집어낼 수도 있겠죠. 제가 세현 역의 배우를 생각할 때 제일 중요했던 건 그게 기술이든 진심이든 단 하나의 막도, 수식도 없어야 한다는 거였어요. 오로지 슬픔 하나만을 투명하게 표현해줄 배우였으면 좋겠다고. 〈터널〉은, 창작자가 은유나 내포를 의도했든 안 했든 간에 이 시대 공동의 기억을 건드릴 수밖에 없는 이야기잖아요. 만약 남편이 죽었다면 세현이 유족이 되는 건데, 그 슬픔을 표현할 때 기교가 단 몇 밀리그램도 들어가면 안 된다고 생각했죠.

총 126분의 〈터널〉에서 배두나는 13분 30초 후에 뒤통수로 처음 등장해서 33초 정도 머물러요. 이후 전화 목소리를 포함해 출연 시간도 20분 남짓입니다. 그럼에도 불구하고 이 캐릭터는 자신이 부재하는 점과 점 사이를 꽉 채워 연결하더군요.

어떤 배우들은 현장에 와서 그동안 나 이만큼 준비했다, 라는 걸 알려요. 또 어떤 배우들은 공부 다 해놓고서도 나 놀다 왔어, 라는 태도를 보이죠. 배두나 배우는 두 쪽 다 아닌 것 같아요. 굳이 준비한 걸 티 내려고 하지도 않고, 애써 감추려고 하지도 않아요. 예를 들어 오늘 촬영한 후 10일 후쯤 다시 현장에 오는 경우가 있어요. 두나 씨는 현장에서 그냥 툭 질문을 던져요. "제가 밥을 먹고 여기 왔을까요?" "쓰러지지 않은 거 보니까 먹지 않았을까요?" "어떻게 먹었을까요? 반찬을 꺼내놓고 먹었을까요?" 이런 식으로. 영화에서 세현이 밥을 먹으려다가 밥뚜껑을 다시 닫잖아요. 그 행동은 제가 연출한 게 아니에요. 배두나 배우의 특징 중 하나가 조명을 맞출 때 이미 그 자리에 있어요. 요즘에는 스탠딩 배우를 대신 세우는 경우도 많고, 저 역시 굳이 필요 없는 진을 뺄 필요는 없으니 배우 각자의 방식을 존중하거든요. 그런데 두나 씨는 그냥 들어가 계시라고 해도 나와 있어요. 극 중 상황처럼 몇 날 며칠을 상황실에서 잘 수는 없으니까 최소한 이 순간만큼은 여기에 있고 싶다는 거죠. 촬영 준비하면서 모니터를 슬쩍 보는데 두나 씨가 테이블에 앉아서 뭔가 고민하고 있다는 게 느껴졌죠. 물어볼까 하다가 그냥 계속 지켜봤는데 밥그릇 뚜껑을 들었다 놨다, 들었다 놨다, 하고 있는 거예요. 아, 이거다 싶어서 조명 맞출 때 조용히 가서 아까 혹시 어떤 의미로 그런 동작을 하셨어요? 라고 물었죠. 어머나, 보셨어요? 밥을 먹긴 해야 하는데 차마 먹을 수는 없을 것 같아서 고민이 된다는 말을 하시더라고요. 그래서 그 동작이 너무 좋으니 담아보자고 했죠. 물론 이미 집에서 만들어 온 설정인지 현장에서 즉흥적으로 떠올렸는지는 영업 비밀일 수도 있기 때문에 캐묻지 않았지만. (웃음) 그 행동 하나만으로 이 인물이 그사이 어떤 고민 속에 있었구나, 라는 걸 바로 알 수 있게 만들어주었죠.

결국 배우와 감독의 합이 만들어낸 장면이기도 한 것 같아요. 고민의 단서를 슬쩍슬쩍 풀어놓는 배우와, 배우의 사소한 동작을 예민하게 캐치해주는 감독이 있기에 나올 수 있는.

저로선 행운이죠. 콘티에는 세현이 밥을 먹다가 막내 대원이 열쇠를 들고 와서 영수증 챙겨놓으라고 말하고 떠나면 혼자 뉴스를 본다, 정도였을 거예요. 어쩌면 결국 세현은 망설이다가 밥을 먹었을지도 몰라요. 아무리 슬퍼도 밥은 먹어야 하니까. 하지만 한정된 러닝타임의 영화가 그 고뇌의 과정을 다 보여줄 순 없잖아요. 그런데 이 배우는 밥뚜껑 하나로 세현이 그 며칠을 어떻게 살아왔을지를 보여줘요. 본질을 찰나로 잡아내는 거죠. 이런 작은 행위들을 통해서 배두나는 자신이 부재했던 시간과 공간을 채우고 연결했던 것 같아요.

구조반장이 사고로 세상을 떠나요. 피해자 가족이었던 세현이 어쩐지 가해자 가족이 돼버리는 것 같은 상황이 되죠. 장례식장을 찾은 세현이 상복을 입은 구조반장의 어머니와 어린 딸을 숨어서 지켜보는데요. 이때의 배우의 연기가 영화 전체의 태도로 느껴질 수 있기 때문에 상당히 부담스러운 장면이었을 것 같거든요.

장례식장 촬영이 가장 곤란한 것 중 하나가, 실제 슬픔이 진행되고 있는 곳이라는 거예요. 우리는 가공된 이야기로 가짜의 슬픔을 찍고 있는데 말이죠. 특히 배우에게는 너무나 불리한 공간이죠. 창작된 슬픔을 표현하는 바로 옆에서 누군가는 진짜로 울고 있는 거니까. 게다가 이 장면은 말씀하신 것처럼 자칫 위험할 수도 있고, 저 역시도 확신이 없었어요. 배우 역시 세현이 여기 오는 게 맞을까? 고민을 많이 하셨죠. 왠지 자기 마음 편하려고 오는 것 같아서 뻔뻔해 보일 것도 같고, 그렇다고 펑펑 울어서 저 여자도 얼마나 불쌍할까, 하는 동정의 반응도 원하지 않았죠. 딱 그 중간 어디쯤을 표현하고 싶은데, 말로 설명하기도 애매한 이 감정을 표현한다는 것이 얼마나 힘들었겠어요. 감독도 그 고민을 완벽히 해결해드리지 못했죠. 그저 배우가 적절한 표현의 수위를 찾아갈 수 있도록 시간을 드리는 것밖에는. 그래서 손녀를 바라보는 얼굴을 되게 오랫동안 찍었고 결국 그런 얼굴을 담아낼 수 있었어요. 배두나가 없었다면 편집되었을, 배우가 만들어내고 살린 장면이죠.

라디오 부스에서 남편에게 어쩌면 마지막이 될지도 모르는 인사를 끝내고 걸어 나오던 복도 장면은 열몇 테이크가 넘게 찍으셨다고요.

사실 그 장면은 가장 어렵게 찍기도 했지만 개인적으로는 가장 좋아하는 장면이에요. 〈터널〉을 준비할 때 〈괴물〉에서 방금 딴 동메달을 들고 합동 분향소로 걸어 들어오던 배두나 배우의 얼굴을 생각했거든요. 조카의 죽음 앞에서 눈물 흘리던 그 큰 눈의 사람이 10년쯤 지나서 결혼을 하고 딸을 낳았다면 어떤 얼굴이 되었을까. 어쩌면 세현에게는 가장 부담스러울 수 있는 라디오 부스 내에서의 장면은 오전에 두 테이크 만에 엄청 빨리 찍었어요. 두나 배우는 감정을 너무 많이 드러낸 게 아닌가 하며 걱정을 했지만, 로봇이 아닌 이상 이 정도의 슬픔은 새어 나온다고 안심시켰죠. 이어지는 복도 신은 당연히 간단하게 끝날 거라고 예상했었어요. 두나 씨가 다음 날인가 〈센스8〉 때문에 베를린으로 출국해야 했을 거예요. 그래서 이 컷만 찍으면 보내드릴 수 있겠다, 라고 안심하고 있었죠. 촬영 장소가 YTN이었는데 하필이면 그때 모 정치인이 탈당 선언을 한 거예요. 평소라면 정말 조용했을 기자실이 전화기에 불이 날 정도로 시끄러워졌죠. 저녁 6시까지 촬영 허가를 받았는데 점심 이후 5시간 넘게 그 복도 신의 테이크가 계속 이어졌어요. 저는 세현의 슬픔이 좀 더 표현되기를 원했고 두나 씨도 그걸 정확하게 아는데, 어마어마한 외부 방해를 받는 상황이었죠. 5시간을 계속 울어야 했고, 게다가 감정 연기를 할 때는 굶는 편이라 아침부터 공복이었기에 마이크에서 꼬르륵거리는 소리가 천둥처럼 들리고 있었죠. 그러다가 5시 반쯤? 두나 씨가 정우 오빠 목소리를 한 번만 듣고 싶다는 거예요. 남편의 목소리를. 단순히 슬픔을 증폭시키기 위해서가 아니라 정확하게 이 슬픔이 맞는지를 확인하고 싶었다고. 그런데 예정된 게 아니다 보니 계속 통화가 안 되다가 마지막

테이크 갈 때쯤 정우 씨에게서 전화가 온 거죠. 그렇게 남편 목소리를 딱 듣고 난 후에는 감정이 확 올라오는 게 보이더라고요. 그래서 바로 숏을 가서 극적으로 오케이, 가 난 거죠.

단순히 예상치 못한 현장 상황 때문에 어려웠을까요?

20년 가까이 연기를 한 사람이 감정이나 연기에 대한 확신이 없어서는 아니었을 거예요. 삼풍백화점, 성수대교, 세월호처럼 동시대에 큰 아픔을 겪었던 유가족들이 이 영화를 봤을 때 누가 되고 싶지 않다는 마음이 가장 컸을 것 같아요. 그런데 오롯이 그 감정을 가지고 가려면 배우가 얼마나 힘들었겠어요. 그 순간 보통은 기술을 접목하게 되거든요. 그런데 배두나 배우는 매번 이렇게 말해요. 저는 기술이 전혀 없는 배우예요, 기술 초짜예요, 감정밖에 없어요, 라고요. 물론 왜 기술이 없겠어요. 진짜 배우로서 필요한 테크닉이 없어서 그런 말을 하는 게 아니잖아요. 가짜 같지 않을까, 에 대한 걱정, 조금의 가짜도 들어가면 안 된다는 점을 계속 경계했던 것 같아요.

〈킹덤〉의 서비는 처음엔 그저 안내자의 역할이잖아요. 하지만 점점 생사초의 비밀을 찾아가는 중요한 임무를 맡게 되었죠.

〈킹덤〉의 인물들은 대부분 권력과 탐욕 혹은 이기심으로 움직이죠. 그런데 오로지 서비만 애민 사상을 가진 인물이에요. 누구와도 이해관계를 따지지 않고 그저 눈앞에 있는 '사람'을 구해야 한다는 생각만 하죠. 가장 소외된 계층을 대변하는 인물이고 사람이 사람에게 할 일과 하지 말아야 할 일을 생각하는, 어쩌면 〈킹덤〉 시리즈의 본질을 통과하고 있는 캐릭터라고 생각해요.

〈킹덤〉을 통해 데뷔 20년 차 배우 배두나에게 최초로 '연기력 논란'을 안겨준 감독이 되셨습니다. (웃음)

사극 톤의 대사를 누가 맨 처음 만들었는지는 모르겠지만, 당시 백성들의 말투가 녹취돼 있는 게 아니잖아요. 왕가에서 했던 말들은 기록에 남아 있지만. 〈킹덤〉을 처음 시작할 때 기존의 사극 톤을 쓸 것인가 말 것인가에 대한 이야기를 했어요. 결국 궁궐에서만 사극 톤을 쓰자고 정해놓고 동네의 가장 하층민인 서비는 과감하게 배두나가 만드는 톤으로 가자고 결정했죠. 저는 배두나가 아니었다면 서비 역할을 그렇게 가치 있게 만들지는 못했을 거라고 생각해요. 작가나 감독이 글을 쓰고 캐릭터의 틀을 만들 수 있지만 한 인물이 배우를 통해 확장될 수도 있다는 걸 배두나가 보여주었죠. 김은희 작가님이 가끔, 나는 서비를 요만-하게 탄생시켰는데 배두나가 오면서 이만-해졌다, 라는 이야기를 하세요. 다른 캐릭터의 경우 작가 입장에서 보자면 내가 만든 것, 이라고 말할 수 있을 거예요. 하지만 서비만큼은 오롯이 배두나가 만들었죠. 만약 〈킹덤 3〉를 보게 된다면 배두나가 만든 길이 진짜 길이 되었구나, 라고 모두 생각할 것 같아요. 처음엔 기존의 익숙한 길이 아니라 배두나가 만든 오솔길을 보고는, 저게 뭐야, 결이 달라, 잘못된 거야, 틀린 거야, 라고 했던 사람들이 있었잖아요. 하지만 결국 서비만의 새로운 길을 개척했다고 생각해요. 그 결과로 시즌 2에서 서비가 더 핵심적인 역할로 발전된 거죠. 시즌 3에서 어떻게 진화할지는 저희도 잘 모를

만큼. 그래서 우리는 배두나에 기대고 또 업혀서 간다는 표현을 썼어요. 앞으로는 배두나가 새로 낸 길을 따라가는 후배 배우들도 있을 거고 그 길 위에서 또 다른 길이 혹은 확장된 길이 열릴 거라고 생각해요.

서비는 '호미 살인마'라는 별명을 얻기도 했는데요. (웃음)

세자인 주지훈과 호위무사인 김상호 배우에게는 칼을 주고, 영신(김성규)에게는 총을 주잖아요. 나중에 〈킹덤: 아신전〉에서 아신(전지현)에게는 활을 주죠. 그런데 배두나 배우가 연기하는 서비는 의녀잖아요. 누군가를 고쳐주고 싸매는 약초를 캐는 호미가 다죠. 사실 감독에게도 소품 팀 입장에서도 호미는 주요 소품은 아니었어요. 서비 가방 안에 뭐가 들었는지 우리는 까먹는 거죠. 그런데 이 배우의 연기를 가만히 보면 범팔(전석호)과 이야기를 할 때도 호미를 계속 만지고 있어요. 풀샷에서 저 손이 지금 뭐 하고 있지? 하고 자세히 보면 호미를 만지고 있고, 결심하고 딱 돌아설 때도 호미를 잡고 가요. 호미를 드는 손의 힘에서 의녀로서 자신의 의지를 보여주고 있더라고요. 서비라는 캐릭터를 구석구석까지 아낀다고 해야 되나? 그걸 누군가 봐주든 안 봐주든 이 배우에게는 중요치 않은 문제였던 것 같아요. 서비라면 이랬을 것이다, 를 지키는 것이 더 중요한 거죠. 그러다가 나중에 생사역하고 싸우는 장면에서 갑자기 서비가 호미로 좀비들의 머리를 찍어 내리치잖아요. 예상치도 못한 '호미 액션'을 보면서 정말 모두가 빵 터졌죠. 주지훈, 김상호 배우가 뭐야? 우리가 구르고 자르고 하는 거 상관없이 이 신은

서비가 다 가져가네, 액션 종결이다! 하면서 농담 삼아 얘기했던 적도 있죠. 그런데 어쩌면 그건 계속 가방 속의 호미가 준비되어 있었기 때문에 가능했던 액션이잖아요. 감독과 작가는 단순히 던져만 놨을 뿐인데 배우가 자기의 캐릭터를 능동적으로 살피고 그 틀 안에서도 주어진 것 이상으로 만들어낸 장면이었죠.

그렇게 능동적인 배우인데, 늘 자신은 감독의 도구일 뿐이라는 말을 하잖아요.

주지훈 배우가 그런 표현을 썼어요. 우리 '두나 배'는 든든해! 두나 누나는 멋있어, 라고. 단순히 외모의 멋있음뿐 아니라 생각도 멋있죠. 인터뷰나 사석에서 두나 씨가 얼마나 자신과 자신의 일을 진심으로 사랑하고 있는지를 듣고 있으면 옆에 있는 제 자존감마저 올라가는 느낌이 들어요. 나르시시스트라는 말이 아니라 좋은 의미의 자존감 바이러스랄까. 그렇게 자존감도 강하고 일에 자부심도 강한 사람이 말하는 '도구'라는 건 단순히 기능적이라는 표현은 아닌 것 같아요. 결국 함께 일하는 상대의 역할과 일을 존중하면서 본인 역시 그만큼 존중받고 싶다는 생각에서 나온 말이 아닐까 싶어요. 이런 멋진 도구를 쓰려면 제대로 장인이 되라는 거죠. 감정으로 제대로 설득시켜달라는 거예요. 도구지만 동시에 주체인 거죠. 두나 씨는 자신의 행위가 가치 있으려면, 영화를 찍는 공간도 사람도 절대적으로 가치 있어야 한다고 생각하는 것 같아요. 본인 일이 진정으로 높은 가치를 가질 때 그 작품에 자신의 모든 것을 털어 넣을 수 있을 테니까요.

동료 배우에 대해서도 역시 그런 높은 기대나 잣대가 있겠죠?

〈킹덤: 아신전〉에 나오는 김시아 배우가 〈고요의 바다〉에도 나와요. 제가 "시아, 어땠어요?"라고 물었는데 "우리는 다 시아한테 무릎 꿇어야 해요."라고 하더라고요. 상대 배우의 나이, 성별, 경력 그리고 자신과의 이해관계에 상관없이 진정 배우의 눈으로 연기 잘하는 사람을 사랑하는 게 느껴져요. 같은 직업을 가진 사람의 입장에서 겉으로 그런 척하는 태도를 취할 수도 있지만, 진심으로 타인의 재능을 인정하기란 결코 쉬운 일이 아니거든요. 저 역시 진짜 연출 잘하는 감독을 보면 너무 존경하고 사랑하는 동시에 살짝 약점도 찾고 싶어지거든요. 음… 저 영화는 촬영감독이 좋았구나, 촬영 회차가 많았잖아? 그렇게 초라하게 접근할 수도 있잖아요. 그런데 배두나 배우는 그냥 도화지처럼 깨끗하게 그저 연기만을 보고 진심으로 좋다고 말하는 배우예요. 전략적인 태도도 아니고, 정치적인 이해관계도 전혀 고려하지 않고 불필요한 필터링 없이 오로지 본질만 보는 배우구나. 결국 이 배우의 연기 자체도 그렇고요.

'세계에서 배우 배두나를 가장 사랑하는 감독은 나다'라는 김성훈 감독님의 주장을 고레에다 히로카즈 감독에게 전해드렸더니, 내가 그 감독님 좀 만나야겠다, 고 하시던데요. (웃음)

저보다 영화를 훨씬 잘 만드시는 분이지만, 배두나 배우에 관해서는 가위바위보를 하든 절대로 그 자리를 양보할 수 없네요. (웃음) 다른 감독님의 영화 속에서 보는 배두나 배우는 또 다르게 존경스러워요. 저는 〈터널〉에서의 연기가 제일 좋다고 생각했었는데 이와이 슌지 감독이 만든 〈장옥의 편지〉를 보고는 아니다, 했어요. 거기에서 더 잘하시더라고요. 한국 배우가 나오지만 이와이 슌지 감독은 분명 자신만의 스타일로 찍었고 대사 역시 살짝 일본어를 번역한 느낌이 들어요. 그런데 배두나 배우의 몸을 통해서 그 대사가 나올 때는 깜짝 놀랐어요. 친구들 만나서 카페에서 수다 떠는 평범한 장면이었는데 배두나는 도대체 저 캐릭터를 얼마나 살다 왔지? 싶을 만큼 감탄스럽더라고요. 누군가 배두나가 높게 평가받는 요인에 대해 운이 좋았다든지, 혹은 큰 영화, 유명한 감독, 대단한 상대 배우들 때문이라고 말하는 사람이 있다면 이 연기를 한번 보고 다시 평가해봐, 라며 강제로 앉혀놓고 보여주고 싶을 정도였어요. 혈혈단신 온전히 혼자 끌고 가는 두나 배우의 연기를 보면서 새삼 더 참 대단한 배우구나, 라고 생각했죠.

함께 작업하면서 건넨 말이나 행동 중에 기억나는 것이 있나요?

〈킹덤〉 시즌 1을 찍을 때였어요. 촬영을 하는 도중에 혹시 내가 감정적으로도 육체적으로도 이 배우에게 너무 무리한 요구를 하고 있나? 아, 인제 그만 찍어야 하나? 고민하고 있었어요. 스태프들도 지친 게 보였죠. 뭔가 더 좋은 게 있을 것 같은데 그렇다고 그게 뭔지 정확하게 묘사는 못 하겠고, 정확히 딱 이거야! 라고 말할 수 있다면 요구할 텐데, 그 말을 찾지 못해 잠시 머뭇거리고 있었어요. 그때 배두나 배우가 저를 보고 이렇게 말했어요. 감독님, 여기서 멈추지 마세요. 이 말이 이후 촬영에 얼마나 큰 힘이 되었는지 몰라요. 다시 가도 돼요? 라고 물었더니, 저야 너무 좋죠, 한 번 더 기회를 주시는데! 라고 너무나 든든하게 말해주셨어요. 당신이 좋다면 나도 좋다고, 같이 가겠다고. 이미 적당한 게 나왔다는 걸 알지만, 적당한 걸 찍으려고 우리가 모인 건 아니잖아요. 같은 예술가로서 존중받는 느낌마저 들었던 한마디였어요.

ANALYSIS

EXPERIMENT

배두나의 뇌

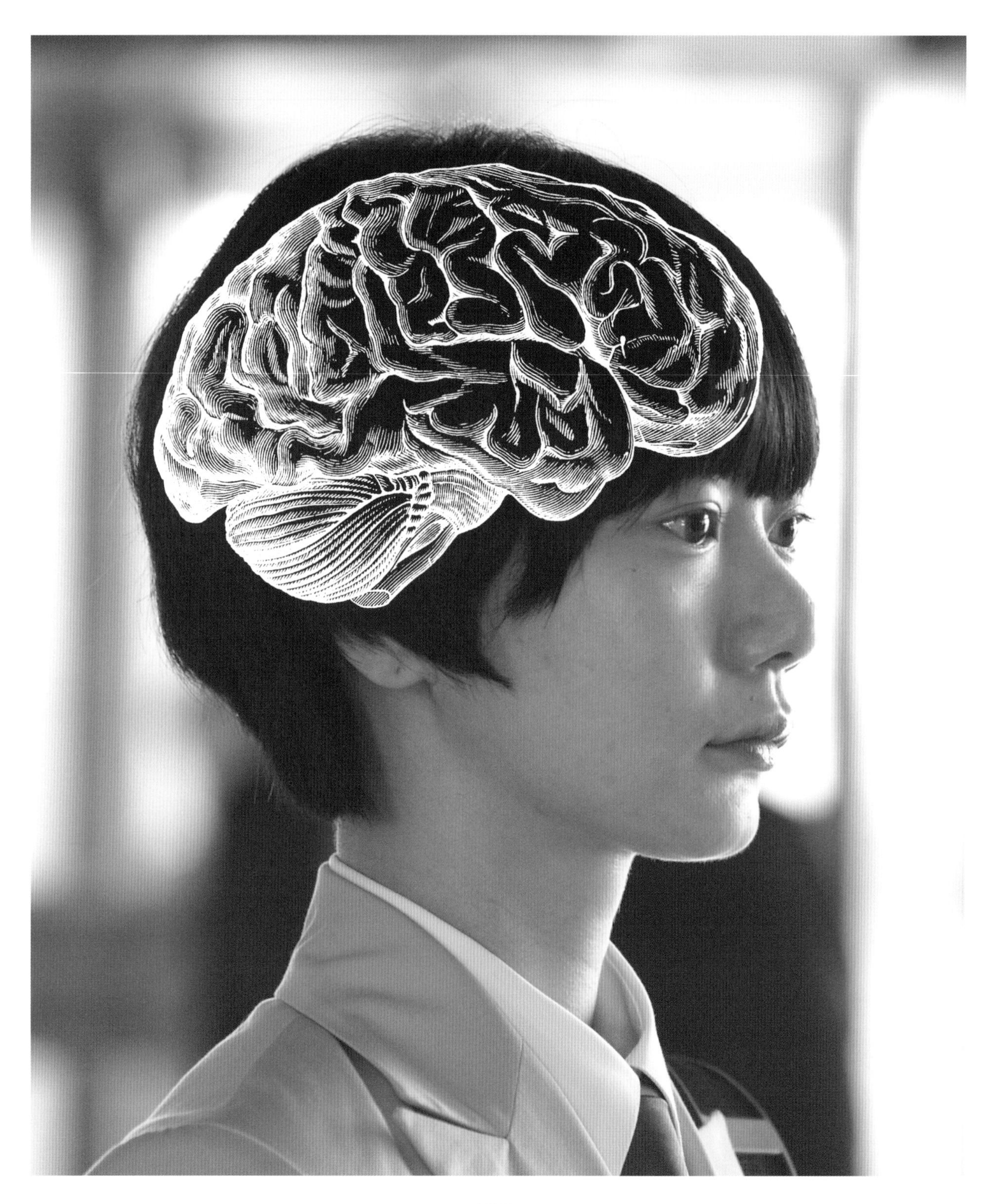

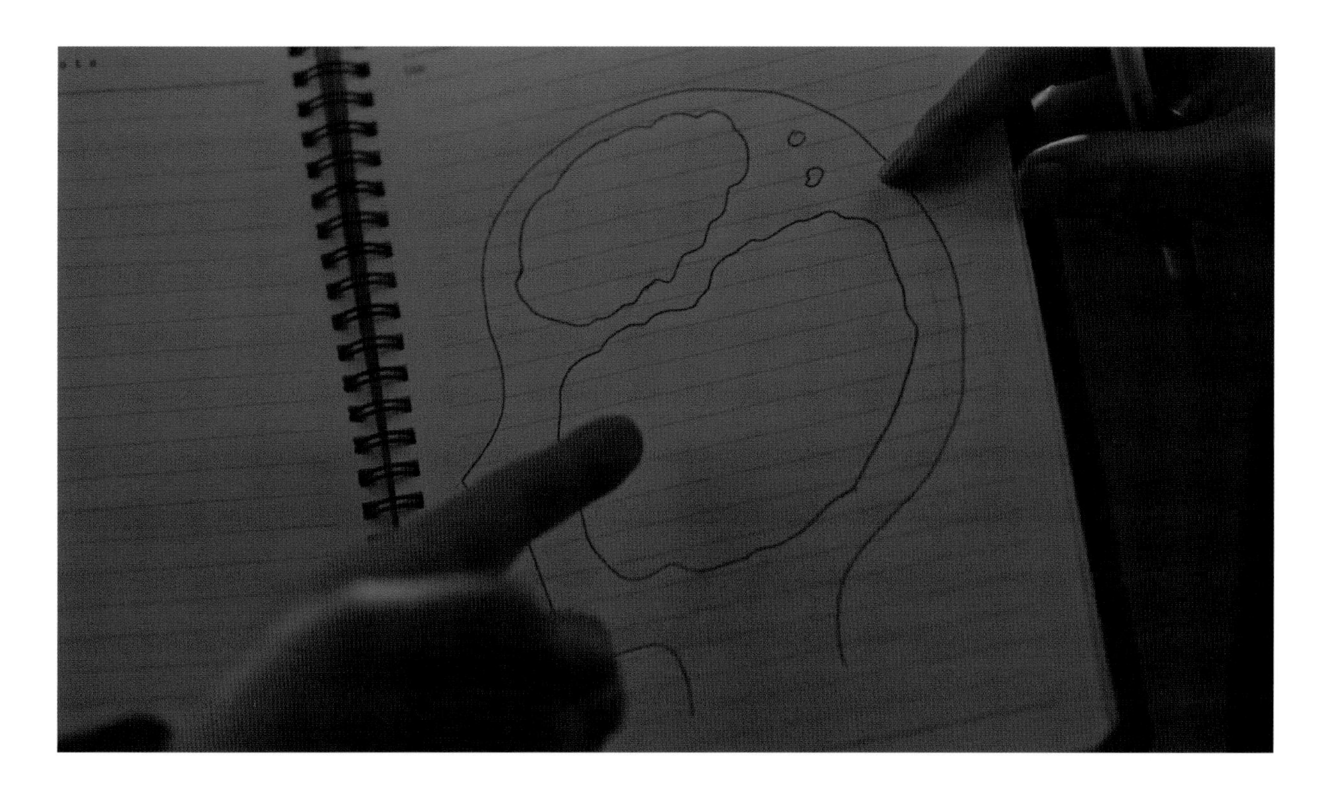

fMRI 뇌 활동 측정 실험을 통해 분석한 배우 배두나

이 실험의 최초 발화점은 드라마 〈비밀의 숲〉이었다. 배우 조승우가 연기하는 검사 황시목은 어린 시절 "감정을 활성화시키는 부위"인 뇌섬엽의 일정 부분을 잘라낸 후 얼굴에서 도통 감정을 읽을 수 없는 사람이 되었다. 그런 황시목과 파트너가 되어 은폐된 사건의 진실을 찾아가는 경찰 한여진(배두나)은 무표정 속에 가려진 황시목의 진짜 감정을 읽어내고 오랜 기간 비활성 상태로 있던 그의 감정을 깨운다. 심지어 경찰 노트에 슥슥 '황시목의 뇌 구조'도 그려낸다. 그림 속 가장 위의 큰 부분은 "사건 해결에 대한 의지" 그리고 작은 점들은 "우월감"과 "국밥에 대한 집착" 그리고 아래 가장 큰 부분에 대해서는 "잘 안 보여줄 뿐" 분명히 존재하는 그의 "다른 마음"이라고 설명한다. 그 마음이 좋은 것이든 나쁜 것이든. 한여진은 어떻게 하면 오랜 관계를 맺어온 것도 아닌 타인의 드러나지 않는 감정마저 읽을 수 있을까? 그녀는 남들보다 뛰어난 공감 능력을 가지고 있는 걸까? 그렇다면 한여진을 연기한 배우 배두나는 어떨까?

〈플란다스의 개〉부터 〈도희야〉까지 배두나가 연기한 캐릭터를 살펴보면 공통적으로 타인에 대한 높은 연민과 공감이 발견된다. 심지어 〈센스8〉에서 연기한 박선은 '호모 사피엔스'들의 오감, 육감을 뛰어넘어 타인과 감정이나 생각이 연결되는 '센스8'을 가진 호모 센소리움Homo Sensorium이었다. 때로는 오지랖 넓다고 오해할 만큼 배두나의 캐릭터들은 타인을 염려하고, 그들의 일에 기뻐하거나 아파하고, 결국엔 행동하는 사람들이었다. 그렇다면 이 배우의 어떤 부분이 이런 캐릭터를 지속적으로 선택하게 만들었을까? 뇌섬엽 제거가 황시목에게 감정 처리 능력을 앗아 갔다면, 배두나의 뇌에서는 어떤 부분이 그런 연기를 할 수 있도록 돕는 걸까? 그리고 그런 뇌 활동이 이 배우의 연기 방식에 어떻게 작동하는 걸까? 궁금증이 꼬리에 꼬리를 물었다. 결국 2021년 3월, 카이스트 바이오및뇌공학과 랩에 '배우의 교감 능력과 뇌의 관계를 증명할 수 있을까요?'라는 제목의 막연한 실험 제안서를 보내기에 이르렀다. 여기에 뇌과학자 정재승 교수와 세 명의 박사 과정 학생들이 응답하고 동참해주었다. 결국 우리는 지난 9개월간 이를 가시화하기 위한 토론과 실험 설계 그리고 배두나 배우가 직접 참여한 fMRI[1] 뇌 활동 측정 실험과 3명의 대조군 실험을 진행했다. 이후 실험 결과를 토대로 분석하고 현재까지의 결론에 이르렀다. 어느 배우연구자의 황당한 호기심이, 눈에 보이고 머리로 이해되고 마음으로 다가오는 예언이 되어 나왔다. 모든 탐험과 연구가 그러하듯 이 실험 보고서는 아주 작은 발걸음이자 시냅스에 불과할 것이다. 하지만 이 시도가 다양한 연결 경로로 확장되어 언젠가 배우의 뇌를 이해하는 광대한 지도를 그릴 것이라 믿는다.

1 기능적 자기공명영상functional Magnetic Resonance Imaging. 뇌의 특정 부위가 사용될 때 혈류 변화를 감지해 어느 부위의 신경이 활성화되었는지 측정함으로써 뇌 활동을 영상화하는 기술.

20년 넘게 타인의 삶을 사는 훈련을 한 배우의 뇌는 과연 어떻게 다를까요?

정재승 / KAIST 바이오및뇌공학과 교수

솔직히 처음 이 실험의 아이디어를 전하면서도 황당한 제안이 아닐까 걱정했습니다. (웃음)

과학자에게도 굉장히 흥미로운 제안이었어요. 다른 사람이 되어서 그 사람의 삶을 연기하는 일을 반복하는 배우의 뇌에서는 과연 어떤 일이 벌어질까? 게다가 배두나 배우 같은 분의 뇌를 직접 찍는다는 게 흔히 할 수 있는 경험은 아니니까요. (웃음) 굉장히 설레는 마음으로 흔쾌히 참여를 하게 됐죠. 처음에 백은하 소장님이 중요한 힌트를 주셨잖아요. 바로 '공감'이었죠. 그간의 관찰을 통해 배두나 배우의 공감 능력이 좀 남다른 것 같고 그것이 실제 연기를 하는 데 영향을 미치는 것 같다고. 그 말을 듣고 나니 뇌과학자 입장에서도 배두나 배우의 공감 능력은 무엇이 다른가 혹은 어떻게 남다른가 궁금해졌어요.

실험이 진행되는 기계는 뭐라고 부르나요?

fMRI, 즉 기능성 자기공명영상 장치라는 건데요. 뇌가 활동을 하려면 에너지를 많이 쓰니까 산소가 필요하거든요. 그때 피가 산소를 머금고 활발히 활동하는 영역에 전달을 해줘요. 활동 중인 뇌에 굉장히 강한 자기장을 걸어주면 산소를 품고 있는 헤모글로빈과 산소를 품고 있지 않은 헤모글로빈의 반응이 다른데요. 그것을 측정하면 지금 현재 산소를 많이 품고 있는 혈액이 어디에 위치하는지를 알 수 있고, 그것을 통해서 지금 뇌 안에서 어느 영역이 활발히 활동하는지를 유추할 수 있어요. 그걸 유추하는 장치에 배두나 배우가 들어가게 되죠.

실험의 구성을 설명해주세요.

하나는 영상을 보여주는 동안, 또 하나는 대본처럼 텍스트를 읽을 때 뇌 촬영이 진행됩니다. 그때 특히 어느 영역들이 더 많이 활성화되는지를 알아보는 거죠. 이 실험을 통해 인지 기능이 남다른지, 또 그것으로 비롯된 감정 영역이 풍부한지 혹은 상황을 이해하는 전전두엽 기능의 활성화가 남다른지 등을 알 수 있을 것 같습니다. 흔히 감정이 풍부한 사람들이 공감을 잘할 거라고 생각하잖아요. 실제로 공감 행위에는 크게 두 가지 프로세스가 있는데 그중 하나가 상대방의 입장이 되어서 생각하는, 이른바 마음이론Theory of Mind이라는 것입니다. 인지적으로 타인의 상황에 본인을 놓는 굉장히 지적인 과정이라고 할 수 있죠. 이런 공감은 아주 많은 연습이 필요해요. 그래서 어린아이에게는 잘 갖춰져 있지 않고, 성인이 돼서도 각별히 타인의 입장이 되어보려고 노력하지 않으면 쉽게 얻어지는 능력이 아닙니다. 그래서 동정과는 다르게 공감이라는 건 인간에게 상당히 중요한 능력이라고 할 수 있어요. 또한 연습과 노력의 과정이 필요하죠. 배두나 배우의 경우 20년이 넘게 배우 생활을 하면서 타인의 삶을 살아보는 아주 긴 훈련과 학습 과정을 거쳤을 텐데, 그런 사람의 뇌는 어떻게 다른지를 알아보게 될 겁니다.

그 말씀을 듣고 나니, 혈액형이나 MBTI로 사람 유형을 나누는 것처럼 뇌 활동 유형으로 배우를 구분해보고 싶다는 또 다른 무리한 생각도 드는데요. (웃음)

혈액형이나 MBTI는 믿을 수 없지만, 뇌 유형은 오히려 믿을 만하겠죠. (웃음) 어떤 배우는 과거의 경험이 풍부해서 배역을 소화할 때 자신의 과거 경험을 끊임없이 끌어당겨 올 수가 있을 거예요. 어떤 배우는 기술적으로 이런 상황일 때는 이렇게 행동한다, 에 대한 자신만의 프로토콜이 있어서 그 절차를 너무나 훌륭하게 수행하는 배우가 있을 테고요. 아니면 감정이 너무 풍부해서 언제든 울고 언제든 웃을 수 있는, 감정 표현 역량이 뛰어난 배우도 있을 수 있겠죠. 그리고 타인의 감정에 쉽게 전이된다거나, 공감 능력이 아주 뛰어나다거나 할 수도 있고요. 이렇듯 배우마다 각자 사용하고 있는, 또는 주로 쓰는 뇌 영역이 다를 수 있기 때문에 배우들을 뇌의 영역별로 분류해서 보는 건 되게 재미있는 아이디어인 것 같습니다.

배두나 배우에 대해 저희가 세운 가설이 맞을 거라고 생각하시나요?

남의 입장이 되어보는 인지 능력이 남다를 것이다, 라고 예상은 하고 있죠. 하지만 미리 세운 가설이 틀릴 때 훨씬 더 흥미로운 것이 연구라고 생각합니다. 그래서 어떤 결과가 나올지 굉장히 기대하고 있고, 무엇이 나오든 흥미롭고 의미 있을 것 같습니다.

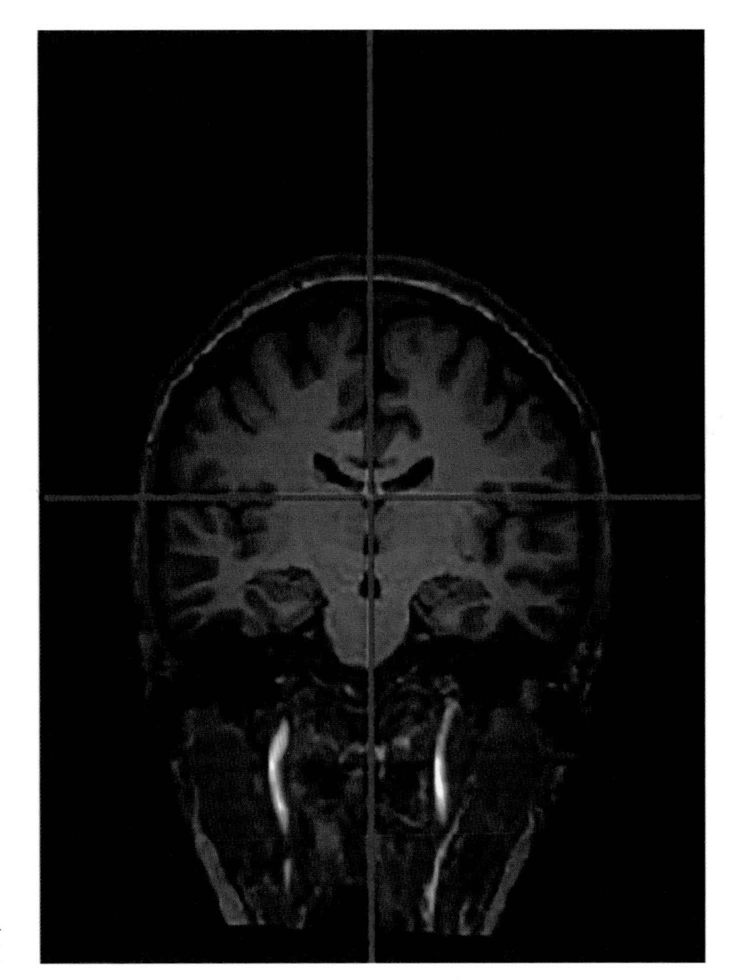

〉 배두나 두뇌 MRI 해부 이미지

실험 전

배두나 / 배우, 피험자

"처음에 이런 실험을 한다는 이야기를 듣고 솔직히 제일 궁금했던 건, 배우를 하기 전과 배우가 된 이후의 내 뇌가 어떻게 달라졌을까, 하는 거였어요. 그사이 저는 좀 다른 사람이 된 것 같거든요. 중고등학교 때까지는 늘 평온해서 별명이 '무심이'일 정도였는데, 요즘은 이게 직업병인가 싶을 정도로 감정의 증폭도 훨씬 크고, 어떤 사람의 말투나 표정에 스스로 굉장히 예민하게 반응하는 걸 느껴요. 이게 혹시 연기를 하면서 뇌를 계속 특정 부위로 써서 그런 걸까? 하는 게 궁금해지더라고요. 물론 과거의 나와 비교할 수 없으니 불가능한 실험이겠지만요. (웃음) 20년 넘게 많은 배우들과 연기하면서 이 배우는 이런 부분, 저 배우는 저런 부분, 각자 발달한 부분이 다르다는 걸 느꼈거든요. 모두가 다 다른 특징이 있죠. 제가 막연하게 느끼는 저라는 배우의 발달한 부분이 있긴 한데, 이 실험을 통해서 그 추측이 정말로 맞는지 확인해보고 싶어요."

배우 배두나의 뇌 활동 실험 보고서

실험 제안	백은하 배우연구소
실험 총괄	정재승 / KAIST 바이오및뇌공학과 교수
실험 설계, 진행 및 분석	김선일, 박정준, 최병혁 / KAIST 바이오및뇌공학과 박사 과정

사전 지식 Prior Knowledge
'공감'이란?

공감 능력에 대한 실험을 더 의미 있는 방향으로 깊고 넓게 확장시키기 위해서는, 우선 '공감'에 대한 기본적인 이해와 고찰이 필요할 것이다.
공감은 타인이 경험하고 있는 상태에 대한 감정적인 '느낌'과 인지적인 '이해', 그리고 이를 바탕으로 한 '행동'을 포괄하는 사회 심리학적 개념이다. 즉, 내가 직접 경험하지 않은 어떤 사건으로 인한 상대방의 감정까지도 마치 자신의 것처럼 공유하여 '느끼고', 상대가 그러한 감정 상태에 처하게 된 귀결을 '이해'하며, 상대에게 신경을 써 적절한 '행동'을 취하는 일련의 과정을, 고등 사회적 기능인 공감 회로 기능의 발현이라고 볼 수 있다.
타인에 대한 공감, 이란 말을 들었을 때 우리는 단순히 누군가 아파할 때 옆에서 같이 아파하며 울고, 기뻐할 때 기뻐하는 것 정도를 떠올리기 쉽다. 그러나 이러한 현상은 비교적 '자동적(수동적)'으로 발생하는 감정적 '느낌'에 가까운 것으로, 공감 그 자체라기보다는 공감을 구성하는 오래된 빌딩 블록 중 하나인 '정서 전염emotional contagion'이라 볼 수 있다. 이러한 정서 전염은 놀랍게도 인간의 전유물이 아니라 쥐, 강아지, 원숭이 등 다양한 포유류에서 널리 관찰되는 현상으로 알려져 있다.
공감 연구의 대가 프란스 드 발Frans de Waal 박사는 단일한 구성 또는 단순한 이분법(인지적 요소/정서적 요소)만으로는 다양한 공감 현상들을 충분히 설명할 수 없다고 말한다. 그가 제시한 이론적 모델 중 하나인 PAMPerception Action Model은 '정서 전염', '연민이 담긴 걱정sympathetic Concern', '타인의 관점 취하기perspective taking'의 세 단계가 진화 계층적으로 쌓여 유기적으로 작동함으로써 비로소 공감하는 마음이 완성된다는 이론으로, '러시아 인형 모델'이라고도 불린다.
공감적 '마음'에 관한 이러한 세 단계의 계층적 구성은, '마음'과 더불어 공감의 또 다른 축인 '행동'의 측면에서도 '운동 모방motor mimicry', '위안consolation', '목표화된 도움targeted helping'으로 나란히 존재한다. '타인의 신발을 신고 걸어보기'라는 공감에 관한 오래된 클리셰는 심리학과 뇌과학의 발달 이전부터 경험으로 숙성해낸 진리를 담고 있는 것이다.
우리가 일상에서 가장 흔하게 경험하는 '정서 전염'은 보편적 공감 현상의 기저를 이루는 원시적 형태다. 그 자체만으로는 성숙한 공감의 발현을 위한 필요조건을 충족할지언정 충분조건은 될 수 없다. 예를 들어, 자폐인의 경우 인지적 공감(이해)은 약하지만 정서적 공감(느낌)은 정상적으로 경험할 수 있다. 반대로 사이코패스라 불리는 일부 집단의 경우, 인지적 공감은 가능하지만 정서적 공감 기능은 저하되어 있기도 하다. 두 경우 모두 부분적으로는 공감의 회로가 남아 있다 할 수 있으나, 이를 정상적이고 충분한 공감 발현의 사례들로 간주하기는 어렵다.
고등 사회 기능의 종합 예술이라 할 만한 '공감'이 높은 수준으로 충분히 발휘되기 위해서는 수동적인 정서적 전염에 의한 '느낌'과 더불어, 능동적인 인지적 차원에 가까운 요소들, 즉 '이해' 및 '행동'이 필요하다. 즉 타인의 슬픔을 보고 잘 운다고 반드시 공감 능력이 높다거나, 눈물이 메마른 사람이 꼭 공감 능력이 낮다고 쉽게 속단할 수는 없다.

가설에 앞서 Preface
높은 차원의 공감이란?

진화 계층상 '오래된 마음'(신경 회로)이 우세하게 기능하는 동물일수록, 동일한 외부 자극이 제시되었을 때 그 시점에 주어진 '물리적 자극'(다양한 감각 정보의 종합)에만 초점을 맞추어 동일한 혹은 예측 가능한 반응을 보이게 된다. 이를테면 과거의 어떤 경험에 의해 자신이 원하는 어떤 결과가 특정 시점에 나타나야만 한다는 믿음이 완고하게 굳어진 경우, 만약 자신의 기대와 다른 결과가 주어진다면 예측 가능한 범위 내에서의 동일하고 자연스러운 일련의 실망 감정과 반응을 표현하게 된다. 종을 칠 때마다 먹이를 준다면 어느 순간부터 종소리가 들릴 때마다 먹이가 나타나는 것을 당연하게 생각하고 기대하게 되는 것이다. 하지만 만약 어느 순간 먹이가 나타나지 않아 자신의 굳은 믿음/기대가 배반당하게 되면, 실망과 분노 등의 강한 본능적 감정에 휩싸이게 된다. 이는 '파블로프의 개'를 비롯해 생쥐, 원숭이뿐만 아니라 인간들에서도 매우 쉽게 나타나는 보편적인 현상이다.
그러나 역설적으로 비슷한 상황에서도 상대와의 관계, 사회적 경험과 기억 맥락에 따라 각기 다른 반응을 보일 수 있음 역시 알려져 있다. 심지어 우리가 하등 동물이라 간주하는 생쥐조차도, 상대 생쥐가 전기 충격을 받고 고통스러워하는 장면을 목격하는 경우, 상대와의 사회적 기억, 친밀감, 사회 계급 관계 등의 맥락에 따라 다른 수준의 정서적 공감 반응을 보인다. 즉, 주어진 현재 상황의 '자극'에 의해 원시적인 회로가 즉각 가동되는 방식과 동시에, '보이는' 지금 이 순간을 넘어서 '보이지 않는' 무언가를 떠올리고 상상함으로써 타자에 대한 자신의 공감 반응을 조절할 수 있는 능력의 기원은 상당히 오래전으로 거슬러 올라간다.
자신이 원하는 결과를 얻지 못했을 때(상대가 주지 않았을 때), 자신의 기대와 다른 그 결과와 그로 인해 생겨난 스스로의 부정적인 감정들에 집중하는 상태를 넘어서, 쉽게 '보이지 않는' 무언가를 상상하는 것, 그리고 그러한 능동적인 상상의 노력을 통해 빈 공간을 채움으로써 보다 적절한 '행동'을 상대에게 취하며 다가가는 것. 이것이야말로 생쥐부터 침팬지, 인간에 이르기까지 모두가 보편적으로 공유하고 있으면서도 쉽사리 성취하기는 어려운, 공감 회로의 완성에 가까운 형태라고 할 수 있다. 그만큼 높은 차원의 공감을 위해서는 둔감함보다는 '예민함'이 필요하며, 적절한 '감수성'과 '상상력'을 통해 늘 익숙한 언어와 상황의 반복이라는 궤도에서 이탈하였을 때마저 비어 있는 공간을 적절히 채울 수 있는 능력이 필요하다고 말할 수 있다.

EXPERIMENT

A. 가설과 실험

	실험군	대조군
피험자	배두나, 여성, 42세	A, 여성, 35–40세
		B·C, 여성, 41–45세*
일시	2021년 8월 10일	2021년 10월 25일
장소	청주 한국기초과학지원연구원 오창센터 MRI 연구동	대전 한국과학기술원(KAIST) fMRI 센터**

* 사회생활 패턴과 호르몬 사이의 상관관계를 본 선행 연구(Seidel, E. M., Silani, G., Metzler, H., Thaler, H., Lamm, C., Gur, R. C., … & Derntl, B. (2013). The impact of social exclusion vs. inclusion on subjective and hormonal reactions in females and males. Psychoneuroendocrinology, 38(12), 2925-2932.)를 포함하여 다른 사람과의 관계에서 감정의 변화를 주도하는 요인은 성별과 호르몬에 영향을 많이 받는다는 것을 알 수 있다. 타인의 감정에 공감할 때 발생하는 요소가 동일한 연령대의 여성에게서 일반적으로 발생하는 호르몬의 변화에 의한 것인지 여부를 파악하기 위해서 동일한 성별의 여성을 대조군으로 설정하였다.

** 의료 목적이 아닌 연구 목적의 fMRI 실험의 경우, fMRI 기계의 제조 회사, 촬영 설정, 방법 등이 연구 분석에 영향을 주는 경우가 있어 보편적으로는 동일한 장소, 동일한 장비를 통해 실험군과 대조군을 촬영한다. 본 실험은 일정상 동일한 장소에서 촬영하지 못했으나 동일한 3T MRI 촬영이 가능한 장비와 동일한 단면 획득 순서[slice order]로 촬영하여 fMRI 장비의 차이로 발생하는 오차를 최소화했다.

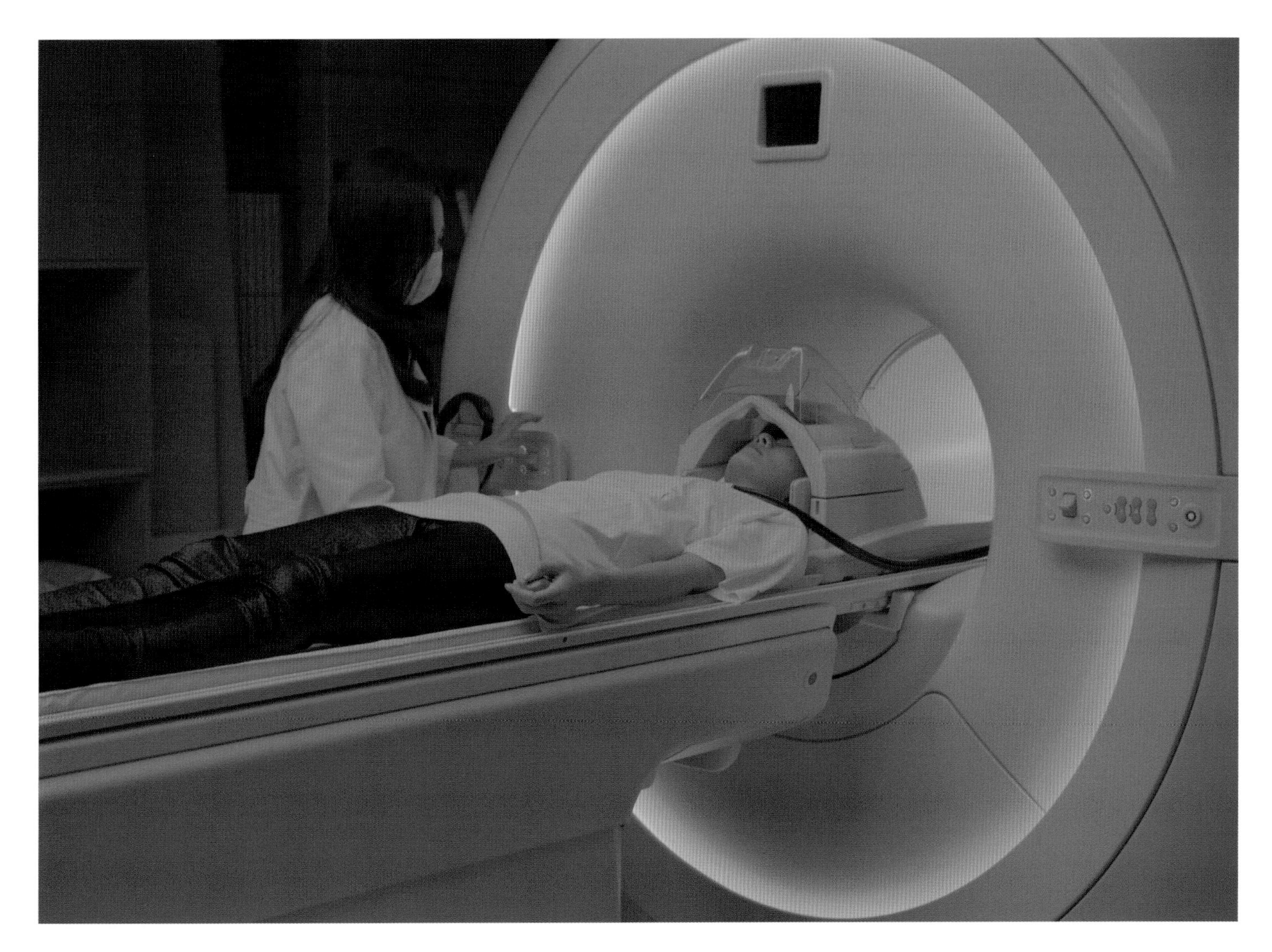

ANALYSIS

실험 1. 영상 보기

가설

❶ 배두나는 같은 상황 조건에서 일반인 대조군에 비해 더 예민하게 상대에 대한 감정 정보를 습득하기 위해 주의를 기울일 것이다.

❷ 정보가 부족한 상황에서도 상대적으로 감정 상태를 더 잘 알아차리거나 상상을 통해 이를 채우려는 노력을 할 것이다.

❸ 이때 대조군과 다른 뇌 혈류의 활성화 패턴을 보일 것이다.

실험 디자인

❶ 4종류의 다른 감정 상황이 담긴 3분가량의 영상을 아래의 두 조건에 따라 1회씩 시청 (4종류 × 2조건 = 총 8회)

– 음성 및 한글 자막 제거 영상 (종류별로 각 1회씩)

– 음성 및 한글 자막 포함 영상 (종류별로 각 1회씩)

❷ 이때의 뇌 활성 변화를 fMRI로 촬영 및 분석

실험 영상 조건

❶ 언어에 대한 참여자의 사전 지식 영향을 최소화하기 위해, 다양한 이국적 언어의 음성을 사용.

❷ 화면에 비친 상대의 감정을 최대한 잘 알아차릴 수 있도록 주로 한 명의 얼굴 표정이 자주 클로즈업되는 상황을 편집한 영상을 활용.

❸ 4개 영상의 주요 정서는 긍정 2, 부정 2로 통일해 균형을 맞춤.

실험 응답

❶ 영상 감상 후, 자신이 느끼고 있는 5가지 종류의 감정을 5단계의 스케일로 응답.

행복	1	2	3	4	5
평온	1	2	3	4	5
슬픔	1	2	3	4	5
짜증	1	2	3	4	5
분노	1	2	3	4	5

❷ 두 다른 조건에서의 응답 결과 차이를 바탕으로, 정보가 제한된 상황에서 피험자의 상대적 감정 인지 및 전이 수준을 간접적으로 계산. 예를 들어 두 상황 간의 감정 점수 차이가 매우 낮다면, 정보가 부족한 상황에서도 이미 충분히 상대의 감정을 정확히 인지하고 있으며 느끼고 있다고 볼 수 있다.

실험 2. 텍스트 읽기

가설

❶ 배두나는 동일한 활자 형태의 글을 읽더라도, 중립적인 기사에 비해 대본을 읽는 동안 더 큰 몰입이 가능할 것이다.

❷ 몰입도가 다른 두 대본이 있다면, 각각을 읽을 때의 뇌 활성 또한 다를 것이다.

실험 디자인

❶ 대본 리딩(비슷한 분량 총 2회 읽기)

❷ 기사 읽기(비슷한 분량 총 2회 읽기)

❸ 이때의 뇌 활성 변화를 fMRI로 촬영 및 분석

실험 텍스트 조건

❶ 대본
20세기의 변화하는 젠더 역할*
21세기 밀레니얼 세대의 가치관**

❷ 기사
중립적 스트레이트 기사 (수면*** / 한류****)

실험 응답

상황/배역에 얼마나 몰입할 수 있었나요?
점수를 매겨주세요.

몰입 정도	1	2	3	4	5
(몰입 정도를 파악하기 위한 행동 설문 예시)					

* 희곡 〈리타 길들이기〉, 윌리 러셀Willy Russell

** 『천국에서』, 김사과

*** '잠이 보약' 수면과 건강, https://www.domin.co.kr/news/articleView.html?idxno=1144773

**** 글로벌 K팝 뜨니 'K-슬랭' 뜬다, https://www.khan.co.kr/life/life-general/article/202107161550001

실험 후

배두나 / 배우, 피험자

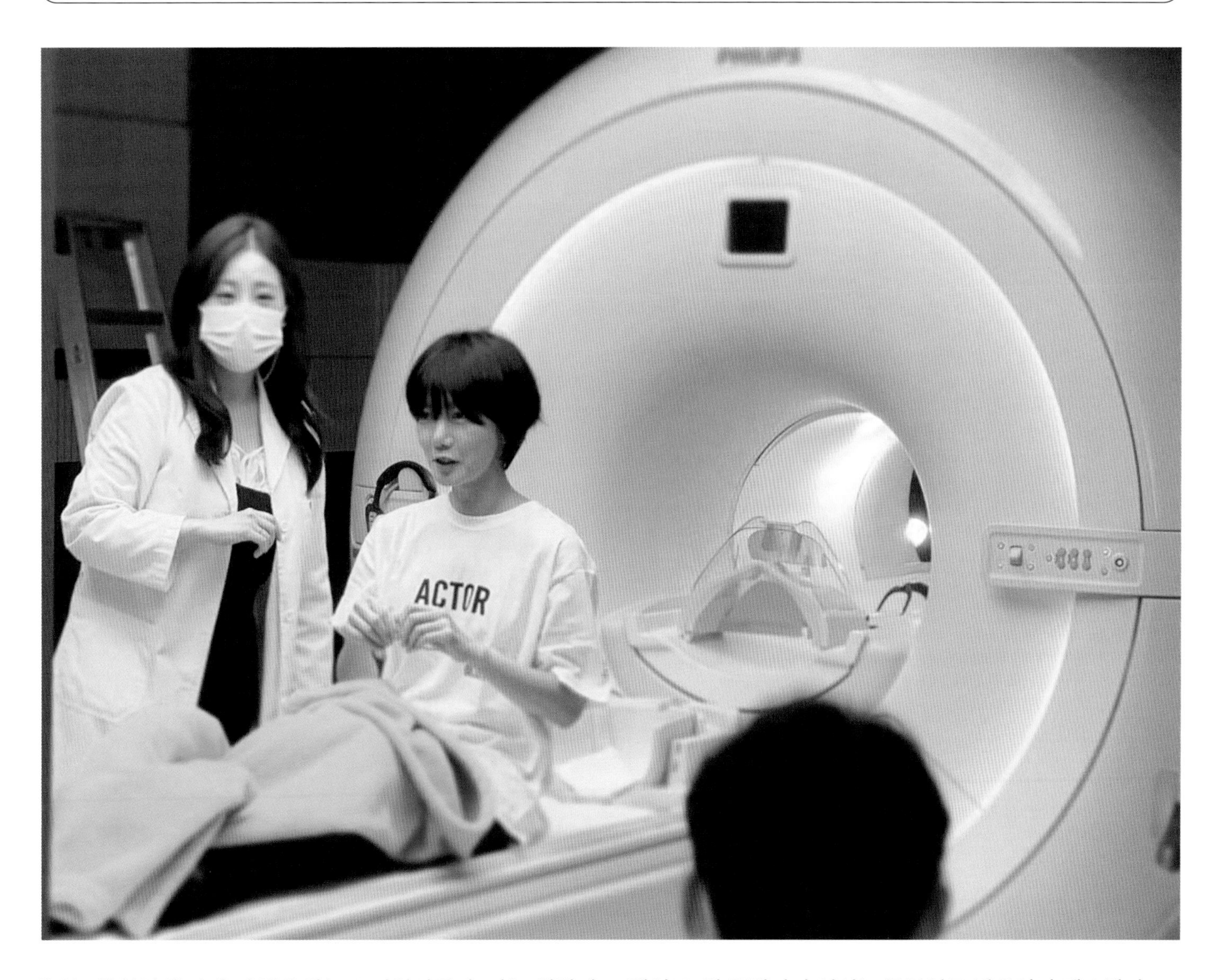

"나는 확실히 활자에 더 반응하는 스타일이구나, 라는 생각이 들 정도로 영상을 볼 때보다 조금 더 몰입이 잘됐어요. 그리고 영상에서도 자막과 음성이 있고 없고의 차이는 엄청 크던데요? 목소리만 듣고 표정이나 분위기만 볼 때는 저 사람이 지금 어떤 감정인지 알아채는 데 되게 헤맸어요. 연기할 때 저는 감정 신에 대한 반응이 큰 편이고 공감이나 몰입도 잘하는 편인데, 오늘 테스트는 되게 신기하긴 했어요. 실험 중 나오는 영상물에 제가 생각보다 크게 반응하지 않는다고 느꼈거든요. 테스트 결과는 어떻게 나올지 모르지만. (웃음) 모두 외국인이 나오는 영상이잖아요. 어쩌면 그래서 더욱 어려웠던 것 같기도 해요. 해외에서 일하면서 어떤 사람이 살아온 문화와 그 문화 속에 항상 공유해왔던 것들이 그 사람의 기본적인 반응이나 정서에 정말 많이 작용한다는 걸 느꼈거든요. 일본, 미국, 영국, 인도, 멕시코, 각 문화마다 언어는 물론이고 반응이나 제스처가 다르기 때문에 문화를 모르고는 제대로 공감하기 어렵다는 생각을 했었고요. 그걸 이 실험을 하면서 또 느꼈어요. 그래서인지 아이가 나왔던 영상에 제일 공감하기 쉬웠던 것 같아요. 살아온 정서나 문화가 비교적 덜 묻어 있는 순수한 반응에 더 격하게 반응하게 되더라고요. 가슴이 벌렁벌렁할 정도로 반응했던 테스트도 있었고, 뭐지? 나는 이 감정을 잘 모르겠다, 이렇게 반응하는 것도 있었고. 그러면서 어쩌면 내가 배우이기 때문에 감정에 대한 기준치가 너무 높은 건가? 라는 생각도 들었죠. 연기는 좀 더 극적인 상황이 많으니까요. 사실 감정 공감이 50 정도로 충분히 왔는데도 머릿속으로는 아무 느낌이 없는데? 라고 생각할 수도 있잖아요. 한 100 정도는 돼야, 음 이제 뭔가 느껴지는군, 할 수도 있고요. 여러모로 실험 결과가 궁금하네요."

B. 실험 결과

응답 행동

1. 영상

행동 결과만 놓고 보았을 때, 예상과는 달리 정보가 부족한 상황(영상(o) 음성 & 자막(x))에서 배두나 배우는 대조군에 비해 특별히 상대의 감정을 잘 파악한다는 결론을 내릴 수는 없었다. 결과를 이분법로 분류했을 때, 두 개의 영상(복권, 상봉)에서 그녀는 음성 및 자막의 유무에 관계없이 비교적 감정 상태 차이가 크지 않아, 상대의 감정 인지 및 전이 수준이 정확한 편이라 볼 수 있으나, 나머지 두 개의 영상(특히 영상2의 상황)에서는 상당히 큰 감정 상태 차이, 즉 부정확한 감정 예측을 보였다. 이는 대조군들과 크게 다르지 않은 결과였으며, 이분법 분류를 무시하고 전체적인 경향을 봤을 때 또한 마찬가지였다.

	영상 1: 복권	영상 2: 살해	영상 3: 납치	영상 4: 상봉
배두나	●●●●●●●●●● ●●●●●○○○○○	●●●●●●○○○○ ○○○○○○○○○○	●●●●●●●●●● ●●○○○○○○○○	●●●●●●●●●● ●●●○○○○○○○
대조군 1	●●●●●●●●●● ●○○○○○○○○○	●●●●●●●●●● ●●●●●○○○○○	●●●●●●●●●● ●●●●○○○○○○	●●●●●●●●●● ●●●●●●●○○○
대조군 2	●●●●●●●●●● ●●●●●●●●○○	●●●●●●●●○○ ○○○○○○○○○○	●●●●●●●●●● ●○○○○○○○○○	●●●●●●●●●● ●●●○○○○○○○
대조군 3	●●●●●●●●●● ●●●●●●●●○○	●●●●●●●●●● ●●●○○○○○○○	●●●●●●●●●● ●●●○○○○○○○	●●●●●●●●●● ●●●●●●○○○○

값이 클수록 정보가 부족한 상황에서도 상대의 감정 인지 및 전이 수준이 높았음을 의미.

2. 텍스트

기사 및 대본의 몰입도에 대해 설문으로 응답한 행동 결과에서도 배두나 배우는 대조군에 비해 큰 차이를 보이지 않았다.

	대본 1	기사 1	대본 2	기사 2
배두나	●●●●●	●●●●○	●●○○○	●●●○○
대조군 1	●●●●●	●●○○○	●●●●●	●○○○○
대조군 2	●●○○○	●●●○○	●●●●○	●●●○○
대조군 3	●●●●○	●●●●○	●●○○○	●●○○○

값이 클수록 몰입 수준이 높았음을 의미.

EXPERIMENT

fMRI 뇌 활성 데이터

A

정보가 부족한 상황
영상만 보는 상황

B

정보가 충분한 상황
영상+음성+한글자막을 함께 보는 상황

1. 조건 차이 분석* (A 〉 B)

조건 차이 분석에서 배두나 배우의 뇌 활성 패턴

노란색 활성 증가(양의 활성), 보라색 활성 억제·감소(음의 활성)

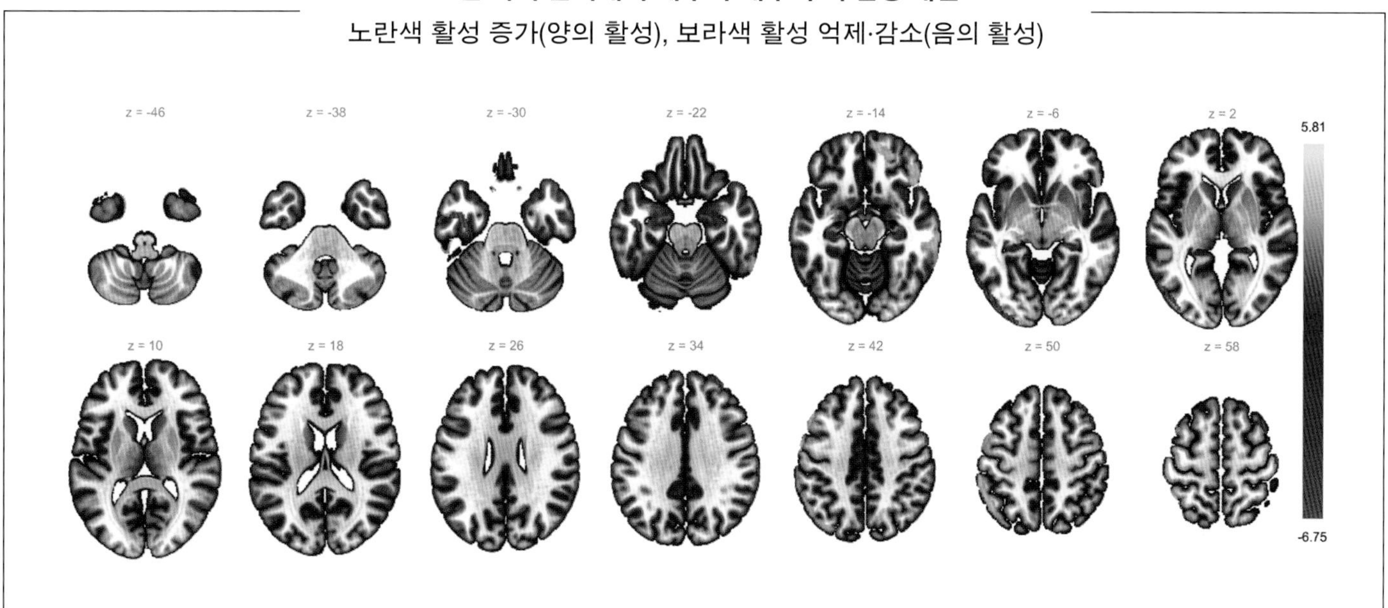

조건 차이 분석에서 대조군의 뇌 활성 패턴

fMRI 촬영 데이터 분석은 주로 상대적인 상황 차이, 즉 조건 차이에서의 통계적으로 유의미한 상대적 뇌 활성 패턴을 대상으로 하였다. 첫 번째 가설이었던(가설 1-3), 부족한 정보(영상(o) 음성 & 자막(x)) 즉 A 상황일 경우, 음성과 언어가 주어진 B 상황과 비교해 어떤 뇌 패턴 차이를 보일지를 확인하기 위해, 영상 – {영상 + (음성 & 자막)}의 조건 차이를 분석하였다. 흥미롭게도 대조군과 배두나 배우 간의 상당히 뚜렷한 차이가 뇌 지역군 몇 군데에서 발견되었다.

* 조건 차이 분석 contrast analysis
관찰된 특정한 뇌 활성 패턴이 상대적으로 얼마나 의미 있는지 비교하는 분석. 정보가 충분한 상황(B)을 기준으로, 정보가 부족한 상황(A)에서의 뇌 활성(A 〉 B)을 대조 분석했다.

2. 조건별 분석

배두나

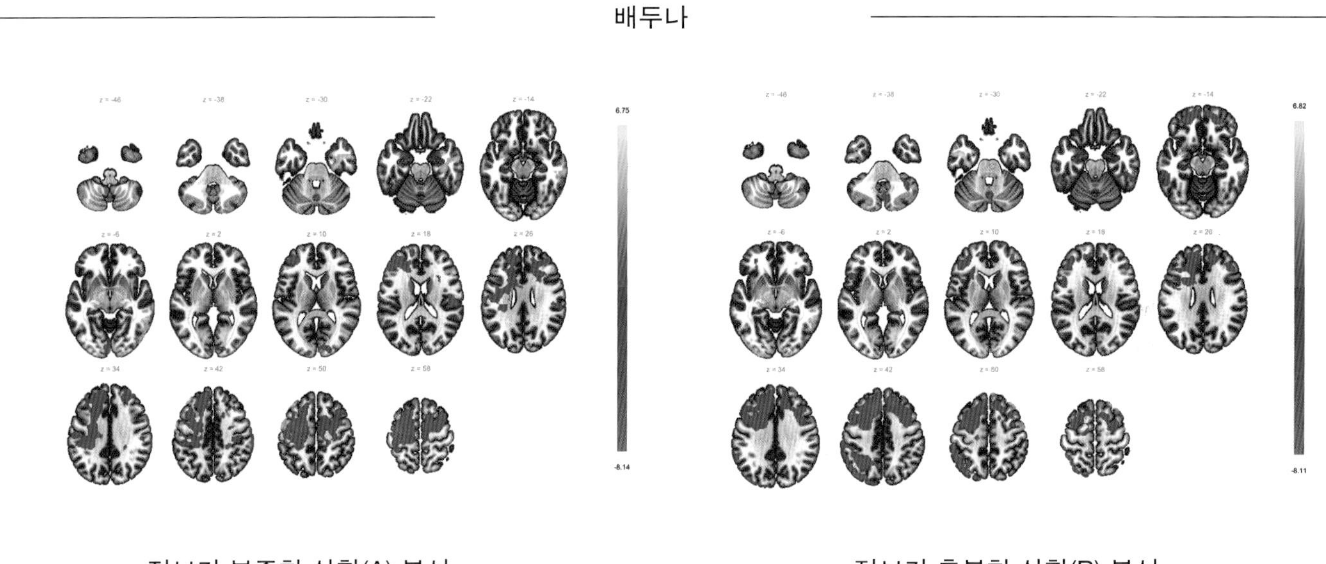

정보가 부족한 상황(A) 분석

정보가 충분한 상황(B) 분석

정보가 충분히 제공된 상황(B)의 경우, 그렇지 않은 상황(A)에 비해
'브로드만 11 지역'(오른쪽 페이지 하단 설명 참고)이 크게 억제된 것을 확인할 수 있다.

대조군

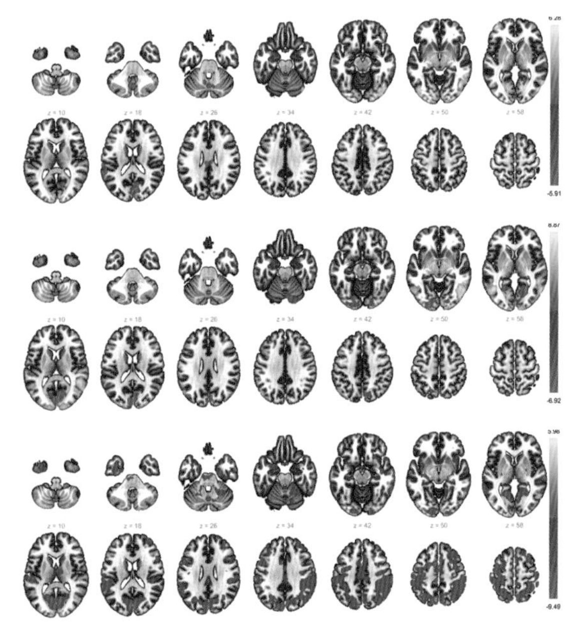

정보가 부족한 상황(A) 분석

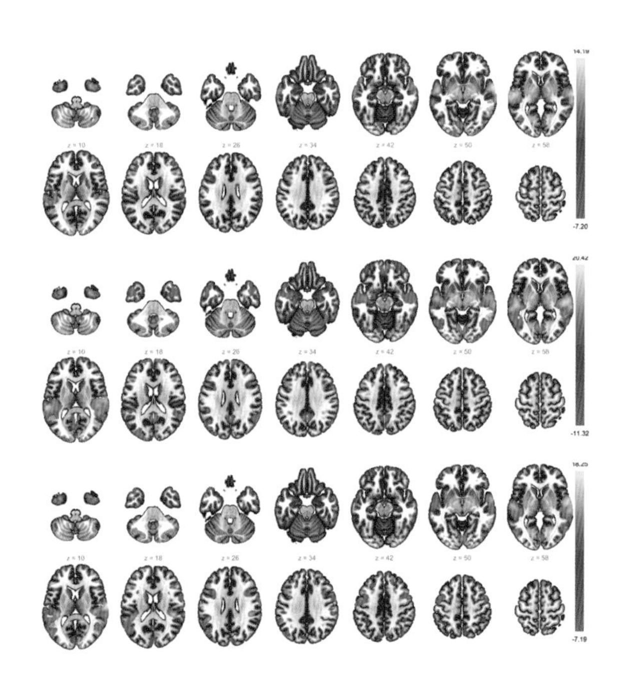

정보가 충분한 상황(B) 분석

조건 차이 분석 결과의 의미를 더 깊이 탐구하기 위해, 조건 차이 분석에 이용하였던 조건별 분석을 수행하였다. 예를 들어 배두나 배우의 경우 A>B 조건 차이에서 '브로드만 11 지역'의 활성화가 관찰되었는데, 조건별 분석 결과에 의하면 이는 A 조건에서의 뇌 활성 증가라기보다 뇌 활성 억제가 두드러진 B 조건에 비해 상대적으로 '덜 억제'된 결과라 해석할 수 있다.

C. 해석 및 분석

1. 영상

정서-인지 이분법 관점

1. 정서적 공감 관련 부위
일반적으로 정서적 공감과 관련된 것으로 알려져 있는 전대상피질ACC, 편도체amygdala, 뇌섬엽insula과 같은 지역에서는 두 그룹 모두 유의미한 변화가 관찰되지 않았다(측두엽극temporal pole은 배두나 배우에서 약간의 활성이 존재함).

2. 인지적 공감 관련 부위
흥미로운 것은, 인지적 공감과 관련된 주요 뇌 지역들 다수가 유의미한 활성을 보였다는 점이다. 심방전두피질vmPFC(엄밀히는 다른 지역이지만, 인접한 11 지역), 하두정소엽inferior parietal lobule(40 지역 포함), 22 지역, 37 방추상회fusiform gyrus 지역(얼굴, 전문 분야의 대상 인식 등 개념적 시각 정보 처리, 배두나 배우에서 약간의 활성 변화), 이 중에서도 fMRI 결과 분석에서 주로 서술하였던 크게 두 가지 지역들, 측두엽의 하, 중, 상(20, 21, 22) 및 인접 지역인 40, 전전두피질의 11에서의 유의미한 뇌 활성 패턴 차이가 두드러졌다.

뇌 지역군(브로드만 영역)
배두나·대조군 공통으로 활성된 지역 20, 21, 22 (주요 패턴은 반대)
배두나: 활성 20, 21, 22　　대조군: 억제 22, 21, 20
배두나만 활성된 지역 11, 40 (활성: 40, 11)

브로드만 영역Brodmann area. 사람이나 영장류 대뇌 피질의 영역 정의. 독일의 해부학자인 코르비니안 브로드만Korbinian Brodmann이 니슬 염색법을 이용하여 대뇌 피질을 관찰하고 뉴런의 세포 구축에 따라 브로드만 영역을 정의하여 번호를 매겼다.

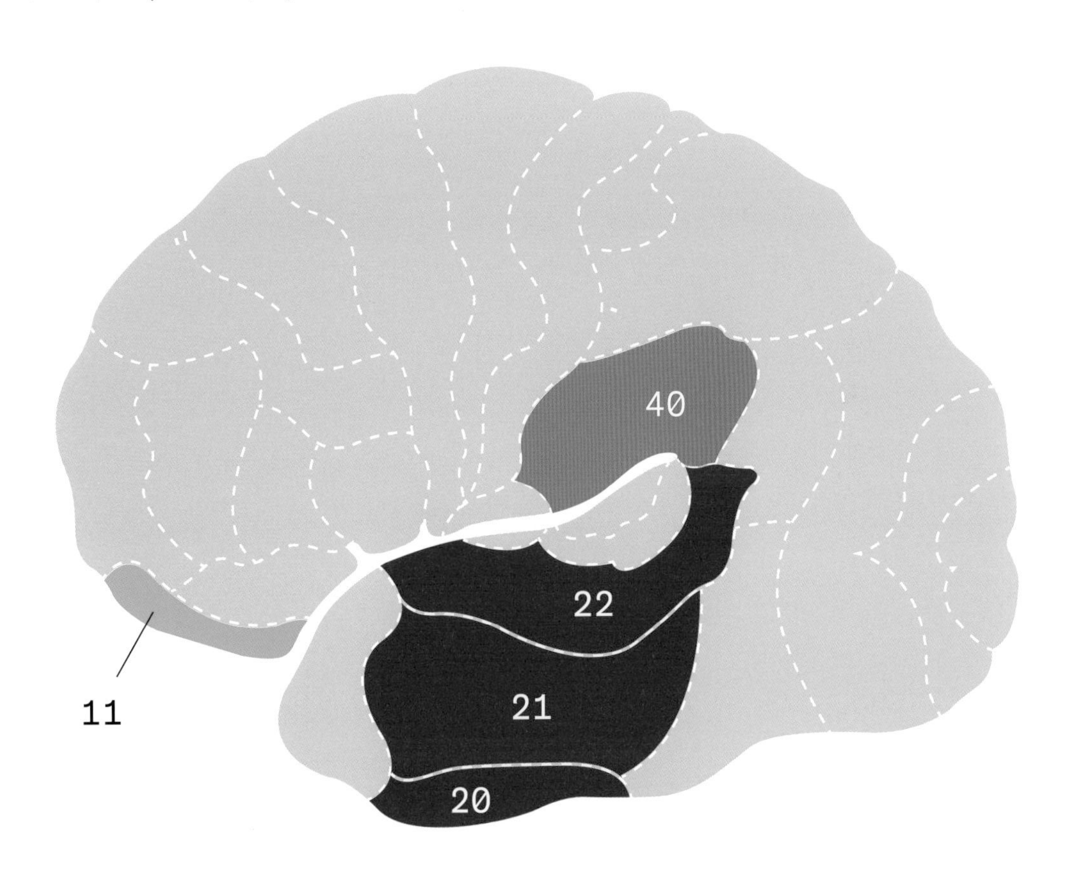

⑩

두정엽 부위 parietal lobe

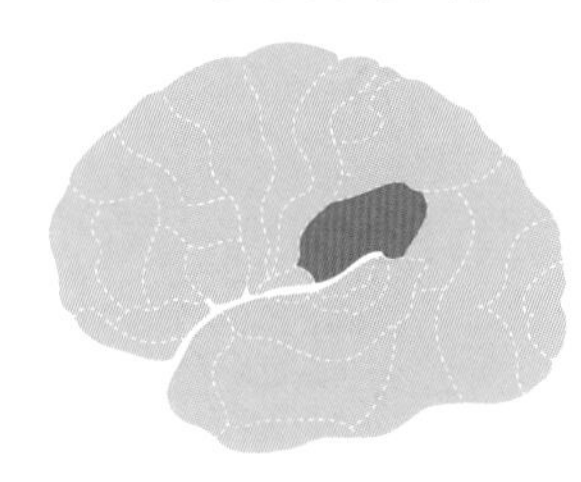

공감의 능동적 조절과 관련된 뇌 지역에서 배두나 배우의 활성이 특히 유의미한 차이가 있었으며, 심지어 좌/우 활성 패턴이 정반대로 나타난 것은 상당히 놀라운 결과라 볼 수 있다. 제한된 상황에서 이를 간단히 해석하는 것은 쉽지 않다. 하지만 이런 해석도 가능하다.

정보가 부족한 상황에서 배두나 배우의 좌 40 지역(단어의 음운 선택 및 처리)은 상대적 증가를 보이는데, 이는 위에서도 언급했듯이 각 순간의 활성 데이터를 세밀히 관찰해보았을 때 정보가 부족할 경우 상대적으로 '덜 억제되어 있는 것'에 가깝다. 달리 말하면, 정보가 더 채워졌을 때 오히려 상대적으로 '더 억제되는' 패턴을 보였다.

우 40 지역(공감 조절)은 반대로 정보가 적은 경우 상대적으로 더 억제, 달리 말하면 정보가 채워졌을 때 '덜 억제'의 양상을 보였다. 이 역시 다음과 같은 해석이 가능하다.

배두나는 뇌 활성 차원에서 다음과 같은 상황 및 단계별 감정 인지 및 정보 처리의 변화를 경험하고 있는지도 모른다.

❶ 정보가 부족한 상황에서는 보다 적극적으로 상대의 감정 상황에 부합하는 언어 혹은 단어의 시뮬레이션 및 처리를 위한 회로(좌 40)를 가동(평소에 억제되던 회로를 덜 억제)한다.

❷ 퍼즐 조각이 맞춰져 상황을 완전히 이해하게 되면, 이제 해당 회로(좌 40)는 억제한다.

❸ 상대에 대한 스스로의 공감 수준을 조절하기 위한 회로(우 40)는 가동(그동안은 판단 보류 등으로 인해 억제되었던, 타인의 감정 이해 및 공감을 낮출 여지가 있는 회로를 덜 억제)되기 시작한다.

❹ 이러한 과정에서 거울 뉴런(상대의 제스처나 표정 등을 따라 하는 상상 등과 관련) 회로(좌, 우 40. 우가 우세하기도)도 전반적으로 가동(상대적으로는 정보 완성 시 약간의 억제)된다.

이것은 일견 당연해 보이지만, 대조군에서는 이러한 복잡한 패턴이 나타나지 않았다는 점에서 보기보다 특별한 현상일 가능성이 있다. 다만 피험자 수가 다수가 아니기 때문에 성급한 일반화를 주의할 필요는 있다.

측두엽 인접 지역 supramarginal gyrus (SMg)
근처에 위치한 전운동premotor 지역과 더불어 거울 뉴런mirror neuron이 존재하는 곳으로 알려져 있다. 상대방의 움직임을 모방하는 행동, 즉 '움직임 공감motor empathy'(자신이 가만히 있으면서 타인의 행동을 볼 때, 마치 자신이 움직일 때와 유사한 뇌 활성 패턴이 관찰되는 것)과 관련이 있다. 이 외에도 일반적으로는 좌/우 40 모두 단어의 의미/음운 처리와 관련이 있으며, 오른손잡이의 경우 좌측 영역의 손상이 더 큰 기능적 상실을 초래한다는 보고가 있다.
흥미로운 것은, 특히 우측 40 지역은 대조군에서는 관찰되지 않은 지역 중, 배두나 배우가 유독 큰 활성 변화를 보인 곳 중 하나다. 흥미로운 것은 '좌/우 뇌 기능의 분화lateralization' 패턴이 상당히 두드러지게 관찰되었다는 점이다. 자막과 음성이 부재한 영상 감상 시 좌측 40 지역에서는 활성이 상대적으로 증가, 우측 40 지역에서는 억제되는 패턴이 나타났다. 이 현상을 좀 더 자세히 분석하기 위해, 조건 차이를 분해하여 영상만 주어진 상황과 음성 및 자막이 추가로 주어진 상황 각각에서의 평균적인 뇌 활성 변화 패턴을 계산 및 분석하였다. 조건 차이 분할 분석에 의하면, 이는 정보가 부족한 상황에서 상대의 감정을 알아차리려 하는 경우 좌/우 40 '타고난 자기 중심성innate egocentricity'으로 인한 공감 저하 및 부족을 스스로 인지하고 조절함으로써 타인의 감정을 알아차리고 공감을 발현하는 데 중요한 역할을 한다는 연구가 최근 발표된 바 있다는 점이다. 지역의 평균적 활성이 증가/감소된 것이라기보다는, 상대적으로 덜 억제/덜 증가되는 것이라 추론할 수 있다. 달리 말하면, 정보가 추가된 상황에서 배두나 배우의 좌 40은 상대적으로 억제, 우 40은 증가 활성 패턴을 보였다.

⑳ ㉑ ㉒

측두엽 부위 temporal lobe

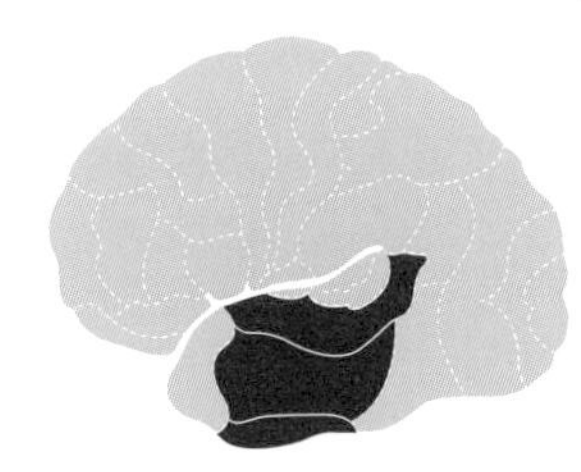

대조군의 경우 공통적으로 20, 21, 22 뇌 부위가 억제되는 패턴을 보였다. 이 지역은 배두나 배우 역시 통계적으로 유의미한 변화를 보였지만, 흥미롭게도 패턴은 정반대인 상대적 증가를 보였다. 대조군의 일반적인 패턴과 비교했을 때, 배두나 배우는 정보가 적어 상대의 감정을 확인하기 어려운 상황인 경우 정보가 충분히 주어진 경우에 비해 상대적으로 측두엽 전반에서 '덜 억제되는' 패턴을 보였다. 즉 음성 및 이해 가능한 언어(자막) 정보가 추가로 주어진 경우, 정보가 부재한 상황에 비해 일반인은 상대적으로 큰 측두엽 지역의 활성을 보였다. 배두나 배우의 기준으로 결과를 정리해보면, 언어 정보의 유무에 따른 측두엽 지역의 활성 차이가 대조군에서는 크게 관찰되었으나 배두나 배우의 경우에는 큰 차이가 없었다. 두 상황 모두에서 배두나 배우는 측두엽 지역의 큰 활성을 보였다기보다 평소와 큰 차이 없는 수준의 활성을 보였기 때문이다.

20. 하측두회 inferior temporal gyrus (ITg)
시각 정보 처리 회로의 양대 산맥 중 하나인 배쪽 연결로ventral stream에 속하는 위 지역은, 얼굴 및 제스처 인식, 상대방의 사회적 의도를 이해하는 데 관여하는 것으로 알려져 있다. 또한 공감과 인지적 공감(ToM, Theory of Mind, '보이지 않는 이면'의 상황 맥락에 대한 상상 관련) 상황에서 공통으로 활성화되는 지역 중 하나임이 보고된 바 있다. 배두나 배우가 큰 활성 변화를 보인 곳. 자막과 음성이 부재한 영상을 감상할 때 활성이 상대적으로 증가하였다(좌, 우). 대조군에서도 해당 지역에서 약간의 변화가 관찰되었으나, 방향은 역시 정반대였다.

21. 중측두회 middle temporal gyrus (MTg)
얼굴 표정 및 목소리와 같이 감정과 관계된 시각 및 음성 정보를 처리하거나, 독해 활동 시 단어들로 구성된 문장의 언어 의미 처리에 관계가 있다. 이 지역 역시 인지적 공감(ToM)과 관계되어 있다는 보고가 있다. 배두나 배우와 대조군 두 그룹 간 가장 큰 유의미한 차이가 나타난 지역이다. 대조군들은 자막과 음성이 있는 경우, 영상만 제시된 경우에 비해 상대적으로 활성이 크게 증가하였는데(좌, 우) 이는 극히 자연스러운 현상이다. 그러나 배두나 배우는 오히려 자막과 음성이 제거된 영상만 제시된 경우 더 높은 활성(좌)이 관찰되었다(추후 서술할 11 지역에 관해 분석한 개별 결과도 이러한 해석과 부합한다).

22. 상측두회 superior temporal gyrus (STg)
청각 연합 영역(다양한 감각의 통합 기능)으로서, 청각 정보 처리를 통한 언어 이해에 관련된 것으로 알려진 베르니케Wernicke 영역(좌)을 포함하고 있다. 이 외에도 얼굴 표정, 의도와 같은 사회적 소통에 필요한 정보를 처리함으로써 추후 언급할 안와전두피질OFC 지역의 일부인 측면 안와전두피질LOC과 함께 사회적 인지 및 인지적 공감(ToM) 상황에서 공통적으로 중요한 역할을 하는 것으로 보고되었다. 대조군에서 공통적으로 가장 유의미한 뇌 혈류 변화가 관찰된 지역이다. 대조군은 자막과 음성이 제시된 상황에서, 영상만 제시되었을 때에 비해 상대적으로 활동이 크게 증가한 패턴을 보인다. 이 역시 자연스럽다 볼 수 있다. 흥미로운 것은 역시 배두나 배우의 경우다. 높은 차이는 아니지만 21의 경우와 유사하게, 오히려 자막과 음성이 부재한 영상을 감상하고 있을 때 상대적으로 약간의 증가된 활성을 보였다(좌).

⑪

전두엽 frontal lobe
전전두엽 부위 mPFC: medial prefrontal cortex

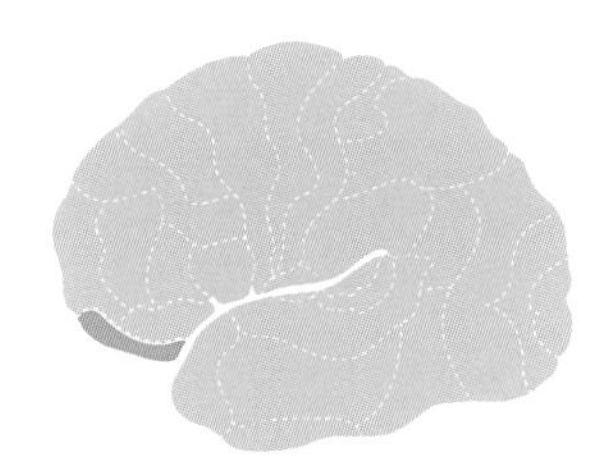

이 지역은 정보가 낮은 상황에서는 평균적인 활성을 유지하다가, 정보가 충분히 제공된 상황에서 강한 억제가 관찰된 지역이다. 위의 측두엽, 두정엽 부위의 활성 결과에 연계하여 '상상'을 덧붙여보자면, 주어진 상황에서 다양한 가치값 계산 및 최적의 의사 결정을 내리기 위해 '적당한' 수준으로 가동하던 11 지역은, 지속적인 모니터링 과정에서 결핍되어 있던 정보가 채워짐을 인지하고 특정한 '결정'을 보다 확실히 내림으로써 해당 회로를 더 사용(에너지 소모)하지 않게끔 쿨다운되고, 자신의 할 일은 이제 마쳤으니 우 40에게 적절한 수준의 감정 인지 및 공감을 하라는 간접적 신호를 넌지시 보낸 뒤 퇴근하는 것일 수 있다. 다만 연결망 분석이 부재하기 때문에 이는 상상에 근거한다고 말할 수 있다.

측면 안와전두피질 lateral orbitofrontal cortex (LOC)
다양한 고등 기능들과 관련된 것으로 알려진 가장 복잡한 뇌 지역인 내측전전두엽의 일부로서, 해당 지역은 해부학적 위치 및 기능에 따라 다양한 분류들(ventromedial/dorso-lateral 등)이 존재한다. 11 지역은 그중에서도 측면lateral 외측 안와전두피질OFC에 가깝다고 볼 수 있다. 해당 지역은 공감 기능보다는 '의사 결정' 과정 및 '강화 학습' 관점에서 많은 연구가 되어 있다. 부연하자면, 특정 상황에서의 선택 시 얻은 결과값(보상)을 처리하고 이에 따라 최적화된 '기여도에 따른 할당credit assignment'을 조율함으로써 효율적인 의사 결정을 도출하는 데 관여하는 것으로 알려져 있다. 또한 22 지역과 더불어, 사회적 인지 및 인지적 공감(ToM) 상황에서 활성이 관찰되었다. 대조군 그룹 전체의 평균적인 활성 수준에서는 큰 활성 변화가 관찰되지 않았다. 하지만 배두나 배우에서 특징적으로 유의미한 활성 증가가 관찰되었다. 이 현상을 좀 더 자세히 분석하기 위해, 조건 차이를 분해하여 영상만 주어진 상황과 음성 및 자막이 추가로 주어진 상황 각각에서의 평균적인 뇌 활성 변화 패턴을 계산 및 분석했다. 정보가 부족한 상황에서 11 지역이 평균적으로 높은 활성을 보인 것이 아니라, 정보가 충분한 상황에서 해당 지역이 과억제(억제 경향 증가)된 것을 파악할 수 있었다.
따라서 조건 차이(정보가 적은/많은) 분석에서 11 지역의 유의미한 활성값 증가가 관찰된 것은, 정보가 적은 상황(영상만)에서 활성이 평균적으로 평소에 비해 증가했다기보다는, 정보가 추가된 상황에서 오히려 활성이 감소하였기에 상대적인 탈억제(억제 신호를 주는 회로의 약화로 인한 활성 증가, 즉 덜 억제됨. '탈억제'라는 단어를 이 현상에 대입하는 것은 과학적으로 엄밀하지는 못하나, 편의상 임의로 광의의 사용)로 해석할 수 있다.

2. 텍스트

두 번째 실험인 대본 및 기사 읽기에서는 아쉽게도 대조군에서 평균적으로 일관된 공통 지역이 관찰되지 않았고, 1, 2회 차 읽기의 편차가 심하여 엄밀한 비교는 불가능했다. 하지만 과반(두 명)의 대조군과 비교했을 때, 배두나 배우는 대본 읽기 시 쐐기앞소엽precuneus 지역에서 상대적으로 매우 뚜렷한 활성을 보였는데, 이는 정신적인 시뮬레이션, 상상, 타인의 관점 취하기와 관련 있는 곳이다. 한 문헌에서는 실제로 연극 배우가 대본 몰입 시 활성화되는 뇌 지역 중 하나로 보고하면서, '자기 상실loss of self'과의 관련성을 제기한 바 있다. 이는 핵심 결과는 아니지만, 본 실험이 일반 대조군에 비해 연기자로서 배두나 배우가 얼마나 강하게 대본 상황에 몰입 가능한지, 그리고 그때 활성화되는 뇌 부위가 기존에 알려진 곳과 일치하는지 검증해주는 데이터라고 할 수 있다.

결론 및 논의

'보이지 않는 것'을 향한 '능동적 상상'으로 이룩한 공감

종합해보자면, 배두나 배우의 타인에 대한 공감을 이끄는 것은 예민한 감수성보다는 '상상력'일 가능성이 상대적으로 높다고 볼 수 있다. 만약 '예민함'이 배우 배두나의 주기능 차이였다면 대조군에 비해 행동 응답 역시 큰 차이를 보여야 했으나(부족한 정보 상황에서도 대조군에 비해 상대적으로 높은 정서 예측 및 공감), 실제로 상대의 감정을 얼마나 정확히 맞출 수 있었는지를 보여주는 실험 결과상으로는 배두나 배우의 특별함을 확인하기 어렵기 때문이다.

이러한 행동 결과와 달리, 영상을 보며 상대의 감정을 짐작해 느끼고 대본에 몰입하는 과정에서 그녀의 뇌 활성 패턴은 일반인 대조군과 유의미한 차이를 보이는 지역이 여럿 관찰되었고, 이는 공감, 특히 인지적 요소와 관련성이 있는 곳들이 대다수였다. 따라서 '보이는' 행동 수준에서는 특별한 차이가 확인되기 어려웠음에도, '보이지 않는' 이면의 특성, 이를테면 '공감적 상상력' 혹은 '인지적 공감'의 '조절'이 다를 가능성이 있다고 추측해볼 수 있다.

이를 과학적으로 검증하기 위해서는 보다 정교한 실험 디자인이 필요할 것이다. 몇 가지 행동, 뇌 활성 결과들만을 조합함으로써 성급한 결론에 이르는 것은 과학적으로 매우 위험하고 조심스럽다. 하지만 처음 세웠던 가설들의 관점에서 보자면, 배두나 배우의 공감 능력의 비밀은 예민한 감정 인지 능력보다는 '능동적 상상력'과 이를 통한 '인지적 공감 조절 능력'에서 비롯하는 것이 아닐까 짐작된다. 지금 눈앞에 보이는 상황 이면의, 보이지 않는 상대에 대한 빈 공간 속 물음표들을 채우기 위해 적극적으로 애를 쓰는 능력, 그리고 그렇게 완성된 세계(진실이든 거짓이든 관계없이)에 누구보다도 먼저 깊고 빠르게 몰입함으로써 상대 배역, 그리고 관객들마저 자연스럽게 그녀의 세계로 빠져들도록 슬쩍 이끌어주는 능력일지 모른다. 또한 정보를 최대한 정확히 인지 및 해석함으로써 '진실'(실제 상대의 감정)을 더 정확히 예측하는 것보다도, '상상'을 통해 잘 알 수 없고 보이지 않는 타인의 아픔, 이면의 상황을 알아차리기 위해 노력하고 집중하는 편인 것이다.

이런 낯설고 대담한 해석의 생각과 근거를, 두서 없지만 길게 늘어놓지 않을 수 없다. 배우 배두나가 가지고 있을 것으로 '추정'되는, 상대와 마주한 사회적 상황에서 정보가 다소 부족한 경우 그 공백 또는 결핍을 보다 풍부하게 채우고 몰입할 수 있게 해주는 적극적 '상상력'(진실과는 다를 수 있기에)은, 어떠한 사실을 정확하게 인지하거나 예측해야만 하는 상황(범죄인 탐문 등)에서는 사실 큰 도움이 되지 않을 것이라는 점은 솔직하게 먼저 고백하고 시작해야겠다(어쩌면 방해가 되는 상황마저 있을지 모른다). 그러나 상대의 감정을 적절히 인지하고 공감하며 그에 따른 언행을 취함으로써 원활한 소통의 상호 작용을 하기 위한 상황에서, 이를테면 상대 연기자와의 합을 맞추는 배우라는 직업에서 이보다 더 필요한 적절한 능력을 떠올리기란 쉽지 않다. 하지만 나는 이런 배두나의 능력에 대해 배우라는 직업에 한정되고 특화된 쓸모를 넘어 좀 더 넓고 과감한 이야기를 펼쳐보고자 한다.

우리는 필요한 것보다 늘 어느 정도는 부족한(혹은 지나치게 넘쳐남으로써 결과적으로 결핍보다 못한) 정보만을 손에 쥔 채 크고 작은 의사 결정을 하거나 행동을 해야만 하는 상황에 자주 놓이게 된다. 이때 좀 더 많은 정보가 있어 더 좋은 판단과 결정을 할 수 있었더라면, 하는 생각과 후회를 한다. 하지만 유용한 지식을 대량으로 갖추고 예민한 감각 기관으로 다양한 정보를 받아들여 해석해내는 것만큼, 아니 그 이상으로 점차 중요해질 수밖에 없는 능력이 있다. 바로 모호하고 맹랑하며 쓸모 없어 보일 수 있는 유연하고 능동적인 '상상력', 특히 타인에 대한 상상력이다. 머지않아 상당히 많은 인간의 업무가 기계로 대체될 것이라는 걱정과 기대가 혼재한다. 유기체의 한계를 뛰어넘어 높은 해상도의 센서와 뛰어난 패턴 인식이 가능한 최첨단 알고리즘 모두를 갖춘 인공 지능에게 있어, 상대의 얼굴 표정이나 음성 등의 감각 정보를 통해 감정을 추론하는 것은 비교적 쉬운 일에 속한다. 그러나 역설적으로, 단 하나의 정답을 찾는 것과는 조금 결이 다를 수 있는 '상상'과 같은 영역에서 우리는 보다 '인간다운' 특별함을 발견하고 스스로의 가치를 유지할 수 있을지 모른다.
이런 점에서, 배우 배두나는 특별한 첨단 기술이나 명시적으로 기술된 고도의 지식에 의존하지 않고 스스로의 자연스럽고 '인간적인' 태초의 연기에 몰입함으로써 오히려 역설적으로, 미래에 더 의미 있는 배우이자 의미 있는 사람이 될지 모른다는 생각을 해본다. 과거부터 지금까지 그래왔듯, 상상할 수 없을 만큼 까마득하게 먼 미래에도 사회적 동물인 인간의 많은 문제들은 '관계'에서 비롯될 것이다. 상대에 대한 몰이해와 공감의 결핍, 그로 인한 자기 중심적 언어와 행동의 남발, 그리고 이어지는 폭력과 상처 등은 우리를 언제나 소리 없는 전쟁터에 머물게 한다. 인간이 가지고 있는 인지적 한계로 인한 '상상력'의 부재가 타인에 대한 공감을 힘들게 하고 있다. 이를 극복하기 위해 필요한 것은 어쩌면 더 많고 '정확한' 정보나 지식이 아니라, '상상력의 부재'를 채우는 것인지도 모른다. 보이는 이면 뒤의 보이지 않는 상대 및 상황에 대해 적극적으로 이해하고 공감하려는 시도, '정답' 없는 백지를 채우기 위한 노력 말이다. 물론 매 순간 비교적 쉽게 인지할 수 있는 작은 온정이나 눈물, 응원과 같은 종류의 '정서적 공감' 자체도 중요할 것이다. 그러나 그 너머의 '보이지 않는' 능동적이고 인지적 차원의 공감을 가능하게 하기 위해서는 노력이 필요하다. 소리 없이 태고 때부터 이어져 온 길고 긴 보이지 않는 전쟁이 마침내 서서히 종식될지도 모른다는 희망, 그리고 이런 희망의 싹은 공감에 관한 인지적 노력과 상상이라는 작고 낯선 곳에서부터 솟아날지 모른다는 생각. 이런 상상이, 배두나 배우와 함께한 이 긴 여정의 말미에서 피어나 오랜 여운을 남기고 있다.

박정준 / 카이스트 바이오및뇌공학과 박사 과정

Credit (가나다 순)

김선일 / 카이스트 바이오및뇌공학과 박사 과정
Conceptualization: 연구 아이디어 구현을 위한 논의
Software: fMRI 행동 실험 프로그램 제작
Data Curation: 연구 관련 code와 raw data 관리
Investigation: fMRI 실험 수행
Resources: 대조군 피험자 섭외 공고 진행

박정준 / 카이스트 바이오및뇌공학과 박사 과정
Conceptualization: 연구 아이디어 구현을 위한 논의
Methodology: 실험 설계
Investigation: fMRI 실험 수행
Analysis: fMRI 데이터 분석
Writing: 보고서 작성

백은하 / 백은하 배우연구소 소장
Conceptualization: 연구 아이디어 제공 및 피드백
Writing: 보고서 내용 검토 및 수정

정재승 / 카이스트 바이오및뇌공학과 교수
Supervision: 프로젝트 관리 감독 및 조언

최병혁 / 카이스트 뇌인지공학프로그램 석박사 통합과정
Conceptualization: 연구 아이디어 제공(영상 감상 실험 관련) 및 구현을 위한 논의
Methodology: 실험 설계
Investigation: fMRI 실험 수행
Resources: 대조군 피험자 섭외 인터뷰 및 선발

도움
김주연 / 청주 한국기초과학지원연구원 오창센터 MRI 연구동 연구원
송영조 / 카이스트 바이오및뇌공학과 박사 과정
신우리 / 카이스트 뇌인지공학프로그램 석박사 통합과정
임동미 / 카이스트 fMRI 센터 연구원
정재은 / 영화감독

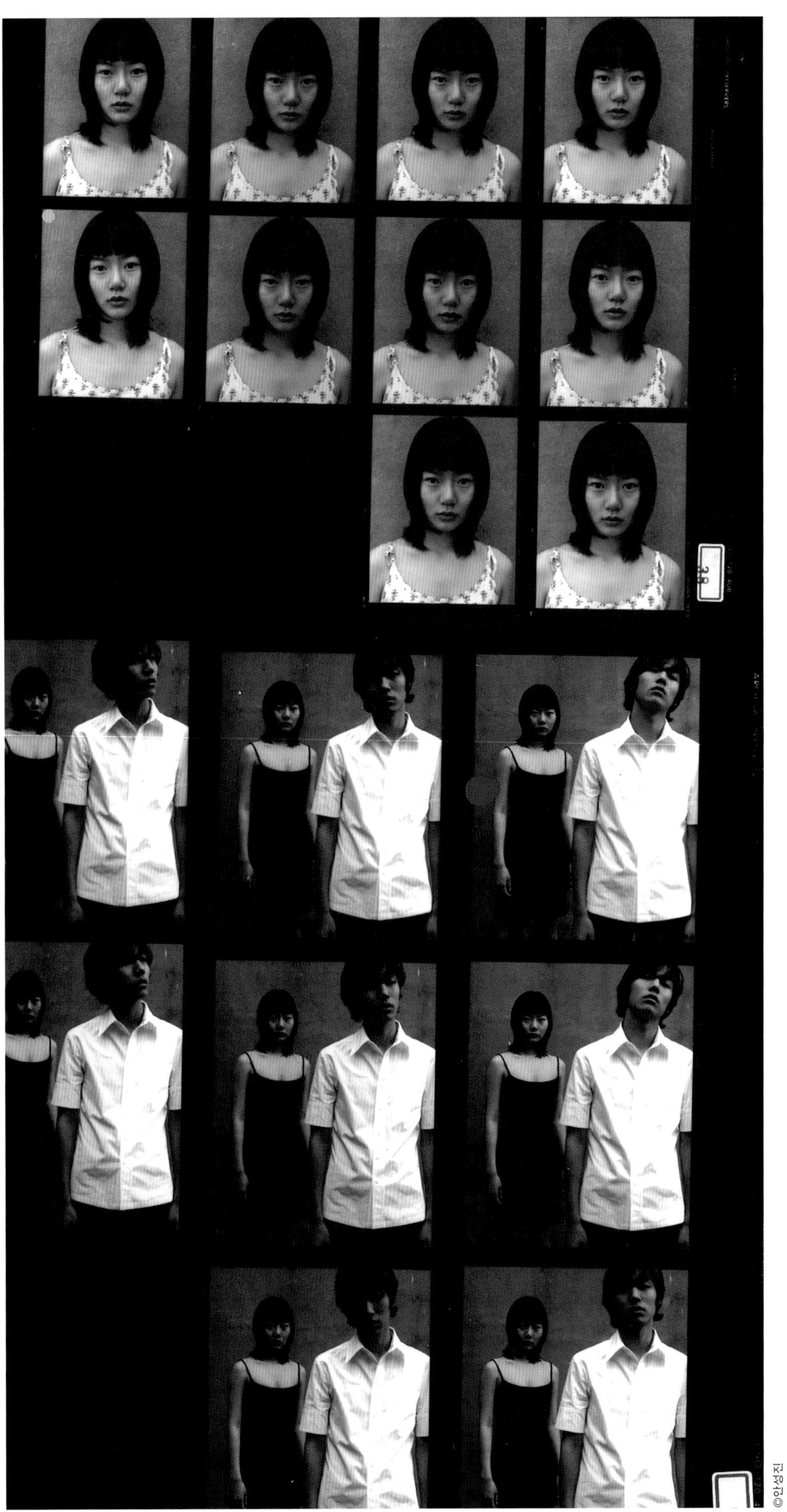

©안성진

ICON

세기말 아이콘, 트렌드 세터, 루이비통의 뮤즈

ⓒ안성진

배두나의 최초 발굴지는 서울시 강남구 압구정동이었다. 1998년 1월, 대학교 수시 합격 통보를 받고 홀가분한 마음으로 로데오 거리를 걷던 고3 학생 배두나를 누군가 불러 세웠다. 그리고 그 사람이 건넨 의류 브랜드 '쿨독'의 명함 한 장은 19년간 숨겨져 있던 배두나라는 원석을 세상으로 캐냈다. 1990년대 말, 스타들은 오디션 프로그램이 아니라 길거리에서 탄생했다. '김민희는 학교 앞에서 에이전시 직원에게… 배두나, 이나영은 압구정동'*에서 각각 '로드 캐스팅'되었다. "청소년들 사이에선 거리 캐스팅을 기대하며 주말마다 예쁘게 차려입고 서울 명동이나 압구정동을 배회하는 게 유행"**이라는 기사가 나오기도 할 정도였다. 매니지먼트사 직원, 브랜드 담당자들은 학교 앞, 압구정 맥도날드 앞, 동대문 밀리오레 앞을 수시로 체크하며 새로운 천 년을 장식할 새로운 얼굴 찾기에 열을 올렸다. 1998년 3월, 배두나의 얼굴이 실린 '쿨독'의 카탈로그가 세상에 나오자마자 업계가 분주해졌다. 170센티미터가 넘는 큰 키에 긴 팔다리, 작은 얼굴 속에 묘한 무표정을 담고 있는 이 독특한 신인에 대한 궁금증과 관심은 바로 하이틴 패션 잡지와 패션 브랜드로 이어졌다. 반년도 채 흐르지 않아 배두나는 1998년 7월의 「키키」 커버걸이 되었다. 11월호 「유행통신」은 표지 사진과 함께 '두나의 패션 24시'를 따라갔다. 「신디 더 퍼키」는 핑크색 단발머리의 배두나를 1999년, 신년호의 얼굴로 내세웠다. 그리고 '쿨독'을 시작으로 MK, I.N.V.U, 개그, 감, 옹골진 등의 브랜드 카탈로그 촬영 역시 쉬지 않고 이어졌다.

'중철지'가 찍어낸 내 옷장 안의 친구

1994년 10월 「쎄씨」가 창간하면서 여성 잡지 시장은 새 시대를 맞이했다. 흔히 '목침'으로 비유되는 두꺼운 여성지가 아닌 이른바 '중철지 시대'를 맞이한 것이다. 가격도 두께도 그리고 타깃층의 연령도 반으로 줄인 10대 후반 여성들을 위한 잡지는, '두께 3백 쪽 내외, 가격 3천 원에 가운데를 스테이플러로 찍은 중철제본'★★★의 가벼움과 발랄함으로 잡지 시장을 뒤흔들었다. 중앙일보사가 '제2의 창간'★★★★으로 삼았던 「쎄씨」 창간호는 발매 하루 만에 15만 권이 완전 매진되었고 그 판매 부수는 2년 후에 60만 부 규모로 커졌다. 전통의 신문, 잡지사들도 이 유행에 바로 동참했다. 경향신문사의 「휘가로」(94년 11월), 서울문화사의 「에꼴」(95년 5월), 동아일보사의 「레츠」(95년 10월)와 함께 「유행통신」(98년 3월), 「키키」(98년 4월), 「신디 더 퍼키」(98년 5월) 등의 잡지가 연이어 창간되었다. 10대를 타깃으로 해 20대 초반 여성들까지 아우르는 이 잡지들은 패션과 기초화장법 등 20세 전후 미혼 여성에게 필요한 모든 정보를 깨알 같은 글씨와 오려 붙인 듯한 사진들로 전달했다. 가격별·체형별로 옷 입기 예시를 보여주고, 온갖 브랜드에서 뽑아낸 몇십 종의 부츠 가격과 디테일을 비교하기도 했다. 남대문 상가부터 동대문 새벽시장까지 쇼핑 스폿을 소개하는 데 그치지 않고 연애 운, 다이어트, 성형 수술, 해외 배낭여행, 분위기 좋은 카페, '취업률 높은 전문대 정보'★★★★★까지 실용적이면서도 다양한 관심사를 빽빽하게 담아냈다. '두나만의 패션 노하우를 몽땅 공개할게!' '두나 옷장은 아방가드르의 천국, 알 만하지?'처럼 친구와 대화하듯 반말로 친절한 제안들을 건넸다.

교복에서 벗어나 자신만의 패션 안목을 만들어가던 세대들에게 하이틴 패션 매거진과 합리적인 가격 및 디자인으로 승부를 거는 국산 패션 브랜드들은 둘도 없는 친구가 되어 시너지를 냈다. 「휘가로」와 청바지 브랜드 '잠뱅이'가 손잡고 모델 선발 대회를 열고, 브렌따노와 「에꼴」은 이탈리아 화보 촬영을 걸고 새로운 모델을 찾았다. 의류 회사 신원은 「신디 더 퍼키」 창간 후 함께 전속 모델을 찾았다. 배두나를 비롯해 김민희, 전지현, 임수정, 신민아(당시 양민아), 공효진, 이나영, 송혜교, 김효진 등의 배우들은 모두 이 시기에 등장했고, 하이틴 패션 잡지를 사면 가장 자주 만날 수 있는 모델이자 친구가 되었다. 일단 잡지와 의류 카탈로그를 통해 얼굴을 알리고 나면 광고나 드라마, 영화 쪽에서 캐스팅 의뢰가 들어오는 순서로 이들은 활동을 시작했다. 10대부터 20대 초반이 대부분이었던 잡지 모델 출신 스타에 대해 당시에는 "늘 새것"을 찾는 대중의 싫증 때문에 "22살~23살만 되면 퇴물이 되고 마는 세태가 두렵기도 하다"★★★★★★며 우려하는 시선도 있었다. 하지만 〈아가씨〉에 이어 〈밤의 해변에서 혼자〉로 2017년 제67회 베를린 국제영화제 여우주연상을 받은 김민희를 비롯해 〈킹덤: 아신전〉 〈지리산〉의 전지현, 〈갯마을 차차차〉의 신민아, 〈멜랑꼴리아〉의 임수정, 〈지금, 헤어지는 중입니다〉의 송혜교, 그리고 〈고요의 바다〉의 배두나로 이어지는 2021년 드라마 라인업만 보아도 그것은 전혀 필요 없는 우려이자 '기우'였음이 판명되었다.

★ 김민경, '"나 떴어요" N세대의 샛별들', 「주간동아」, 1999.11.18, 209호, pp. 64~66

★★ 권태호, '광고계 새바람, '꽃'이 되고픈 10대들', 「한겨레신문」, 1999.10.28, 17면

★★★ 이후남, '잡지를 보면 21세가 보인다', 「중앙일보」, 1996.12.14, 39면

★★★★ 「중앙일보」, 1994.09.27.

★★★★★ 「휘가로」, 1997년 1월호

★★★★★★ 권태호, '광고계 새바람, '꽃'이 되고픈 10대들', 「한겨레신문」, 1999.10.28, 17면

아트 디렉터 장명진

"오히려 그 시대가 배두나 같은 얼굴과 존재감을 간절하게 필요로 했던 거예요."

장명진 '스튜디오 심&장' 대표

콘텐츠 제작자

쿨독 카탈로그 아트 디렉터

©사이이다

배두나는 1998년 3월 보성인터내셔날의 의류 브랜드 '쿨독(COOLDOG)'의 카탈로그 모델로 데뷔했다. 당시 쿨독의 아트 디렉터로 일했던 장명진 대표는 처음 배두나를 발굴해 이 세상에 선보인 사람이다.

"'쿨독'에서 일하기 전 '292513=STORM'이라는 브랜드에 있었는데요. 당시 모델들에 대한 반응이 아주 좋았죠. 그래서 '쿨독' 카탈로그도 그런 느낌으로 모델을 찾아보자는 이야기를 하게 되었어요. 98년에는 '길거리 캐스팅'이 정말로 빈번히 이루어지는 상황이었는데, 아마도 압구정 로데오 거리로 기억해요. 저희 스태프 중 한 명이 길을 가고 있는 두나 씨를 본 거예요. 정말로 괜찮은 얼굴이라는 생각이 들어서 사무실로 와보라고 했죠.

이제 막 스무 살이 된 학생이었는데도 상당히 스타일리시하고 시크한 매력이 있었어요. 그런데 막상 말을 시작하면 너무 살갑고 귀여웠죠. 90년대 중반까지만 해도 전형적으로 예쁘장하게 생긴 얼굴들을 선호했다면, 이 시기가 두나 씨처럼 새로운 얼굴을 막 찾을 때였어요. 외양으로 봤을 때는 현재 유행하는 얼굴이라기보다 앞으로 유행할 얼굴이겠다, 라는 느낌이 들었죠. 프로포션도 좋고, 몸이 마른 편이지만 기존 패션모델 같지는 않고, 그렇다고 풍만한 여성의 느낌도 아니고, 소년 같은 분위기였달까. 전문 모델 같은 이미지보다는 길에서 만날 수 있는 아우라 있는 청춘의 아이콘 같았죠. 저희가 딱 그런 느낌을 찾고 있었거든요. 당시 안성진 포토그래퍼와 촬영을 했는데 되게 독특한 얼굴이라고 얘기했던 기억이 나요. 앞으로 배우를 할 거라고 해서 괜찮겠다, 잘하겠다고 생각했어요.

90년대 말은 일단 비행기 타고 해외로 나가서 외국 모델들과 촬영을 해야만 패션과 트렌드를 선도한다고 믿었던 분위기가 서서히 끝나가던 때였어요. 그 자리를 젊은 세대의 목소리를 대변하고 그들의 진짜 스타일을 표현하는 젊은 의류 브랜드가 담당했죠. 그렇게 새로운 한국 토종 브랜드들과 새로운 세대의 모델들이 여러 유행의 중심에 서게 되었던 것 같아요. 이런 변화는 어떤 면에서 보면 IMF의 영향이자 결과이기도 했어요. 그 전까지만 해도 한국 브랜드라도 한국 모델을 쓰는 경우가 많이 없었는데, 현실적으로 예전처럼 자유롭게 외국 촬영을 할 수 없는 상황이 닥친 거죠. 여기에 브랜드의 다양화가 서서히 시작되면서 기존의 남녀에 대한 전형적인 이미지 역시 자연스럽게 깨지기 시작하던 시기기도 했어요. 되게 작은 옷도 입고, 극단적으로 넓은 옷도 입고, 여자아이들이 매니시하게 입기도 하면서 패션이 다변화되던 상황이었죠. 제가 배두나를 캐스팅했다기보다는 그 시대가 배두나 같은 얼굴과 존재감을 간절하게 필요로 했던 거예요. 오히려."

패션 에디터 엄효신

"종이 잡지의 지면을 꽉 채우는, 힘 있는 모델이었죠."

엄효신

패션 에디터

「쎄씨」「키키」「슈어」「위드」

1998년 7월 호 「키키」로 배두나는 첫 잡지 표지를 장식했다. 「키키」를 인연으로 이후 다양한 패션 잡지를 통해 협업했던 에디터 엄효신은 "패션지를 도배하던 시절"의 '모델 배두나'를 가장 가까이서 지켜본 목격자다.

"배두나는 등장 때부터 또래들의 엄청난 지지를 받던 모델이었어요. 「키키」는 당시 '18세'를 메인 타깃으로 창간되었는데, 그달 잡지가 나오면 포스터 구하려고 서점으로 달려가거나 아예 스튜디오로 찾아오는 팬들도 많았어요. "두나 누나 오늘 촬영하냐"며 끝날 때까지 기다리거나, 사인 받아 가면서 "두나 언니 봤다"고 흥분하는 학생들이 정말 많았죠. 잡지 사진을 오리고 스티커도 붙이고 열심히 다이어리를 꾸미던, 그때는 정말 국내 잡지 전성시대였잖아요. 당시엔 저 역시 거의 매달 두나와 촬영을 했던 것 같아요. 한창 바쁠 때는 몇 달 치 스케줄이 미리 잡힐 만큼 바빴는데도 제가 다른 잡지로 옮겨도 시간을 내서 달려와줄 만큼 의리 있는 친구였죠.

두나는 '쿨독' 카탈로그 모델로 등장하자마자 각종 브랜드와 패션지에서 함께 일하고 싶어 하는 모델 1순위가 되었어요. 포토그래퍼들도, 스타일리스트들도 다 사랑했죠. 일단 옷을 입는 순간, 포즈를 빠르게 파악하는 느낌이 들었어요. 단순히 옷을 잘 소화한다기보다는, 잘 표현한다는 말이 정확할 거예요. 옷이 가진 아름다움을 한눈에 알아보고, 그걸 최대한 살릴 수 있도록 움직이는 거죠. 만약 옷의 디테일이 어깨 라인에 있다면 입는 순간부터 그 어깨의 디테일을 잘 살릴 수 있는 포즈를 스윽 취하면서 카메라 앞으로 걸어오곤 했으니까요. 아! 이 친구는 옷을 이해하려 하는구나, 라고 생각했던 것 같아요. 즉각 떠오르지 않을 때면 이 옷은 좀 어렵다… 하면서 계속 몸을 움직이고 이리저리 걸어보면서 표현법을 금세 찾아나갔죠. 그래서 유독 이건 두나가 입어야 되겠다, 두나가 표현해야 된다, 는 옷들이 많았어요. 브랜드 화보를 단독으로 몇 페이지씩 끌고 가기도 했는데 혼자 있어도 스튜디오를 꽉 채우기 때문에 굳이 다른 모델을 더 세워야 한다는 생각이 전혀 들지 않았어요. 종이 잡지 시절의 배두나는 찍으면 지면을 꽉 채우는 힘이 있는 모델이었죠. 명민하고 스타일리시하고 열정도 있고, 무엇보다 감각이 있었죠. 일한 지 채 몇 달이 되지 않은 모델이 카메라와 포즈를 파악한다는 건 기술보다 결국 타고난 감각이 남다른 거라고밖에 볼 수 없는 거죠. 당시는 '아방가르드'가 막 유행할 때였는데, 어느 날 두나가 너무나 '아방한' 스커트를 입고 온 거예요. 와, 이거 뭐야? 라고 물었더니 엄마 옷이라고 하더라고요. 어머니가 워낙 스타일리시하시고 모녀가 거의 사이즈가 같아서 딸이 입어도 좋겠다며 사 오셨다고. 아무래도 그 감각은 어머니 영향이 큰 것 같아요.

저를 비롯해서 두나를 예뻐하는 기자들이 참 많았어요. 사진 찍는 걸 지켜보면서 나중에 연기하면, 배우 하면 잘할 거라는 이야기를 많이 했었죠. 모델보다는 배우로서의 활동이 더 많아지면서 예전만큼 자주 만날 수는 없었지만 새 드라마, 새 영화가 나오면 잡지 만드는 사람들끼리는 이번에 보니까 더 컸더라, 정말 잘됐으면 좋겠다, 하며 진심으로 응원했던 기억이 나요. 특별한 사람이었죠. 같이 일했던 모든 사람들에게 그런 기억, 그런 마음을 갖게 되는 건 아니니까요."

세기말의 얼굴,
세기말의 우상

"매일 아침 일곱 시 삼십 분까지 우릴 조그만 교실로 몰아넣고 전국 구백만의 아이들의 머릿속에 모두 똑같은 것만 집어넣고 있어…." 서태지와 아이들의 노래 '교실 이데아'에 맞춰 교실에서 학생들이 춤을 추는 모습으로 시작되는 드라마. 어느덧 〈학교 2021〉로 이어지는 20년 전통의 시리즈로 자리 잡은 1999년 〈학교〉는 배두나의 드라마 데뷔작이었다. 학원 드라마의 특성상 많은 신인 배우들이 등장하지만 최강희, 장혁, 안재모, 박시은, 양동근, 이재은과 함께 출연한 배두나는 비교적 주변부 캐릭터였다. 교실 뒷자리에 삐딱하게 앉아 있다가도, 마음에 드는 남학생에게 "나 이 재수 없는 얘랑 사겨."라며 먼저 손을 덥석 잡아버리는 적극적인 여학생 '두나'의 쿨한 매력과 함께 배두나는 빠른 속도로 10대들의 워너비로 떠올랐다. 방영과 함께 커져가는 배두나의 인기에 따라 '두나'의 분량은 점점 늘어났다. 급기야 7회부터는 배두나가 주로 이끌어가는 에피소드가 만들어지기도 했다. 〈학교〉에 바로 이어진 드라마 〈광끼〉에서는 원빈과 함께 주연으로 캐스팅되었다. 잡지 모델을 병행하고 라디오 DJ, 가요 프로그램 MC까지 맡으면서, 배두나의 헤어스타일, 배두나의 패션, 배두나의 태도까지, 배두나의 모든 것이 유행의 중심에 자리 잡았다. '머리에서 발끝까지-'라는 카피와 함께 철제 토스터 안에서 바삭하게 튀어 올라 구름까지 날아가는 동대문 패션의 대명사 '밀리오레' 광고와, 모노톤의 화면에 허밍으로 노래를 부르며 "편하지 않으면 살 수 없다"고 무표정한 얼굴로 말하는 '테크노마트' 광고 속의 배두나는 몰개성과 순응의 세기가 완전히 끝났음을 선언하는 듯했다. 배두나라는 이름 앞에는 '귀여운' '사랑스러운' 혹은 '연약한'이 아니라 '자유로운' '신비로운' '반항기 가득한'이라는 수식이 먼저 붙었다. '걸어 다니는 세기말'★ 혹은 '세기말의 우상'★★이라고 불렸던 배두나는 기성세대에겐 새 천 년 직전에 등장한 신비한 돌연변이로, 10대·20대에게는 따라 하고 싶고 따라 놀고 싶은 또래의 아이콘으로 자리 잡았다.

★ 이승헌, '도발… 퇴폐… 걸어 다니는 '세기말'', 「동아일보」, 1999.07.19, 13면
★★ 김희연, '그 표정과 몸짓도 세기말의 우상 만능 엔터테이너 배두나', 「경향신문」, 1999.04.27, 29면

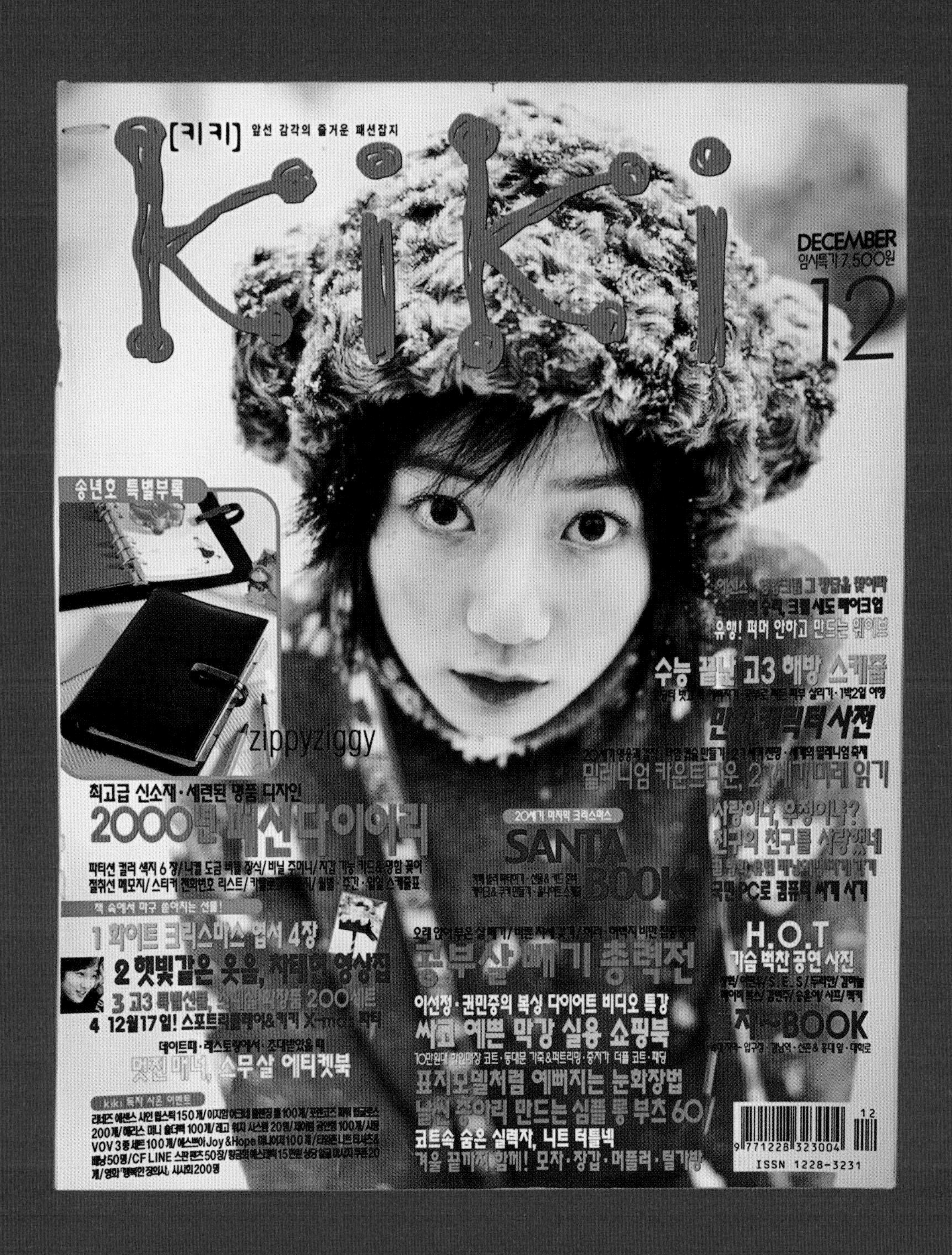
[키키] 앞선 감각의 즐거운 패션잡지
kiki
DECEMBER
임시특가 7,500원
12
송년호 특별부록
zippyziggy
최고급 신소재 · 세련된 명품 디자인
2000년 패션다이어리
책 속에서 마구 쏟아지는 선물!
1 화이트 크리스마스 엽서 4장
2 햇빛같은 웃음, 차태현 영상집
4 12월17일! 스포트리플레이&키키 X-mas 파티
데이트때 · 레스토랑에서 · 초대받았을 때
멋진 매너, 스무살 에티켓북
kiki 독자 사은 이벤트
유행! 퍼머 안하고 만드는 웨이브
수능 끝난 고3 해방 스케줄
밀레니엄 카운트다운, 21세기 미리 읽기
사랑이냐, 우정이냐?
친구의 친구를 사랑했네
20세기 마지막 크리스마스
SANTA BOOK
공부살 빼기 총력전
이선정 · 권민중의 복싱 다이어트 비디오 특강
싸고 예쁜 막강 실용 쇼핑북
10만원대 할인매장 코트 · 동대문 가죽&퍼트리밍 · 중저가 더플 코트 · 패딩
표지모델처럼 예뻐지는 눈화장법
날씬 종아리 만드는 심플 롱 부츠 60
코트속 숨은 실력자, 니트 터틀넥
겨울 끝까지 함께! 모자 · 장갑 · 머플러 · 털가방
H.O.T
가슴 벅찬 공연 사진
BOOK
9 771228 323004 12
ISSN 1228-3231

싸이월드, 블로그, 놀이
그리고 인스타그램

돌이켜보면 2000년대 초반은 철저하게 계획되고 정교하게 세공된 이미지들로 스타와 배우를 관리하던 거대 매니지먼트사의 시대였다. 하지만 그 시절에도 배두나는 중간 필터를 거치지 않고 자기 목소리를 직접 전달하는 데 거리낌이 없었다. 하이텔과 나우누리 등의 PC통신 시대를 지나 자유롭게 인터넷을 가지고 노는 '디지털 문명 세대', 데뷔 초 배두나는 'N세대'★의 대표 주자로 불렸다. '싸이월드=흑역사'라는 등식은 배두나에게 적용되지 않았다. 아끼는 카메라 기종인 'CONTAX G2'에 대한 사랑을 주소에 담은 배두나의 싸이월드cyworld.com/g2lover는 '눈물 셀카'나 '허세샷' 같은 감정 표출이나 과시보다는 자신의 분명한 취향을 드러내는 통로가 되었다. 트렌드, 패션, 핫 플레이스, 취미, 여행 등 배두나가 놀러 간 곳, 먹는 것, 걸치는 것들은 지금 당장 유행하는 건 아니지만 곧 유행할 것 같은 예감이 들었다. 그래서 배두나가 어딜 가서 뭘 먹는지, 뭘 하는지 당장이라도 따라 하고 싶어지는 심리를 자극했다. 인스타그램 같은 SNS와 유튜브 같은 1인 미디어의 물결이 당도하기 훨씬 전부터 이미 배두나는 타고난 트렌드 세터로서의 감각으로 싸이월드의 기능을 바꾸어놓았던 셈이다. 네이버 블로그 '불친절한 두나 씨'blog.naver.com/hnpl46에서는 조금 더 커진 창으로 대중들과 소통했다. 영화 리뷰나 맛집 리뷰처럼 목적이 분명한 블로그로 운영하기보다는 자신의 일상을 툭툭 던져놓은 글과 사진으로 배두나만의 감성을 대중들에게 '다이렉트'하게 전달했다. 그 가운데 영화나 드라마 현장에서 직접 찍은 비하인드 컷을 공유함으로써 작품에 대한 궁금증을 자연스럽게 증폭시키는 '내추럴 본 마케터'로서의 기질도 보여주었다. 어느 날 훌쩍 카메라를 들고 런던으로, 도쿄로, 혹은 가까운 동네로 떠나 사진도 찍고 친구도 만나고 글도 썼다. 그렇게 쌓인 배두나만의 여행 방법과 여행의 기록은 『두나's 런던놀이』 『두나's 도쿄놀이』 『두나's 서울놀이』까지 3권의 시리즈로 이어지며 서점으로 향했고 반 발짝 빠른 감각으로 기존 출판계를 놀라게 하며 베스트셀러로 자리 잡았다. 사실 '두나의 도시 놀이' 시리즈는 처음엔 "여러 대형 출판사에서 거절당한 기획"이었다. 하지만 배두나에게는 "이런 것이 새로운 놀이 문화가 될 거라는 확신"이 있었다. 배두나의 책을 따라 이후 연예인들의 출판 러시가 이어지기도 했고 유사한 여행 책들의 유행을 이끌기도 했다. 케이블 드라마, 넷플릭스처럼 그 시기 새로운 플랫폼에 누구보다 먼저 도전하는 이유에 대해 "이미 안정적인 상태가 되었을 때 따라서 출연하는 건 누구나 다 할 수 있다"는 대답은 배두나가 트렌드를 이끄는 이유를 역으로 설명한다. '놀이 시리즈'를 3권에서 끝낸 이유 역시 "누구나 할 수 있는 걸 이제 더 이상 하고 싶지 않아서"였다. "그것이 무엇이든지 이왕 하려면 솔직하게 해야 하고 그렇게 했을 때만 재미있다"는 배두나의 확고한 놀이 철학은 "한꺼번에 이미지가 소비되는 것"에 대한 경계 역시 늘 동반하고 있다. 지금은 "영상보다는 사진이 좋아서" 유튜브보다 인스타그램@doonabae을 통해 팬들과 소통하는 배두나는 "인스타도 필모그래피처럼 관리"하는 중이다. 개인 계정이 친구들에게 "나 요즘 이렇게 살고 있어, 먹고 있어" 하는 안부의 느낌이라면 오피셜 계정은 소통의 장이라기보다는 딱 열었을 때 이 사람이 어떤 사람인가 한눈에 보이는, "나라는 사람을 설명하는 엄선된 아카이빙이자 기록"이라고 말한다.

★ 김민경, '"나 떴어요" N세대의 샛별들', 「주간동아」, 1999.11.18, 209호, pp. 64~66

스타일리스트 박세준

"트렌드를 읽는 건 본능이 아닐까요?"

박세준

스타일리스트

잡지, 광고, 드라마 〈비밀의 숲〉 〈최고의 이혼〉 등

배두나를 비롯해 강동원, 수지, 정은채, 김서형 등 대한민국 대표 배우들의 스타일을 책임지고 있는 박세준은 과감한 동시에 미니멀한 룩으로 정평이 나 있다. 배두나는 지난 10년을 함께한 박세준 스타일리스트에 대해 "빼기의 달인"이라고 설명한다.

"우연히 잡지 화보를 같이 했는데, 이후에 먼저 연락을 주셨어요. 본격적으로는 2010년 MBC 〈글로리아〉라는 드라마로 같이 일하기 시작했죠. 매거진 화보, 광고 에디토리얼, 컬렉션 스타일링, 드라마까지, 영화 빼고는 거의 다 저와 함께한 것 같아요. 배두나라는 모델은 일단 옷에 대한 이해도가 너무 높은 건 물론이고, 옷을 해석하는 방식도 남달라요. 입을 때까지는 당연히 페미닌한 포즈를 할 거라고 생각했는데, 의외로 다리를 와이드하게 벌린다거나 하는 식이죠. 그런데 그 표현이 다 맞아요. 말하자면 예상하고 원했던 방향대로 포즈를 취할 때도 충분히 아름답게 나오는데, 생각하지 못했던 방향으로 갈 때는 와, 저렇게 표현이 되는구나 하면서 감탄하게 되죠. 루이비통의 경우도 한국에서 배두나만큼 그 브랜드 옷이 어울리는 사람이 없다고 생각해요. 그간 영화제나 시상식용 맞춤 드레스는 거의 외국 배우들을 위한 기회였어요. 너무 속상하지만, 동양 배우를 위해 만들어지는 경우는 거의 없었죠. 하지만 배두나만은 예외였어요.

어떻게 사람이 저렇게까지 몸을 자유롭게 쓸 수 있을까, 하는 생각이 들 만큼 배두나는 일단 몸으로 만들어내는 표현력이 너무 뛰어난 모델이에요. 그리고 새로운 옷을 입는 것에 대한 두려움이 전혀 없죠. 사실 지금도 많은 배우들과 일하고 있지만 의외로 기존의 스타일에서 벗어나는 걸 주저해요. 두나 언니는 새로운 스타일에 도전하는 것에 대한 겁이 제일 없는 배우죠. 노출에 대해서도 그래요. 굉장히 민감해하는 분들이 있기 때문에 스타일리스트로서 제안하기도 조심스럽거든요. 하지만 두나 언니는 촬영에 필요한 상황이라면 과감하게 도와주세요. 제가 촬영 때마다 자주 건네는 프라다 블랙 브리프가 있는데, 그건 언니밖에 못 입어요. 다른 사람이라면 "이거 하나만 입어요?" 할 텐데 두나 언니는 "에구, 이거 또 갖고 왔네." 하시죠. 그래서 그냥 두나 언니 것이 돼버렸어요. (웃음) 프라다가 얼마나 짱짱하게 만들었는지 그게 아직 해지지 않았다는 것도 놀랍지만, 더 놀라운 건 10년 전에 입던 브리프가 아직도 잘 맞는다는 거예요. 다리가 전체적으로 긴 데다 종아리와 정강이가 너무 예뻐요. 그리고 평균 아시안 여성에 비해 골반이 큰 편이죠. 머리가 짧을 때 더 두드러지는 목 라인도 정말 아름답고요. 좋은 스타일 이전에 일단 몸이 너무 예쁘기 때문에 아무거나 입혀놓아도 그냥 착착 다 어울린다, 는 게 팩트인지도 몰라요.

언니는 진짜 가만있지 않는 스타일이거든요. 뭐 하나에 꽂히면 끝장을 본다고 해야 하나. (웃음) 베이킹이든 뜨개질이든 일단 시작하면 이 빵 저 빵 다 굽고, 모자부터 목도리까지 다 떠버리죠. 정말 깊게 깊게 파고들어 가요. 요즘 새로 나온 브랜드, 새로운 유행, 맛집 같은 걸 다 파악하고 있어요. 예를 들어 어떤 요거트가 맛있다는 이야기를 들었는데, 언니는 이미 찾아내서 차 안에서 그걸 먹고 있어요. (웃음) 어쩌면 트렌드를 읽는 건 본능이 아닐까요? 솔직히 한 시대의 패션 아이콘이 된다는 것도, 패션에 대한 관심도 필요하지만 타고나야 되는 것 같거든요. 굳이 노력하지 않아도 본능적으로 옷을 잘 입는 사람들이 거의 패셔니스타가 된다고 생각해요. 하지만 본능이 본능에서 그치지 않고 트렌드로 연결될 수 있는 건, 무엇에든 열려 있는 마음 때문일 거예요. 두나 언니는 꼭 패션뿐 아니더라도 뭐든지 받아들이겠다는 열린 태도가 있거든요. 나이가 들면 들수록 점점 안 되는 것이 그런 건데, 배두나는 여전히 새로운 사람을 만나는 것도, 새로운 환경도, 불쑥 어디론가 떠나는 것에도 좀처럼 두려움이 없는 사람이죠."

패션 포토그래퍼 목정욱

"세월이 흘러도 파악되지 않는 선도 높은 매력"

목정욱

사진가

잡지 「W」「엘르」「마리 끌레르」, 조르지오 아르마니 뷰티 등

목정욱은 다양한 매거진 화보와 커머셜 작업을 통해 배두나를 담아온 패션 사진가다. 그의 카메라는 때론 나른한 고양이 같은 몸의 움직임, 때론 기품 있는 눈의 드라마를 쫓으며 좀처럼 파악되지 않는 배두나의 매력의 근원을 향해 가는 중이다.

"순수 사진을 찍는 전업 작가를 꿈꾸다 2012년 우연히 시작한 패션 사진의 재미에 빠져버렸죠. 패션이나 매거진 촬영이 요구하는 속도감이 저에겐 전혀 버겁게 느껴지지 않았어요. 서로 다른 분야의 사람들이 모여서 옷에 대해 제안하고, 아이디어를 나누는 공동 작업이 오히려 좋았죠. 두나 씨와는 2013년 즈음부터 만난 것 같아요. 그해 12월 「슈어」 표지를 찍었는데, 회색 백그라운드에 고양이처럼 앉아 있는 사진이었어요. 분명 앉아 있긴 한데 털썩 자리 잡고 앉아 있다기보다는 당장이라도 일어날 것 같기도 하고 다른 포즈로 옮기기 직전 같기도 하고, 예상할 수 없는 묘한 순간이었어요. 모델들마다 저마다 성향이 다른데 두나 씨는 한 포즈, 한 포즈, 딱 멈춰 있는 게 아니라 계속 움직이는 스타일이에요. 그래서 진짜 생명체를 따라가며 찍는다는 생각이 들죠. 포토그래퍼에게 당신만이 포착할 수 있는 순간을 만들어주는 느낌이랄까. 저는 이 옷은 이런 포즈에 이런 동선이었으면 좋겠다고 정확하게 디자인하듯이 가이드해주는 스타일이 아니거든요. 그보다는 큰 바운더리를 제외하고는 최대한 공간을 열어둔 채 모델들의 움직임을 보면서 반응해가며 찍는 스타일이죠. 그래서 두나 씨처럼 현장에서 교감해가며 더 좋은 순간을 찾아나가는 모델과의 작업은 너무나 즐거울 수밖에 없어요.

두나 씨에게는 매니시하거나 중성적인 매력이 있기도 하고, 고양이 같으면서 쿨한 태도도 있잖아요. 하지만 사진을 찍을 때 느껴지는 에너지는 너무나 여성스러워요. 고정관념을 담은 '페미닌feminine'을 뜻하는 게 아니라 오로지 여성만이 가질

© W KOREA, 목정욱

수 있는 섹슈얼한 에너지가 느껴진다는 말인데요. 그 에너지가 대단하죠. 제가 느끼는 배두나라는 모델은 가슴이나 엉덩이가 커비하다는 걸 내세우지 않아도 그 자체로 정말 아름답고 육감적인 몸을 가지고 있어요. 자기 몸을 정확하게 인지한 상태에서 그 움직임과 실루엣을 너무나 잘 쓰는 모델이기도 하죠. 두나 씨는 본능적으로 자기가 어떻게 해야 멋있다는 걸 아는 사람인 것 같아요. 비단 전체 몸의 움직임뿐 아니라 뷰티 촬영처럼 클로즈업으로 들어가 보면 배두나만이 가지고 있는 눈의 호소력 역시 엄청나거든요. 눈을 뗄 수가 없어요. 막 슬픈 것도 아니고 그렇다고 귀엽다거나 뇌쇄적인 것도 아닌데, 그 많은 감정이 혼재된 드라마가 그 눈 안에 있죠. 묵직하면서도 한 편으로는 기품이 느껴진달까.

생각해보면 이미지의 스펙트럼이 되게 넓은 편도 아니고, 외양의 변화가 많은 모델도 아니잖아요. '짧은 단발머리'처럼 배두나라는 이름을 들으면 떠오르는 독보적이고 아이코닉한 이미지 같은 게 분명하게 존재하죠. 그럼에도 불구하고 전혀 피로감이 느껴지지 않은 채 배두나가 이 시장에서 지속적으로, 게다가 활발하게 작동할 수 있는 이유는, 좀 추상적으로 들릴 수도 있겠지만, 결국 '매력'이라는 생각이 들어요. 모델과 포토그래퍼로 10년 가까이 작업을 하다 보면 서로 파악돼버린 부분이 있게 마련이거든요. 익숙한 촬영 방식이나 즐겨 취하는 포즈처럼, 신선함이 사라지고 어떤 부분은 뻔하다고 느끼게 되죠. 그런데 두나 씨와의 작업은 매번 새롭고 프레쉬한 느낌이 들어요. 그렇다고 특별히 바뀐 것도 없는 것 같은데 말이죠. 20년이 넘는 경험과 경력을 가진 배우이고 더 이상 어린 나이도 아닌데 전혀 중년 여성, 중견 배우라는 느낌이 들지 않잖아요. 침체되거나 정체된다는 느낌도 없죠. 그런 신선함을 유지한다는 게 어떻게 가능할까요? 결국 이 사람만이 갖고 있는 모델로서의, 배우로서의, 또한 사람으로서의 매력이라는 말 외에는 설명이 안 되는 것 같아요."

배두나만의 런웨이

'인간 루이비통'으로 불리는 배두나는 패션 브랜드의 '엠버서더ambassador'라는 개념을 한국에 가장 대중적으로 알린 사람일 것이다. 지금까지 해외 명품 브랜드와 스타의 관계라는 것이 특정 브랜드를 선호해서 자주 입거나, 유가 광고를 찍거나, 레드 카펫, 행사장, 방송 등에서 입고 걸치던 '협찬'의 개념이었다면, 엠버서더는 하나의 브랜드의 철학과 세계관을 알리는 브랜드 '대사' 역할을 한다. 한 명의 배우나 가수, 셀러브리티가 특정 브랜드를 상징하는 방식은 한국에서는 배두나 이후 형성되었다고 해도 과언이 아니다. 그 시작에는 '배우 배두나'의 팬이었던 루이비통 아티스틱 디렉터 니콜라 제스키에르가 있다. 니콜라 제스키에르는 배두나의 당당하고 현대적인 여성상을 흡수하고, 자신의 컬렉션에서 〈괴물〉에서 입고 나온 남주의 트레이닝복에 영감을 받은 스포티한 드레스를 선보였다. 패션에 대한 관심과 흥미는 언제나 많았지만 "패션쇼 자체에 대해서는 그닥 관심을 못 느꼈다"는 배두나는 니콜라 제스키에르를 만나면서 패션쇼를 "인생에서 꼭 한 번은 직관할 가치가 있는 예술"로서 받아들이게 되었다. 특히 루이비통과 현대미술 작가 제프 쿤스와 협업했던 2017년, 프랑스 루브르 박물관의 모나리자 방에서 300~400명의 사람들이 함께 저녁 식사를 했던 경험과, 터널부터 다리, 무대, 계단까지 무려 700미터 넘게 런웨이가 이어졌던 2018년 교토 미호 미술관의 크루즈 쇼는 배두나에게 "하나의 새로운 세계"가 열리는 감흥을 안겨주었다. 배두나는 특히 니콜라 제스키에르의 작품들이 모두 루이비통의 과거 레거시와 닿아 있고 그 전통을 담고 있다는 점에서 흥미를 느꼈다. "과거를 가져오지만 답습하기보다는 그것으로 새로운 비전을 제시하는" 니콜라 제스키에르의 작품 세계를 5년 넘게 지켜보면서 자신 역시 "전국을 여행하며 한국의 다양한 장인들을 만나고 싶다"는 꿈을 품게 되었다. 23년 전, 지난 세기의 마지막 길 위에서 발견된 열아홉 모델은 이제 패션과 영화에서 받은 영감의 주단을 깔고 그 누구도 간 적 없는 배두나만의 런웨이로 향하는 중이다.

© Seoul Fashion Week

니콜라 제스키에르

"강인함과 결단력, 용기 있는 선택으로 단련된 '현대판 전사'의 정의"

© LOUIS VUITTON

니콜라 제스키에르

Nicolas Ghesquière

루이비통 아티스틱 디렉터

이토록 적극적인 프러포즈를 본 적이 없다. 한 프랑스 디자이너의 인스타그램이 어느 동양 여성 배우의 이미지들로 연일 도배되었다. 자주색 트레이닝복을 입은 사진의 주인공은 영화 〈괴물〉의 배우 배두나였고, 그 연쇄 포스팅의 범인은 바로 세계적인 브랜드 루이비통의 아티스틱 디렉터 니콜라 제스키에르였다. 2014년 5월, 열혈 팬의 열망에 따라 배두나는 모나코 몬테카를로에서 열린 루이비통 크루즈 쇼에 정식 초청되었다. 그 이후 현재까지 글로벌 앰버서더로 활동하고 있는 배두나는 '걸어 다니는 루이비통'이라고 불릴 만큼 하나의 브랜드를 대표하는 얼굴이 되었다. 18세에 장 폴 고티에의 어시스턴트 디자이너로 패션계에 발을 들인 니콜라 제스키에르는, 발렌시아가를 거쳐 2013년 루이비통의 왕국에 입성했다. 그리고 이듬해 3월에 열린 루이비통 데뷔 쇼를 통해 이 정통의 브랜드에 새로운 시대가 도래했음을 알렸다. 배두나는 니콜라 제스키에르가 창조해나가는 매 시즌의 쇼를 보며 패션쇼가 단순히 브랜드의 컬렉션을 소개하는 장이 아니라 "그 시즌에 한 디자이너가 창조한 새로운 세계를 보여주는 일"임을 깨달았다고 한다. 그리고 "내 친구" 니콜라 제스키에르를 "과거에서 받은 영감으로 현재의 시간 위에 미래를 쓰는 디자이너"라고 소개한다.

배두나라는 존재를 어떤 경로로 알게 되었나요?

만나기 전부터 엄청난 팬이었어요. 봉준호 감독의 영화 〈괴물〉에서 연기한 캐릭터를 정말 사랑했고, 영화 〈코리아〉에서 북한 여자 탁구 선수를 연기하는 배두나를 보며 정말 대단하다고 생각했죠. 처음 만나자마자 우리는 바로 친해졌고 지금은 정말 가까운 친구가 되었다고 자랑스럽게 말할 수 있어요. (웃음) 저는 배우 배두나의 연기, 그녀가 배우로서 만들어가는 선택과 동시에 그녀를 특별하게 만드는 강인함과 세심함에 대한 열렬한 숭배자입니다.

배두나는 당신에게 어떤 영감을 주는 존재인가요?

배두나는 매우 강렬한 스타일 감각을 가지고 있어요. 처음 만난 순간부터 끊임없는 영감의 원천이었죠. 2016년 S/S 시즌을 시작으로 두나는 루이비통의 모델로 여러 캠페인에 함께했어요. 뉴욕 멧 갈라에서는 게스트가 되어주었고, 제 작품을 입고 다양한 레드 카펫 위를 걸었죠. 2018년 일본 교토에서 선보인 루이비통 크루즈 쇼에서는 피날레를 장식해달라는 부탁을 했어요. 저에게 있어 배두나는 강인하고, 결단력 있고, 용기 있는 선택으로 단련된 '현대판 전사'의 정의, 그 자체니까요.

© LOUIS VUITTON

당신이 정의하는 '여성성'과 '남성성'은 무엇인가요? 배두나는 그 생각에 어떻게 부합하는 모델인가요?

저는 종종 여성스러움과 남성스러움, 그 사이의 공간에 존재하는 옷들에 대해 생각해요. 이 카테고리는 계속해서 확장되고 있고 두 영역의 경계선은 그 어느 때보다 희미해지고 있죠. 저는 인간을 특정한 성별로 구분 짓지 않는, 논-바이너리Non-binary 영역에 있는 옷들을 정의해나가고 있어요. 요즘 젊은 세대들이 옷을 입는 방식, 실루엣과 옷의 교환을 통해 자신들에게 안겨주는 가능성들을 보면서 더 이상 기존의 성의 경계가 존재하지 않는다고 느껴요. 배두나 역시 하나의 영역 안에 가둘 수 없는 사람이잖아요. 그런 점에서 정말 모던한 존재라고 생각해요. 진정 자유로운 영혼이죠.

제67회 칸 국제영화제에서 영화 〈도희야〉로 초청된 배두나는 당신이 특별히 디자인했던 드레스를 입고 레드 카펫에 올랐습니다. 어떤 콘셉트로 작업한 드레스였나요?

루이비통과 함께한 제 첫 컬렉션에서 영감을 받아 디자인한 드레스예요. 전통적인 여성스러움을 대표하는 레이스 같은 소재와 함께 스포티한 컷과 테크니컬한 지퍼를 선보인 컬렉션이었죠.

여성 배우를 위한 레드 카펫 드레스와, 패션쇼의 모델들을 위한 드레스는 서로 달라야 한다고 생각하나요?

그렇진 않아요. 제 쇼에 서는 모델과 동일하게, 레드 카펫을 위해 디자인한 드레스 역시 모두 두려움 없는 여성들을 위한 것이죠. 그들은 어떤 레드 카펫 위에서건 지루한 드레스를 입고 싶어 하지 않는 사람들이니까요. 제가 창조한 모든 룩은 그걸 입는 여성들만큼이나 대담하고 자신감이 넘친다고 생각해요.

디자이너가 되기 전 '소년 니콜라'에게 가장 큰 영향을 주었던 여성 배우는 누구였나요?

켄 러셀의 〈악령들〉에 나오는 바네사 레드그레이브를 좋아했어요. 그리고 당연히 〈에이리언〉의 시고니 위버와 여러 SF 영화들도요. 물론 그레이스 존스 같은 주류의 아이콘들 역시 좋아했고요.

그 시절 보았던 영화들은 당신의 패션에 어떤 영향을 끼쳤을까요?

어릴 적 할머니가 제 손을 잡고 클로드 샤브롤 감독의 영화를 함께 보러 가주셨던 기억이 아직도 생생해요. 동시에 저는 리들리 스콧이 만든 SF 영화에 푹 빠졌던 소년이기도 했죠. 우아한 부르주아 프랑스 여성과 판타지적인 미래형 여주인공이라니. 이 상반된 이미지들이 저에게 엄청난 영향을 주었던 것 같아요. 결국 이 모든 것이 자양분이 되고 혼합되어 자라난 무언가가 지금 제 디자인과 저의 패션 세계를 만들었다고 생각해요. 말하자면 제 스타일은 미래에 대한 약속들로 저를 열광시키던 SF와 고전의 클래식, 그 사이 어디쯤엔가 있는 거죠. 한편으로는 우아하게

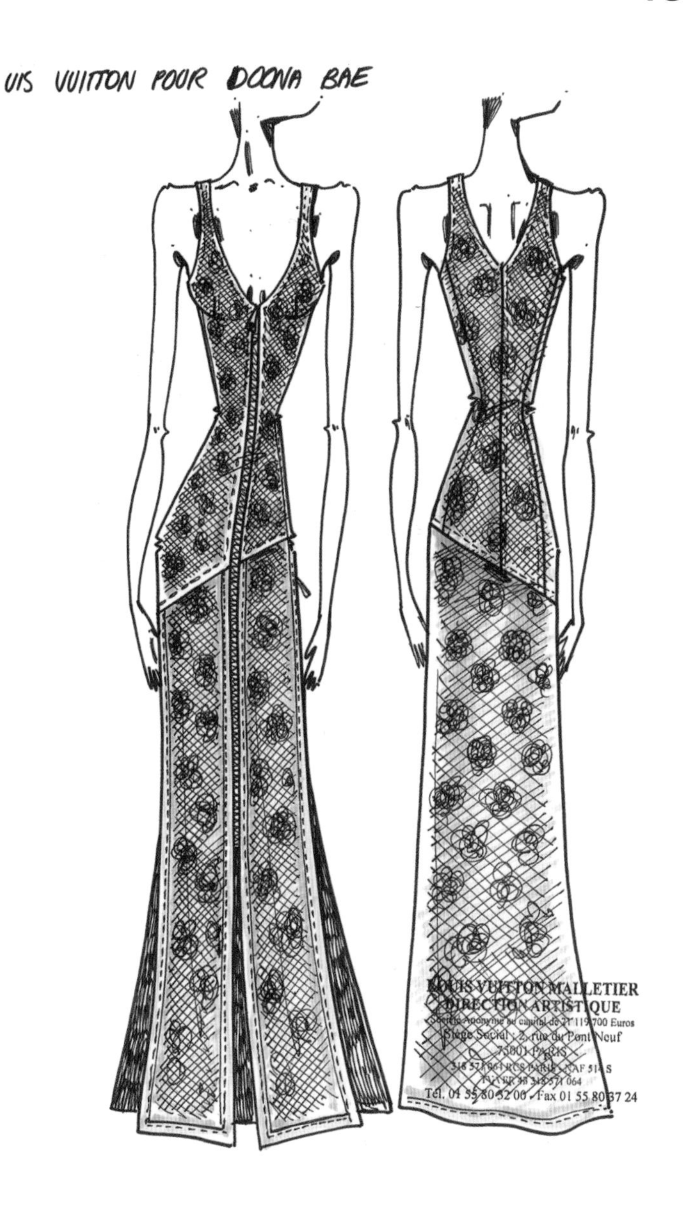

LOUIS VUITTON

고혹적이면서도 다른 한편으로는 전혀 예상하지 못한 방식으로 연결되는 아이디어들을 여전히 사랑하니까요.

까뜨린느 드뇌브, 제니퍼 코넬리, 샤를로트 갱스부르그 그리고 배두나까지. 루이비통에는 다양한 영화적 뮤즈들이 있습니다.

저는 루이비통의 캠페인을 직접 구현해주는 이 멋진 여배우들의 오랜 지지자였어요. 우리는 관계를 구축해가며 함께 일하고 있어요. 너무 멋진 일인 동시에 결실도 있고, 또한 자연스러운 일이기도 해요. 이들은 '개성 강한 여성'으로서의 이미지를 전달해주는, 강인하고 절대 타협하지 않는 대체 불가의 배우들이라고 생각합니다.

패션 산업뿐만 아니라 영화에서도 가상과 현실의 융합은 가장 큰 이슈입니다. 배두나는 현실적인 드라마와 판타지, SF를 자유롭게 여행하는 여행자 같기도 합니다. 이 세계 속에서 그녀가 앞으로 어떤 모습을 보여줄 거라 기대하시나요.

일단 배두나는 너무나 훌륭한 배우잖아요. 그녀라면 그 어떤 역할도 맡을 수 있고 당연히 그 모든 걸 제대로 해낼 거라 믿어요. 배두나는 여성 배우가 로맨틱한 역할뿐 아니라 슈퍼 히어로나 액션 영화의 인물들도 제대로 수행하고 그려낼 수 있다는 것을 증명한 완벽한 본보기라고 생각해요. 또한 그 인물들을 절대로 전형적인 방식으로 그려내지 않을 배우이기도 하고요. 두나는 어느덧 저에게 둘도 없는 친구가 되었어요. 제 꿈이 있다면, 그녀의 인생에 가능한 한 오래도록 함께 머무르는 것뿐이에요.

ASIA
ALASKA
GREENLAND
DOMINION OF CANADA
NORTH AMERICA
UNITED STATES
MEXICO
CENTRAL AMERICA
HAWAII
NORTH PACIFIC OCEAN
NORTH ATLANTIC OCEAN
TROPIC OF CANCER
EQUATOR
MICRONESIA
POLYNESIA
OCEANIA
VENEZUELA
COLOMBIA
ECUADOR
PERU
BRAZIL
BOLIVIA
SOUTH AMERICA
ARGENTINE REPUBLIC
TROPIC OF CAPRICORN
SOUTH PACIFIC OCEAN
SOUTH ATLANTIC OCEAN
NEW ZEALAND
ANTARCTIC CIRCLE
ANTARCTIC OCEAN

PIONEER

ARCTIC OCEAN
RUSSIAN EMPIRE
RUSSIA
SIBERIA
MONGOLIA
CHINESE EMPIRE
CHINA
SAHARA OR GREAT DESERT
TRIPOLI
EGYPT
ARABIA
INDIA
ARABIAN SEA
BAY OF BENGAL
SIAM
CONGO
INDEPENDENT STATE
GERMAN EAST AFRICA
BRITISH EAST AFRICA
INDIAN OCEAN
EQUATOR
TROPIC OF CAPRICORN
TROPIC OF CANCER
MADAGASCAR
SOUTH ATLANTIC OCEAN
GULF OF GUINEA
NORTH PACIFIC OCEAN
WESTERN AUSTRALIA
SOUTH AUSTRALIA
QUEENSLAND
NEW SOUTH WALES
WILKES LAND
ANTARCTIC OCEAN
ANTARCTIC CIRCLE

개척자 배두나: 반 발짝 먼저, 세계에서 우주로

드라마 〈학교〉(1999) 최종회에서 선생님(이창훈)은 오늘의 영어 자유토론을 할 학생을 지목한다. “13일이니까 33번!”이라는 이상한 논리에 의해 불려 나간 두나(배두나)는 쑥스러워하며 영어로 자기소개를 시작한다. “하이- 마이 네임 이즈 두나 배… 아이 엠 에이! 틴! 이얼즈 올드”. 하필이면 본명을 쓰게 된 데뷔작 드라마에서 하필이면 영어로 이름과 나이를 소개하는 마지막 장면은 앞으로 펼쳐질 배우 배두나의 행보를 생각하면 일종의 예언처럼 들린다.

배두나의 상상은 현실이 되고, 배두나의 발걸음은 곧 길이 되었다. 예측할 수 없지만 현명한 선택, 종잡을 수 없지만 센스 넘치는 취향을 따라가다 보니, 계획한 적 없지만 ‘코리아’를 뛰어넘는 여러 대륙이 펼쳐졌다. 해외 진출, 할리우드 진출, 이라는 수식이 올림픽 금메달만큼의 무거움이나 비장함으로 소비되던 시절, 배두나는 일본 감독의 캐주얼한 제안에 〈린다 린다 린다〉(2005)를 찍으러 일본으로 건너갔고 이 소풍 같은 해외행은 고레에다 히로카즈 감독과 함께한 〈공기인형〉(2010)의 인연으로 이어졌다. 매니저도 대동하지 않고 홀로 배낭을 메고 가서 참여한 〈클라우드 아틀라스〉(2012)의 오디션은 〈주피터 어센딩〉(2014), 넷플릭스 시리즈 〈센스8〉으로 이어지는, 환승이 필요 없는 패스트 트랙으로 안내했다. 어느덧 〈클라우드 아틀라스〉에 함께 출연한 톰 행크스, 휴 그랜트, 할리 베리 같은 배우들 사이에 자리 잡은 ‘두나 배’의 명판이 이질적으로 느껴지지 않는다. 〈센스8〉의 성공으로 얻은 해외 시장의 신뢰는 넷플릭스 코리아의 첫 오리지널 시리즈 〈킹덤〉의 문을 열게 만들었다.

자유로운 여행자였던 배두나는 이제 비행기를 타는 대신 〈#아이엠히어〉의 프랑스 손님, 〈브로커〉의 일본 친구를 서울로 초대하는 믿음직한 주인이자 ‘친절한 두나 씨’가 되었다. 배두나의 다음 행선지를 주목하는 이유는 단순히 차기작에 대한 궁금증이나 막연한 흥미 때문만은 아니다. 이 사람이 인생에서 어떤 선택을 하는가, 이 배우가 과연 어디까지 나아갈 것인가, 그 방향과 넓이에 대한 구체적인 기대 때문이다. 세계 지도를 펼쳐놓고 지난 20년간 배우 배두나가 개척해온 탐험의 경로를 따라가 보았다. 다음 핀을 꽂을 곳은 여기에 없다. 이제 배두나는 우주로 간다.

sense8
Season 2

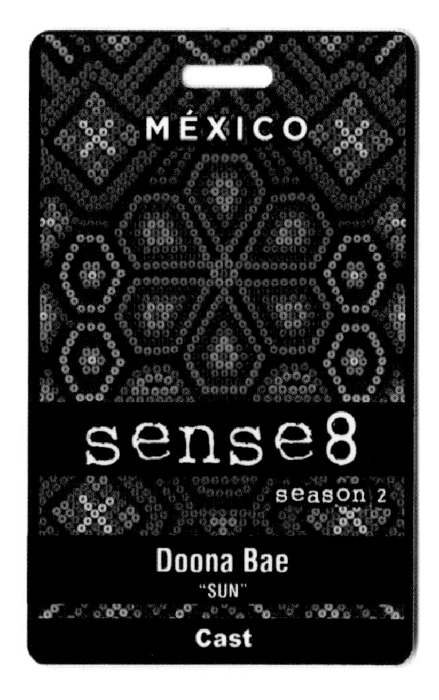
MÉXICO
sense8
season 2
Doona Bae
"SUN"
Cast

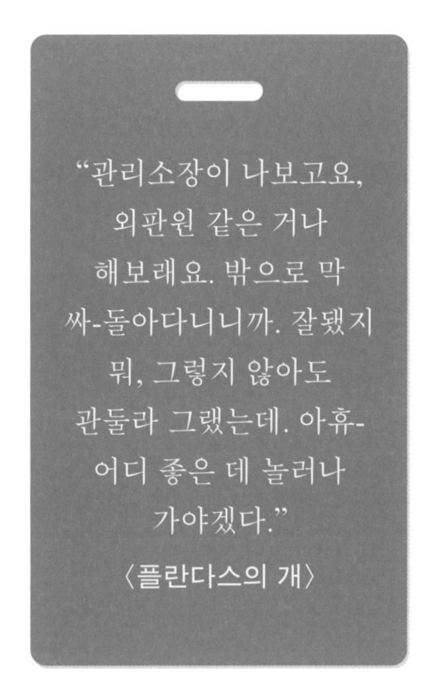
"관리소장이 나보고요,
외판원 같은 거나
해보래요. 밖으로 막
싸-돌아다니니까. 잘됐지
뭐, 그렇지 않아도
관둘라 그랬는데. 아휴-
어디 좋은 데 놀러나
가야겠다."
〈플란다스의 개〉

sense8
AMSTERDAM
DOONA
DOONA BAE
#4 Sun

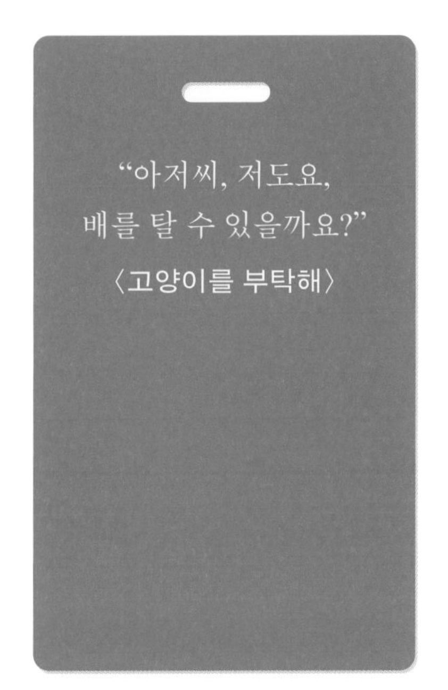
"아저씨, 저도요,
배를 탈 수 있을까요?"
〈고양이를 부탁해〉

Doona Bae
cast
BERLIN
sense8
season 2

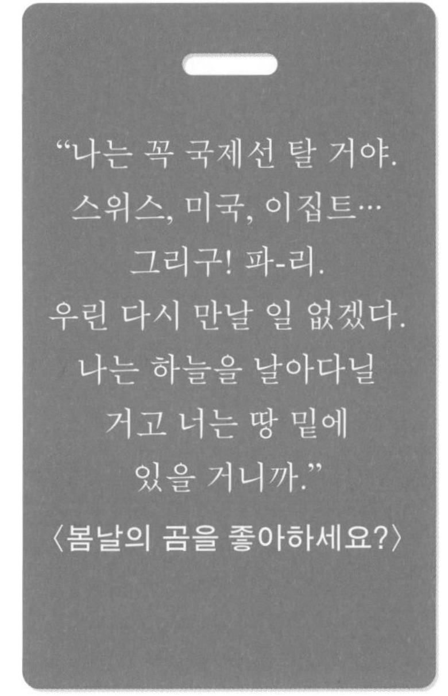
"나는 꼭 국제선 탈 거야.
스위스, 미국, 이집트…
그리구! 파-리.
우린 다시 만날 일 없겠다.
나는 하늘을 날아다닐
거고 너는 땅 밑에
있을 거니까."
〈봄날의 곰을 좋아하세요?〉

sense8
DOONA BAE
"SUN"

SEASON2
sense8
서울
센스에잇
시즌투
배두나
DOONA BAE
SUN
CAST

해외 탐험 경로

OVERSEAS EXPEDITION PATHWAY

2005	일본

린다 린다 린다
リンダ リンダ リンダ
Linda Linda Linda

해외 협업자: 야마시타 노부히로, 카시이 유우, 마에다 아키, 세키네 시오리
촬영 로케이션: 다카사키, 마에바시
촬영 기간: 2004년 9월 9일 ~ 10월 3일
개봉일: 2005년 7월 23일 (일본)
사용 언어: 일본어, 한국어
개봉 규모: 3개국
일본(050723), 한국(060413), 미국(061110)

2009	일본

공기인형
空気人形
Air Doll

해외 협업자: 고레에다 히로카즈, 이우라 아라타, 이타오 이츠지, 오다기리 조
촬영 로케이션: 도쿄
촬영 기간: 2008년 12월 17일 ~ 2009년 01월 31일
개봉일: 2009년 9월 26일 (일본)
사용 언어: 일본어
개봉 규모: 8개국
일본(090926), 포르투갈(090926), 대만(100115), 러시아(100121), 홍콩(100204), 한국(100408), 프랑스(100616), 스페인(100618)

2012 미국
클라우드 아틀라스
Cloud Atlas

해외 협업자: 라나 워쇼스키, 릴리 워쇼스키, 톰 티크베어, 짐 스터게스
촬영 로케이션: 스페인(마요르카), 스코틀랜드(글래스고, 에딘버러, 덤바턴, 하일랜드), 독일(뒤셀도르프, 베를린, 작센, 브란덴부르크)
촬영 기간: 2011년 09월 16일 ~ 12월 22일
개봉일: 2012년 10월 26일 (미국, 캐나다, 인도, 터키)
사용 언어: 영어, 한국어, 스페인어
개봉 규모: 59개국
캐나다, 인도, 터키, 미국(121026), 파키스탄(121027), 독일(121105), 벨라루스, 카자흐스탄, 러시아, 우크라이나(121108), 불가리아, 아이슬란드(121109), 세르비아(121115), 오스트리아(121116), 아르메니아(121117), 체코, 그리스, 헝가리, 슬로베니아(121122), 리투아니아, 폴란드, 루마니아(121112), 스위스, 크로아티아, 네덜란드, 포르투갈, 태국(121129), 에스토니아(121130), 필리핀(121205), 이스라엘(121227), 멕시코, 파라과이, 베네수엘라(121228), 아르헨티나(130103), 이탈리아, 한국(130110), 브라질, 우루과이(130111), 싱가포르(130117), 파나마(130121), 중국(130122), 홍콩(130124), 영국(130218), 말레이시아, 베트남(130221), 스페인, 아일랜드, 스웨덴(130222), 호주(130228), 칠레, 콜롬비아, 핀란드(130301), 노르웨이(130308), 프랑스(130313), 덴마크, 페루(130314), 일본(130315), 벨기에(130320), 볼리비아(130801)

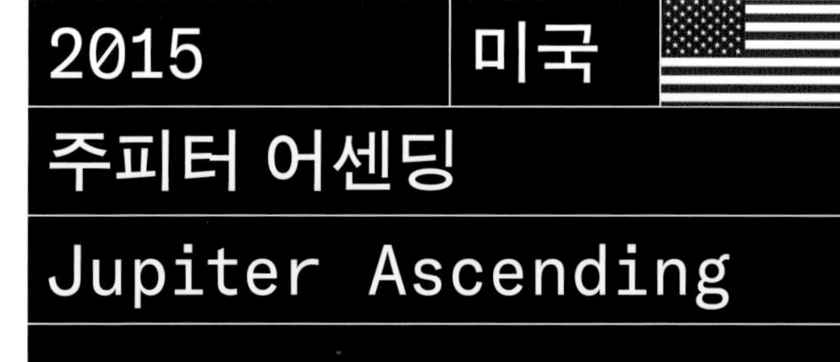

해외 협업자: 라나 워쇼스키, 릴리 워쇼스키, 밀라 쿠니스, 채닝 테이텀
촬영 로케이션: UK(런던, 케임브리지 엘리, 잉글랜드 서퍽, 잉글랜드 다트포드), 스페인(빌바오), USA(일리노이 시카고, 일리노이 플레인필드)
촬영 기간: 2013년 4월 2일 ~ 2014년 5월 11일
개봉일: 2015년 2월 2일 (미국)
사용 언어: 영어
개봉 규모: 74개국
미국(150202), 아르헨티나(150203), 벨기에, 스위스, 프랑스, 대만(150204), 아랍에미레이트, 아르헨티나, 아루바, 아제르바이잔, 볼리비아, 브라질, 칠레, 콜롬비아, 체코, 독일, 덴마크, 조지아, 그리스, 홍콩, 헝가리, 이스라엘, 이탈리아, 한국, 쿠웨이트, 카자흐스탄, 레바논, 마케도니아, 멕시코, 네덜란드, 파나마, 페루, 필리핀, 푸에르토리코, 포르투갈, 세르비아, 러시아, 싱가포르, 슬로베니아, 슬로바키아, 태국, 우크라이나, 우루과이(150205), 오스트리아, 불가리아, 캐나다, 에스토니아, 이집트, 스페인, 핀란드, 영국, 크로아티아, 인도네시아, 아일랜드, 인도, 아이슬란드, 케냐, 리투아니아, 라트비아, 말레이시아, 노르웨이, 폴란드, 파라과이, 루마니아, 스웨덴, 터키, 베네수엘라, 남아프리카공화국(150206), 뉴질랜드(150219), 캄보디아, 파키스탄(150220), 중국(150306), 베트남(150313), 일본(150328)

2015 | 미국

센스8 시즌 1

Sense8 SEASON 1

NETFLIX US

해외 협업자: 라나 워쇼스키, 릴리 워쇼스키, J. 마이클 스트러진스키, 톰 티크베어
촬영 로케이션: 샌프란시스코, 시카고(미국), 멕시코시티(멕시코), 베를린(독일), 런던(영국), 레이캬비크(아이슬란드), 서울(한국), 뭄바이(인도), 나이로비(케냐)
촬영 기간: 2014년 6월 18일 ~ 2015년 1월 21일
개봉일: 2015년 6월 5일
사용 언어: 영어
개봉 규모: 50개국

2017 | 일본 | 한국

장옥의 편지

チャンオクの手紙

YouTube / 네슬레 씨어터 (Nestle Theater)

해외 협업자: 이와이 슌지, 나츠노 츠쿠미
촬영 로케이션: 서울
촬영 기간: 2016년 12월 3일 ~ 12월 7일
개봉일: 2017년 2월 16일
사용 언어: 한국어

2017 | 미국

〈센스8〉 시즌 2 & 파이널 에피소드

Sense8 SEASON 2 & FINAL

NETFLIX US

해외 협업자: 라나 워쇼스키, J. 마이클 스트러진스키, 톰 티크베어
촬영 로케이션: 샌프란시스코, 시카고, 로스앤젤레스(미국), 멕시코시티(멕시코), 상파울루(브라질), 뭄바이(인도), 서울(한국), 베를린(독일), 런던, 케임브리지, 스코틀랜드(영국), 파리(프랑스), 나폴리, 포시타노(이탈리아), 암스테르담, 헤이그(네덜란드), 나이로비(케냐)
촬영 기간: 2015년 12월 30일 ~ 2016년 6월 19일
개봉일: 2016년 12월 23일
사용 언어: 영어
개봉 규모: 190개국

2019 | 프랑스 | 벨기에

#아이엠히어

#jesuisla / #Iamhere

해외 협업자: 에릭 라티고, 알랭 샤바
촬영 로케이션: 서울, 인천
촬영 기간: 2018년 11월, 2019년 4월 1일 ~ 19일
개봉일: 2020년 2월 5일 (프랑스)
사용 언어: 불어, 한국어
개봉 규모: 10개국
프랑스(200205), 크로아티아(200213), 우크라이나(200305), 대만(200424), 에스토니아(200612), 리투아니아(200603), 폴란드(200710), 캐나다(200724), 우루과이(201029), 한국(210114)

2021 | 한국

브로커

해외 협업자: 고레에다 히로카즈
촬영 로케이션: 서울, 부산, 양산, 인천, 삼척
촬영 기간: 2021년 4월 14일 ~ 6월 22일
개봉일: 2022년 예정
사용 언어: 한국어

넷플릭스 김민영 VP VICE PRESIDENT

"배두나를 따라가면 새로운 미디어의 세계가 열리죠."

NETFLIX

김민영 VP

넷플릭스 아시아태평양(인도 제외) 총괄

2021년 9월 17일에 공개된 황동혁 감독의 〈오징어 게임〉은 공개 한 달 만에 넷플릭스 역대 흥행작 1위를 차지하며 세계 콘텐츠 시장의 새로운 역사를 썼다. 하지만 이 흥미로운 게임의 서막엔 번호표도 받지 않고 홀로 질주하던 '프론트 우먼', 배두나가 있었다. 1998년 온라인 DVD 대여 업체로 출발한 넷플릭스는 2007년 스트리밍 서비스로의 전환 이후 190개국으로 확장한 세계 최대 규모의 OTT Over The Top 서비스다. 넷플릭스 코리아의 론칭 2년 전인 2014년, 배두나는 이미 넷플릭스의 새로운 미국 시리즈를 서울에서 촬영하고 있었다. 〈센스8〉은 2015년 6월 공개된 후 세계 시청자들을 사로잡으며 다음 시즌을 약속받았고, "배두나 나오는 외국 드라마"를 볼 수 있다는 새로운 플랫폼 '넷플릭스'의 존재 역시 한국 대중들에게 서서히 알려지기 시작했다. 현재 넷플릭스 아시아태평양 콘텐츠를 총괄하고 있는 김민영 VP는 2016년 1월 6일 론칭한 넷플릭스 코리아의 초석을 다졌고 지난 5년간의 비약적인 성장을 이끌어온 일등 공신이다. 드라마 제작사 그룹에이트, NBC 유니버설, CJ ENM, 트위터 등을 거쳐 5년 만에 세계 스트리밍 시장의 판도를 뒤바꿔놓은 그는, 2021년 〈할리우드 리포터〉가 뽑은 '글로벌 엔터 파워 여성 20인 The 20 Most Powerful Women in Global Entertainment'* 중 한 명으로 선정되었다.

넷플릭스 코리아의 론칭을 준비하는 과정에서 배두나라는 존재는 어떤 영향을 미쳤나요?

한국에 '넷플릭스'라는 이름을 '넷플릭스 코리아'보다 먼저 인지시켰던 배우가 바로 배두나였죠. 돌이켜보면 2006년 배두나 배우가 출연한 〈썸데이〉도 OCN 첫 오리지널 드라마였어요. 당시로서는 배두나급의 스타가 공중파 드라마가 아니라 '케이블 드라마'에 출연을 한다는 건 상당히 파격적이고 이례적인 선택이었죠. 2013년에는 전 세계적으로 빈지 워칭Binge Watching이라는 단어가 유행했어요. 매주 편성된 드라마를 기다리는 것이 아니라 단기간에 콘텐츠를 몰아 보는 시청 형태, 우리식으로 말하면 '정주행'을 뜻하는 말인데 당시 유럽이나 미국에서 넷플릭스의 인기와 함께 정주행이 중요한 시청 형태로 자리 잡았던 거죠. 제가 당시 일하던 트위터를 비롯해 소셜미디어에서도 넷플릭스 같은 세컨드 스크린에서 빈지 워칭을 하는 시청자들을 위한 콘텐츠가 무엇인가에 대한 논의가 활발했고, 그 과정에서 저 역시 넷플릭스의 막강한 영향력에 대해 확실히 느꼈죠. 개인적으로는 넷플릭스라는 스트리밍 서비스를 알기 전에 〈센스8〉을 알게 되었는데, 그 역시 배두나 배우가 출연한다는 뉴스 때문이었어요. 배두나는 늘 좋은 작품을 찾아가고 새로운 걸 찾아가는 배우인데, 이 사람을 따라가다 보면 계속 새로운 미디어의 세계가 열렸던 것 같아요.

이제 배두나는 '넷플릭스의 딸'로 불리게 되었죠.

그동안 배두나 배우가 넷플릭스와 협업한 작품으로 보자면 〈센스8〉 시리즈를 비롯해 넷플릭스 시리즈인 〈킹덤〉, 〈페르소나〉 그리고 〈고요의 바다〉가 있는데요. 하지만 이 작품들을 제외하고도 '브랜디드 콘텐츠'는 더 많아요. 넷플릭스의 비즈니스 모델은 두 가지로 나뉘어요. 첫 번째는 기획, 대본 단계부터 참여하는 '넷플릭스 시리즈', 두 번째 모델이 '프리-바이pre-buy' 혹은 '코-프로덕션co-production'으로, 이건 콘텐츠가 만들어진 국가에서는 tvN, JTBC, BBC, abc 같은 방송사에서 방영이 되고 그 외 국가에서는 넷플릭스에서만 볼 수 있는 작품이죠. 그리고 그 외에 방영되거나 상영된 지 시간이 좀 지난 라이브러리/카탈로그가 있어요. 보통 넷플릭스 로고가 박힌 작품인 '브랜디드 콘텐츠branded contents'들은 〈킹덤〉이나 〈오징어 게임〉 같은 첫 번째 모델만 해당된다고 알고 계시는데, 두 번째 모델에 해당되는 경우가 많죠. 예를 들어 드라마 〈비밀의 숲〉은 한국에서는 넷플릭스라는 브랜드가 들어가는 작품이 아니잖아요. 하지만 한국을 제외한 외국 시청자들에게는 이 작품은 우리가 선별했고 넷플릭스에서만 볼 수 있는 작품으로 인식이 되는 거죠. 저는 그간 디지털 콘텐츠 플랫폼에서 일했지만 실질적으로 콘텐츠를 구매하고 제작하는 업무는 넷플릭스에 온 이후 시작하게 되었거든요. 그런 저에게 〈비밀의 숲〉은 본격적인 첫 '브랜디드 콘텐츠' 구매작이었어요. 회사의 공식 입장이 아니라 바이어로서의 개인적인 입장인데, 이 드라마에 배두나가 나오느냐 안 나오느냐는 개인적으로 의미 있는 구매 기준이었어요. 당시 초기 구매자로서 저만의 구매 철학이 정립되어가는 중이었고 나만의 방법과 기준을 찾아야 했었죠. 넷플릭스는 단순히 시청률이 높거나 해외에 많이 팔리는 작품이 아니라 정말 좋은 작품이 들어와야 시청자들이 돈을 내고 구독해주신다는 철학이 확고해요. 그리고 단순히 개인 취향으로 판단하면 안 된다는 것을 저 역시 명확하게 알고 있었죠. 그때 배두나라는 배우가 선택한 작품이라는 점이 저에게는 굉장히 크게 작용했던 것 같아요. 물론 〈비밀의 숲〉의 경우 대본도 너무 재미있었지만, 제 취향이 아니라 그녀의 선택을 믿었던 거죠. 영화 〈마약왕〉의 경우도 한국 영화로는 첫 구매작이었는데, 당시 〈나르코스〉가 인기를 끌던 시기기도 했지만 결정적으론 이 작품에서 배두나가 김정아라는 역할을 한다고 했을 때 비로소 궁금함이 생겼어요. 처음엔 "코리안 나르코스야?"라며 접근하는 해외 시청자들도 있고, 거기에 한국 영화를 한 번이라도 접했던

사람들에게는 가장 유명한 송강호, 배두나까지 출연하니까요. 〈마약왕〉은 넷플릭스에서 서비스된 이후 해외에서 반응이 더 활발했던 영화였어요. 〈비밀의 숲Stranger〉의 경우 2017년 〈뉴욕 타임스〉**에서 뽑은 그해 '최고의 외국 드라마The Best International Shows TOP 10' 리스트에 한국 드라마로 유일하게 올랐어요. 넷플릭스의 특징을 보면, 배우보다는 늘 작품이 먼저 집중을 받아요. 그런데 〈비밀의 숲〉을 주목한 외국 기사들을 보면, 배두나가 나온다, 라는 말이 항상 더해져 있어요. 〈뉴욕 타임스〉 기사 역시 마지막 문장이 '엄청나게 호감 가는 배두나가 겁 없는 경찰로 출연한다It stars the immensely likable Bae Doo-na as a fearless cop.'였을 정도로. '두나 배'의 이름과 인지도가 어떤 작품이 해외로 나갔을 때 굉장히 매력적인 요소로 작용하는 건 확실하죠.

배우들의 확장성 측면에서 보자면, 넷플릭스는 로컬 배우라는 인식을 깨고 배우의 범주를 새롭게, 또 다르게 바라보는 플랫폼이 되었습니다. 기존 영화, 드라마 시장이 바라보는 한 배우의 가치와 넷플릭스가 바라보는 한 배우의 가치는 어떻게 다른가요?

저희가 자부하는 부분은 기존의 인기 스타를 캐스팅해서 안전함을 꾀하기보다는, 작품을 믿고 좋은 신인을 발굴해 넷플릭스라는 플랫폼을 통해 세계적인 스타로 자리 잡게 만든다는 점이에요. 〈기묘한 이야기〉 '일레븐' 역할의 밀리 바비 브라운, 〈종이의 집〉 '도쿄' 역의 우슬라 코르베로, 〈내가 사랑했던 모든 남자들에게〉의 라나 콘도르와 노아 센티네오 같은. 한국으로 치자면 송강 배우, 최근엔 정호연 배우를 예로 들 수 있겠죠. 송강 배우가 저희와 처음 〈좋아하면 울리면〉을 할 때 인스타그램 팔로워 수가 3만 명이었는데 〈스위트 홈〉을 끝낸 이후 지금은 1172만(2021년 11월 기준)이 됐거든요. 〈오징어 게임〉의 정호연 배우는 작품 공개 이전 인스타그램 팔로워 수가 약 40만명이었습니다. 그리고, 하루아침에 세계의 셀럽들도 먼저 노크하는 팔로워 2368만의 세계 스타가 되었고요.

넷플릭스와 유독 궁합이 맞아서 자주 출연하고 그 지역을 대표하는 'OOO의 배두나'라고 할 만한 배우가 있을까요?

로컬 콘텐츠로 보자면 인도의 '넷플릭스 걸'이라고 불리는 라디카 압테라는 배우는 〈신성한 게임〉 〈구울〉 〈러스트 스토리〉 등 넷플릭스 인디아의 웬만한 작품에 다 나왔어요. 〈DJ 신데렐라〉 〈더블 파파〉에 나오는 브라질 배우 마이자 시우바도 한 인터뷰에서 "내가 넷플릭스 브라질의 주인"이라고 농담할 정도로 넷플릭스 브라질을 상징하는 배우고요. 하지만 이 배우들을 포함해 앞서 언급한 밀리 바비 브라운, 정호연 등과 배두나 간의 가장 큰 차이는, 앞의 배우들은 모두 넷플릭스를 통해 발견된 배우라는 거죠. 혹은 아주 유명한 할리우드 배우가 넷플릭스 작품에 단발적으로 나오는 경우도 있을 거예요. 하지만 배두나 배우는 저희가 지금의 규모가 되기 전, 더 정확하게는 넷플릭스 코리아가 론칭하기 이전부터 현재의 위상을 가지고 있던 배우였어요. 그리고 〈킹덤〉 〈고요의 바다〉까지 계속해서 협업을 이어가고 있는 독보적인 배우죠. 그 부분이 비교할 수 없는 가장 큰 차이라고 생각해요.

한국 콘텐츠가 넷플릭스의 주요 콘텐츠로 자리 잡을 수 있었던 시작은 무엇이었을까요?

제가 입사했을 때만 해도 넷플릭스 내의 한국 작품은 네이버 TV와 같은 무료 플랫폼에서도 모두 볼 수 있는 웹드라마가 많았어요. 그러다 〈비밀의 숲〉을 구매하고 싶어서 우리 회사에서 작품을 분석하는 팀과 논의를 많이 했습니다. 과연 구매를 하는 것이 맞을지에 대해서요. 내부적으로 이견이 있었지만, 바이어의 판단과 믿음을 가지고 구매를 결정했어요. 결과적으로 좋은 결정이었죠. 〈비밀의 숲〉은 엄밀히 말하면 '한류 드라마'는 아니거든요. 이전에 넷플릭스가 구매했던 한류 드라마들은 한국 드라마 팬들만 봤어요. 이들은 보통 로맨스를 보거든요. 저는 콘텐츠는 새로운 수요를 만들어내는 일이라고 생각해요. 〈비밀의 숲〉은 한국과 아시아, 미국에서 좋은 반응을 얻으면서 한국 콘텐츠의 신호탄을 쏜 작품이 되었죠. 〈킹덤〉 역시 처음에 큰 기대가 없었지만 기존 팬뿐 아니라 한국 드라마를 한 번도 본 적 없는 사람들까지 끌어들였고요. 애니메이션을 보던 사람도, 무술 영화나 좀비물을 좋아하는 사람들도 봐요. 〈킹덤〉이 넷플릭스 안에서 한국 드라마를 하나의 카테고리로 넓혀줬는데, 그 시작에 〈비밀의 숲〉이 있었어요. 〈비밀의 숲〉이 새로운 베이스를 잡아주며 한국 콘텐츠에 투자할 가치가 있다는 걸 보여줬다면, 〈킹덤〉은 한국 콘텐츠를 더욱 확장시켜야 함을 알려준 작품이죠.

그 과정에서 배우 배두나의 역할이 컸다는 거죠?

일반적인 채널에서는 시선을 끄는 스타성 있는 배우가 중요하잖아요. 리모컨을 돌리다가 그 채널에 멈추게끔 해야 하고, 광고주들이 좋아해야 하죠. 그런데 SVOD***의 경우 100퍼센트 회원들의 월정액을 받아서 만들어지는 거란 말이죠. 그렇기 때문에 회원들을 만족시키는 것이 가장 중요해요. 물론 이 우선순위에 배우가 있기도 해요. 그렇지만 특정 팬덤에 의지하다 보면 그 시청자는 그것만 보고 나가버려요. 지속성이 없는 거죠. 결국 창작 의도에 맞는 캐스팅을 했을 때 가장 훌륭한 작품이 나오고, 그게 멤버를 잡아주는 힘이 돼요. 〈킹덤〉의 경우 해외에서는 '좀비 사극'이라는 측면을 흥미로워했는데, 항상 물어보는 건 배두나 배우였어요. 〈센스8〉에서도 가장 인기가 많은 캐릭터가 '선'이었다고 해요. 선이 보여준 강인한 여성 캐릭터를 두나 배우에게서 많이 기대하는 것 같아요. 외국에서 집중한 〈킹덤〉의 캐릭터는 서비(배두나)와 중전(김혜준), 영신(김성규)이었어요. 특히 서비와 중전은 '스트롱 우먼'으로 여겨졌어요. 저는 배두나 배우가 작품을 보는 엄격한 눈을 믿어요. 같은 이야기처럼 들릴 수도 있겠지만, 제 선택의 이유는 그 작품에 배두나가 나와서가 아니라 '배두나가 선택한 작품이니까'가 더 정확한 표현인 것 같아요.

넷플릭스의 지향점과 배두나의 행보가 어떤 면에서 일치하고 부합된다고 보시나요?

앞으로도 스토리만이 아니라 차별화된 작품을 위해 새로운 시도를 많이 해보고 싶거든요. 초창기에는 당연히 저희의 영향력이 낮아서겠지만, 캐스팅이 결정된 작품 중에서 '넷플릭스 시리즈'로 간다고 얘기하면 빠지겠다고 하는 배우들도 많았어요. 새로운 시장에는 새로운 시도를 믿고 자기 중심을 잘 잡는 배우가 필요해요. 배두나 배우가 딱 그런 존재였죠. 사실 〈고요의 바다〉도 굉장한 모험이거든요. 한국에서 우주 SF 드라마가 처음이고, 감독님도 신인이세요. 한정된 공간에서 굉장히 센 캐릭터들이 등장하는데, 배두나 배우라면 그 안에서 눌리지 않고 중심을 잡고 갈 거라는 믿음이 컸어요. 예전에 주지훈 배우가 이런 얘기를 한 적이 있어요. 진정한 글로벌 스타는 "BTS, 싸이, 두나 배밖에 없다"고. 북미, 유럽, 남미 등의 해외 헤드급과 회의할 때 〈고요의 바다〉 이야기의 시작은 '두나 배'로 해요. 이제 한국 콘텐츠가 중요하다는 건 알지만 구체적으로 어떤 창작자들이 있는지는 잘 모르거든요. 그런데 '두나 배'가 들어가면 관심도가 확 높아지죠. '거기에 두나 배가 나와?' 실험을 해봤는데 '배두나'는 못 알아들었고 '두나 배'는 진짜 잘 알아듣더라고요. (웃음) 확실한 인지도의 배우죠.

〈고요의 바다〉까지 이어지는 넷플릭스와 배두나의 협업이 어떻게 이어질 거라고 예상하시나요?

저희는 지속적으로 같이할 수 있는 좋은 작품을 찾겠죠. 그런데 저는 이제 배두나 배우가 하고 싶은 게 있는지도 여쭤보고 싶어요. 지금까지는 작품과 감독이 배두나를 원하는 구조로 갔다면, 이제는 배우 입장에서 해보고 싶은 역할이 있나 알아보고 싶어요. 여담인데, 조카를 되게 예뻐하시더라고요. 저도 조카가 있는데 여자 조카들을 위한 콘텐츠를 기획하고 싶거든요. 얘가 가끔 그런 말을 해요. 화장 안 하면 안 예쁜 거야? 그들이 보고 있는 콘텐츠를 보다 보면 가끔 걱정될 때가 있어요. 다음 세대의 여성들에게 제대로 된 가치관을 심어줄 수 있는 자연스러운 콘텐츠를 배두나 배우와 함께 만들어보고 싶다는 생각이 들어요.

* https://www.hollywoodreporter.com/business/business-news/powerful-women-globalentertainment-1235026092/amp/
** https://www.nytimes.com/2017/12/04/arts/television/best-tv-shows.html
*** Subscription Video On Demand. 넷플릭스·티빙 등의 유료 구독형 OTT

최다 수상작 BEST 3

첫 수상
1999년 KBS 연기대상 신인상

총 19관왕

제21회 한국영화평론가협회상
여우주연상

제9회 춘사영화제
여자연기상

제2회 올해의 여성영화인상
연기상

제38회 백상예술대상 영화 부문
여자최우수연기상

제3회 부산영화평론가협회상
여우주연상

고양이를 부탁해

제33회 일본 아카데미상
우수여우주연상

제23회 일본 다카사키영화제
최우수여우주연상

제19회 도쿄스포츠영화대상
여우주연상

공기인형

제23회 중국 금계백화영화제
국제 부문 여우주연상

제20회 춘사영화상
우수연기상(여)

제9회 아시안 필름 어워드
여우주연상

도희야

장르

드라마(23)

영화 〈플란다스의 개〉
〈고양이를 부탁해〉
〈린다 린다 린다〉
〈공기인형〉
〈코리아〉
〈도희야〉
〈터널〉
〈장옥의 편지〉
〈바이러스〉
〈브로커〉

TV 〈학교 1〉
〈광끼〉
〈성난 얼굴로 돌아보라〉
〈자꾸만 보고 싶네〉
〈엄마야 누나야〉
〈위풍당당 그녀〉
〈로즈마리〉
〈티 데이트〉
〈떨리는 가슴〉
〈공부의 신〉
〈글로리아〉
〈최고의 이혼〉
〈페르소나〉

로맨스(7)

영화 〈봄날의 곰을 좋아하세요?〉
〈#아이엠히어〉
〈청춘〉

TV 〈미스 힙합 & 미스터 록〉
〈넌 사랑이라 말하지 난 욕망이라 생각해〉
〈썸데이〉
〈완벽한 이웃을 만나는 법〉

SF(6)

영화 〈괴물〉
〈인류멸망보고서〉
〈클라우드 아틀라스〉
〈주피터 어센딩〉
TV 〈센스8〉
〈고요의 바다〉

범죄(3)

영화 〈복수는 나의 것〉
〈마약왕〉
TV 〈비밀의 숲〉

공포(3)

영화 〈링〉
TV 〈RNA〉
〈킹덤〉

코미디(2)

TV 〈사랑의 유람선〉
영화 〈굳세어라 금순아〉

액션(1)

영화 〈튜브〉

영화	24편
TV 드라마	21편
총	45편

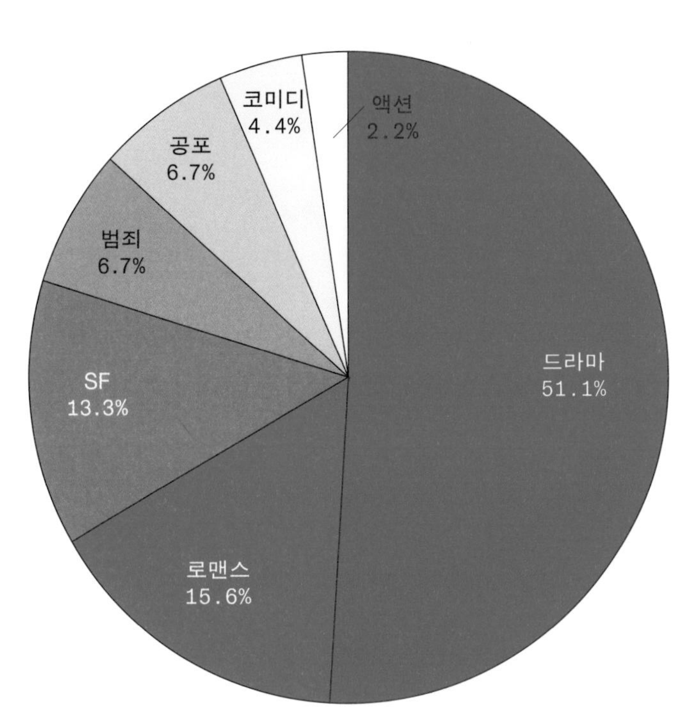

직업

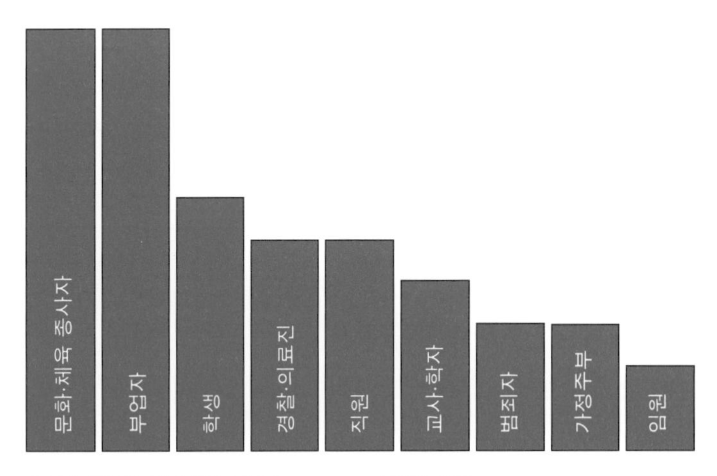

문화·체육 종사자(10)

〈미스 힙합 & 미스터 록〉(힙합 가수)
〈자꾸만 보고 싶네〉(가수, CF 모델)
〈글로리아〉(가수, 배우)
〈로즈마리〉(애니메이터)
〈썸데이〉(만화가)
〈최고의 이혼〉(동화 작가)
〈바이러스〉(번역가)
〈굳세어라 금순아〉(배구 선수)
〈괴물〉(양궁 선수)
〈코리아〉(탁구 선수)

부업자(10)

〈미스 힙합 & 미스터 록〉(패스트푸드점, 옷가게)
〈엄마야 누나야〉(패스트푸드점)
〈떨리는 가슴〉(레코드샵)
〈고양이를 부탁해〉(찜질방)
〈공기인형〉(DVD 대여점)
〈글로리아〉(노점 김밥 판매, 신문 배달, 세차)
〈자꾸만 보고 싶네〉(편의점)
〈엄마야 누나야〉(TV 조립 공장)
〈봄날의 곰을 좋아하세요?〉(할인 매장 캐셔)
〈최고의 이혼〉(게스트하우스 호스트)

학생(6)

〈학교 1〉(고등학생)
〈RNA〉(고등학생)
〈위풍당당 그녀〉(고등학생)
〈린다 린다 린다〉(유학생)
〈광끼〉(대학생)
〈넌 사랑이라 말하지 난 욕망이라 생각해〉(대학생)

경찰·의료진(5)

〈사랑의 유람선〉(생활안전경찰)
〈도희야〉(경찰)
〈비밀의 숲〉(경찰)
〈청춘〉(간호사)
〈킹덤〉(의녀)

직원(5)

〈플란다스의 개〉(아파트 관리사무소 경리)
〈위풍당당 그녀〉(식품 공장 경리)
〈완벽한 이웃을 만나는 법〉(비서)
〈클라우드 아틀라스〉(레스토랑 종업원)
〈#아이엠히어〉(회사원)

교사·학자(4)

〈공부의 신〉(영어 교사)
〈페르소나〉(영어 교사)
〈최고의 이혼〉(체육 보조교사)
〈고요의 바다〉(우주생물학자)

범죄자(3)

〈튜브〉(소매치기)
〈주피터 어센딩〉(현상금 사냥꾼)
〈마약왕〉(로비스트)

가정주부(3)

〈굳세어라 금순아〉
〈터널〉
〈장옥의 편지〉

임원(2)

〈위풍당당 그녀〉(식품 공장 사장)
〈센스8〉(투자 회사 CFO)

기타

혁명적 무정부주의자 동맹 조직원 〈복수는 나의 것〉
헤어 디자이너 〈엄마야 누나야〉
공기인형 〈공기인형〉

스포츠

탁구
〈코리아〉

테니스
〈페르소나〉

배구
〈굳세어라 금순아〉

양궁
〈괴물〉, 〈최고의 이혼〉

합기도
〈센스8〉

컬링
〈최고의 이혼〉

언어

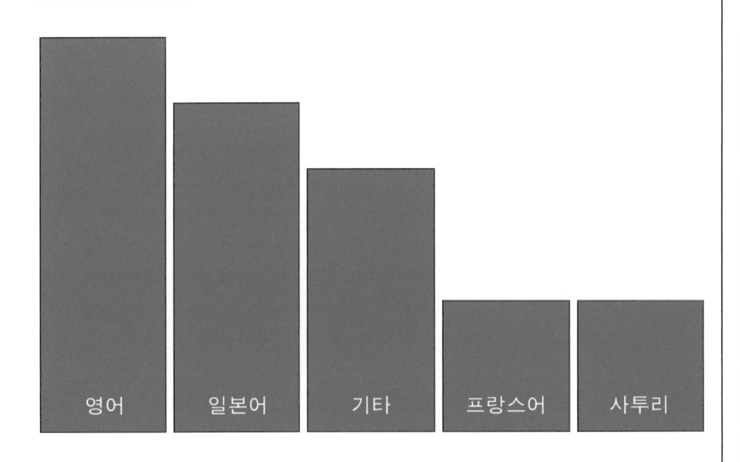

영어(6)

〈티 데이트〉
〈클라우드 아틀라스〉
〈주피터 어센딩〉
〈센스8〉
〈마약왕〉
〈페르소나〉

일본어(5)

〈RNA〉
〈린다 린다 린다〉
〈썸데이〉
〈공기인형〉
〈마약왕〉

프랑스어(2)

〈마약왕〉
〈#아이엠히어〉

사투리(2)

경상도 〈위풍당당 그녀〉
간사이 〈공기인형〉

기타(4)

중국어 〈센스8〉
스페인어 〈클라우드 아틀라스〉
수어 〈복수는 나의 것〉
문화어 〈코리아〉

유니폼

교복(3)

〈학교 1〉
〈위풍당당 그녀〉
〈린다 린다 린다〉

경찰복(2)

〈도희야〉
〈비밀의 숲〉

기타(5)

도복 〈센스8〉
한복 〈킹덤〉
죄수복 〈센스8〉
메이드복 〈공기인형〉
우주복 〈고요의 바다〉

믹스테이프

SIDE A

태사자 '아그작'
피쉬 'You'
레이제이 'Partytime'
김돈규 '단'
강균성 '널 볼때마다'
에브리 리틀 씽 '冷たい雨'
뜨거운 감자 '시소'
윤종신 '이별의 온도'
딘 'FLOWER POWER'
윤종신·정인 '추위'

SIDE B

아무로 나미에 'Can you celebrate' 〈린다 린다 린다〉
블루 하츠 '나의 오른 손(僕の右手)' 〈린다 린다 린다〉
블루 하츠 'Linda Linda' 〈린다 린다 린다〉
블루 하츠 '끝나지 않는 노래(終わらない歌)' 〈린다 린다 린다〉
Laura Branigan 'Gloria' 〈글로리아〉
양희은 '세노야 세노야' 〈글로리아〉
나미 '인디안 인형처럼' 〈글로리아〉
송골매 '어쩌다 마주친 그대' 〈글로리아〉
신승훈 'Loving You' 〈글로리아〉
백지영 '총 맞은 것처럼' 〈최고의 이혼〉
롤러코스터 '습관' 〈최고의 이혼〉

광고

분류	편수
패션/뷰티	8
캠페인	7
식음료	7
쇼핑	3
서비스	3
생·용	1
차량	1
가전	1

총 31편

패션/뷰티(8)

의류: 파크랜드, 엠폴햄, 유니클로, 코오롱 스포츠, 루이비통, W컨셉(6)
뷰티: 리케아, 조르지오 아르마니 뷰티(2)

캠페인(7)

토마토상호저축은행 입양 캠페인
키엘 사회 공헌 캠페인
초록우산 어린이재단
부산국제영화제 20주년 기념 웹무비
Re:textile WWF 자원 순환 프로젝트
2021 서울패션위크 F/W 앰버서더
현대자동차 Re:style 2021 업사이클링 프로젝트

식음료(7)

과자: 츄엣츠(1)
아이스크림: 하트유, 파워캡(2)
음료: 데미소다, 산토리 아이 러브 베지, 뷰핏, 하이네켄 0.0(4)

쇼핑(3)

밀리오레, 알라딘, 픽스딕스(3)

서비스(3)

핸드폰찾기콜센터, KT 네스팟, 다음 모닝갤러리(3)

생활용품(1)

위스퍼(1)

차량(1)

기아자동차 스포티지(1)

가전(1)

네스프레소 버츄오(1)

*	2021년 11월 기준
1999	밀리오레 / 츄엣츠 / 하트유 / 파워캡 / 데미소다 / 리케아
2000	핸드폰찾기콜센터 / 위스퍼
2001	위스퍼 / 파크랜드 크렌시아
2002	KT 네스팟
2007	픽스딕스
2008	기아자동차 스포티지 / 산토리 아이 러브 베지
2009	토마토상호저축은행
2010	알라딘
2012	엠폴햄
2013	루이비통 / 다음 모닝갤러리 / 유니클로 / 키엘
2014	루이비통 / 초록우산 어린이 재단 / 뷰핏
2015	루이비통 / 부산국제영화제 20주년
2017	루이비통 / 조르지오 아르마니 뷰티 / 코오롱 스포츠
2018	루이비통 / 조르지오 아르마니 뷰티 / 코오롱 스포츠
2019	루이비통 / 조르지오 아르마니 뷰티 / 코오롱 스포츠
2020	루이비통 / WWF / 네스프레소 버츄오
2021	루이비통 / 서울패션위크 2021 F/W 앰버서더 / 현대자동차 Re:style 2021 / 하이네켄 0.0 / W컨셉

숫자로 보는 배두나

-12도

tvN 〈바퀴 달린 집〉의 추위로 확인한 '빨간 코'가 나타나는 온도

4편

배우의 이름과 배역명이 같은 작품 수
〈학교〉, 〈사랑의 유람선〉, 〈떨리는 가슴〉, 〈페르소나〉

5분

〈도희야〉 시나리오를 읽은 후 출연 결정까지 걸린 시간

76주년

광복절 기념식 햇수
2021년 8월 15일 광복절 경축식 영상 '길이 보전하세'의 내레이션을 맡았다.

451

〈클라우드 아틀라스〉의 복제인간 고유번호

713

〈코리아〉 리분희 선수의 백넘버

2144년

가장 먼 미래
〈클라우드 아틀라스〉

28,349분

총 러닝타임
영화 2,410분 + 드라마 25,939분

1599-0773

〈센스8〉에서 누명을 쓰고 감옥에 가게 된 선의 죄수 번호

20,000,000₩

〈괴물〉에서 '전염병 위반 및 특수공무집행방해'로 수배된 남주에게 걸린 현상금

26,131,599명

누적 관객 수

A Acrophobia

고소공포증이 심하다. "자이로드롭을 타야 하는 장면이 있어서" 포기한 영화도 있다고. 비행의 두려움은 이륙 전 취침, 착륙 후 기상으로 극복한다. 땅 위에 발을 디딘 캐릭터들을 선호하는 것은 결국 생존을 위한 선택일지도.

B Bestseller

직접 찍은 사진과 글이 담긴 여행 에세이 〈두나's 런던놀이〉 〈두나's 도쿄놀이〉 〈두나's 서울놀이〉는 서점가를 장악한 베스트셀러로 기록되었다.

C Cat

어릴 적부터 집에서 강아지를 키웠지만, 영화 〈고양이를 부탁해〉 이후 고양이의 매력에 빠져버렸다. 첫 고양이의 이름은 당시 키우던 두 마리의 치와와 '두두'와 '나나'에 이어 '베베'로 지었다.

D Doze

작품 속에서 유독 졸다가 일어나는 장면이 많다. 〈플란다스의 개〉는 전철에서, 〈봄날의 곰을 좋아하세요?〉에서는 기차에서 졸다가 깬다. 드라마 〈비밀의 숲〉에서도 황시목(조승우)의 사무실 소파에서 졸면서 기다린다. 자연스럽게 자다 깬 연기를 위해 실제로 잠깐 잠을 자기도 한다.

E Early Adaptor

새로운 기계나 매체, SNS 등이 나오면 일단 사거나 먼저 경험해보길 좋아하는 얼리 어답터. "겪어보고 안 하는 것과 모르는 것은 다르니까" 남들의 평가보다는 일단 본인이 써보고 판단하는 편이다.

F Flower

꽃 애호가. 꽃시장을 즐겨 가고 여행지 숙소에도 꽃을 사서 꽂는다. 배우 박해일의 결혼식 부케도 직접 만들어 선물했다. 가끔 "활기찬 현장과 달리 집에 돌아갔을 때의 적막함"을 달래기 위해서 "직접 꽃 배달 서비스도 시킨다"고. 가장 좋아하는 꽃은 작약.

G Game

촬영장에서의 게임에 진심인 편. 〈고요의 바다〉의 공유, 이준, 김선영 등 '우주인' 배우들과는 탁구를 치거나 윷놀이를 통해 팀워크를 다졌다. 동료 배우 공유가 배두나가 출연한 라디오 게시판에 계속 댓글을 달자 "임자, 문자 그만 보내고 윷놀이 연습이나 하세요."라는 국대 코치 같은 발언을 하기도.

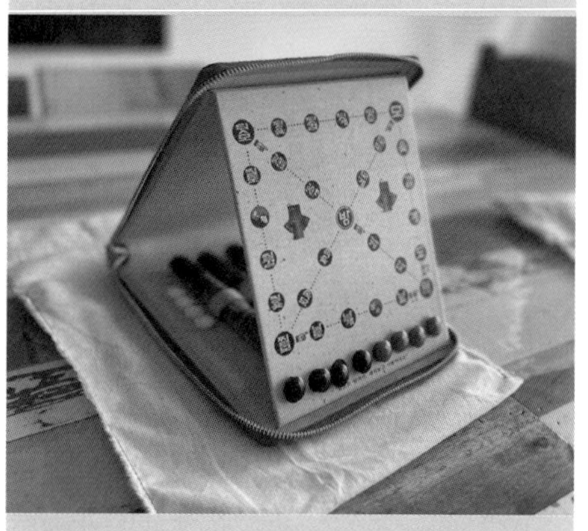

H Homi

약초를 캐는 〈킹덤〉의 의녀 '서비'의 필수 도구. 생사역의 공격 시에는 필살 무기로 둔갑한다. 서비를 일방적인 보호를 받는 여성 캐릭터로 그리고 싶지 않던 차에 김성훈 감독의 "호미라도 들어야 하는 게 아닌가?"라는 제안을 흔쾌히 받아들였다. 그 결과 '호미 살인마'라는 별명을 얻었다.

I Instagram

자신의 활동을 한눈에 볼 수 있는 인스타그램 피드를 "필모그래피처럼 관리한다"고 자부하는 배두나의 공식 주소는 @doonabae

J Joy

소문난 조카 바보. 인생의 '기쁨'이자 거의 도플갱어 수준으로 꼭 닮은 조카들은 고모의 촬영장에 놀러 오거나 직접 응원의 화환이 되기도.

K Knitting

한동안 집중했던 취미 중 하나. 촬영장에서 시간이 날 때마다 뜨개질을 해서 동료 배우, 스태프들에게 직접 뜬 목도리를 선물하기도. 어머니이자 연극배우 김화영은 '뜨개질 전문가'로, 『두나맘 스타일 니트』『두나맘 베베』 등의 책을 집필했다.

L Lark

아침형 인간. 오전 7시 정도가 가장 활기찬 상태로, 밤 10시쯤엔 취침 알람이 울린다.

M Mural

〈클라우드 아틀라스〉에서 연기한 '손미-451'을 경배하는 어느 스트리트 아티스트가 그린 대형 벽화가 있다. 주소는 58 Caledonian Rd, London N1 9DP, U.K.

N NADOONADOO

1999년 8월 6일에 결성된 배두나의 팬클럽 이름. 배우의 이름을 앙증맞게 뒤집은 '나두나두'다.

O OSCAR

2018년 6월 영화예술과학아카데미(AMPAS)의 신규 회원으로 위촉되었다. 매해 오스카 상의 주인공이 될 미국 아카데미 후보에 대한 투표권을 가진다.

P Present

가장 중요하게 생각하는 건 '현재'. 어린 조카가 매일 밤 오늘의 소회를 말로 남기는 것을 들으면서 너무 좋다는 생각이 들었다. 과거보다는 오늘 무엇을 할지, 오늘 뭘 먹을지, 하루하루를 의미 있게 생각하고 지금의 나에 가장 집중하는 삶을 살고 있다고.

Q Quiz

2021년 1월에 출연한 tvN 〈유퀴즈 온 더 블럭〉의 퀴즈는 "고정관념을 뜻하는 프랑스어"인 클리셰Cliché였다. 고정관념과 가장 거리가 먼 삶을 살아온 배우답게 정답 맞히기에는 실패했다. 오답자를 위한 선물 상자에서 뽑은 '꼬꼬백'은 마침 녹화 당시 생일이었던 김한샘 매니저에게 선물했다.

R Rei

짧은 커트 머리에 신비로운 분위기 때문에 〈신세기 에반게리온〉의 주인공 레이와 닮은 꼴로 불리기도.

S Sunday Seoul

직접 제작하고 출연했던 첫 연극. 2004년 여름, 대학로 정미소 극장에서 막을 올린 연극 〈선데이 서울〉에서 연변 출신 여성 정자를 연기했다. 〈복수는 나의 것〉으로 인연을 맺은 박찬욱 감독의 원작으로, 박근형이 연출을 맡았다.

T Ten Ten Club

1999년 4월부터 SBS 라디오 프로그램 〈텐텐클럽〉의 1대 DJ로 활동했다. 어린 시절부터 열혈 라디오 마니아였으며, 직접 쓴 사연 엽서가 당첨되어 라디오에 소개된 적도 있다고.

U Udon

좋은 친구와 있을 때도, 감기에 걸려 아플 때도, 우동은 최고의 소울 푸드. 고레에다 히로카즈 감독의 초청으로 2016년 우동으로 유명한 일본 사누키에서 열린 '사누키 영화제'에 다녀오기도.

V Vin Chaud

tvN 〈바퀴 달린 집〉을 방문하여 집들이 선물로 "크리스마스에 마시는, 감기에 좋은 음료"인 따뜻한 와인, 뱅 쇼를 직접 끓여주었다.

W Wanderlust

1999년 11월호 〈KINO〉에서 밝힌 인생의 모토는 "흐르는 물처럼 살아야 한다"였다. 태생적으로 가진 방랑자의 본성은 세계를 향한 커리어의 확장으로 이어졌다.

X X JAPAN

중학교 3학년 때 "문화적 개척자" 같았던 오빠 배두한의 영향으로 전설적인 일본 록밴드 '엑스재팬'을 영접. 제일 좋아했던 멤버는 요시키. 처음엔 녹음 테이프를 구해서 듣다가 급기야 용돈을 모아 고속터미널에서 파는 3만 원도 넘는 고가의 CD를 사 모으러 다녔다고.

Y Youn Yuh Jung

데뷔 초부터 가장 존경하는 배우라고 말했던 윤여정. 드라마 〈자꾸만 보고 싶네〉에 처음 함께 출연한 이후 〈센스8〉에서는 '감방 동료' 민정으로 특별 출연해 선(배두나)의 탈옥을 돕기도. 1947년생 윤여정과 1979년생 배두나는 독보적인 존재감과 용감한 행보, "걸음걸이, 어깨의 굽은 각까지 똑같"을 만큼 33년의 평행이론이 성립된다. "발칙한" 브라운관의 신인 배우였던 윤여정을 영화로 끌어들인 것은 〈화녀〉의 故 김기영 감독으로, 그의 가장 성공한 팬인 봉준호 감독은 TV 드라마에서 반항적인 신인 배우로 주목받던 20대의 배두나를 스크린으로 불러들여 데뷔작 〈플란다스의 개〉를 완성했다.

Z Zodiac Sign

10월 11일생으로 천칭자리. 정의의 여신 아스트라이아가 지녔던 '정의와 공평'의 저울대는 배우 배두나의 선택 앞에 늘 운명처럼 놓여 있다.

DOONA BAE

INTERVIEW *With* BAE DOONA

PHOTO	목정욱
STYLE	박세준
HAIR	손혜진
MAKEUP	이준성
LOCATION	취죽당

배두나 × 백은하

2014년 9월 3일. 나는 암스테르담 스키폴 공항에 도착했다. 환승을 기다리며 터미널을 배회하던 중, 어디선가 익숙한 목소리가 들려왔다. 편안한 면 티셔츠에 니트 카디건을 걸친 동양 여자, 작은 루이비통 캐리어를 끌고 비행기 표를 손에 꼭 쥔 채 놀란 듯 내 이름을 부르고 있는 그녀는, 잠시 눈을 의심했지만 분명, 배두나였다.

'레이캬비크-맨체스터-암스테르담-나이로비' 환승 일정의 배두나와 '인천-암스테르담-리스본' 환승 일정의 내가, 9월의 어느 늦은 오후에 해외 공항 터미널에서 우연히 만날 확률은, '4월의 어느 맑은 아침에 100퍼센트의 여자를 만나는 것'*보다 낮을지도 모른다. 가까운 의자를 찾을 수도 있었을 텐데, 우리는 처음 맞닥뜨린 그곳에 그대로 서서 놀라움과 반가움이 뒤섞인 채 이야기를 시작했다. 배두나는 케냐 나이로비로 가는 중이라고 했다. 2014년 6월 미국 샌프란시스코를 시작으로 총 8개국, 9개 도시에서 진행된 〈센스8〉 시즌 1의 아이슬란드 촬영을 막 마친 후였다. 〈클라우드 아틀라스〉 〈주피터 어센딩〉에 이어지는 워쇼스키 감독들과의 세 번째 협업이 시작될 그 무렵, '두나 배'에 대한 소식은 해외 뉴스에서 더 많이 접할 수 있었다. 어느덧 '월드 클래스'가 된 그녀에 대한 자랑스러움의 정도만큼 멀어진 느낌도 들었다. 인생에서 가장 의욕 충만한, 잔뜩 신이 나 있는 그녀의 모습을 막연히 상상했던 것도 같다. 하지만 그날 내 눈앞의 배두나는 어딘가 지쳐 보였다. 우리는 치즈와 과자, 초콜릿이 잔뜩 쌓인 면세점 선물 코너 앞에 서서 몇 년째 이어지고 있는 해외 작업의 긍지와 고됨에 대해, 사람과 사랑에 대해, 문득문득 찾아오는 외로움에 대해 1시간이 넘도록 이야기를 나누었다. "세상 어디에도 집이 없는 것 같아요."라던 그녀의 말에 마음이 살짝 아렸던 것도 같다. 영원히 헤어지는 것도 아닐 텐데 우리는 몇 번이나 포옹과 작별의 인사를 나누었다. 그렇게 나는 늦은 여름휴가가 기다리고 있는 포르투갈의 리스본으로, 배두나는 촬영팀이 기다리고 있는 케냐의 나이로비로 떠났다.

배우를 만나고 질문하고 듣고 기록하는 일을 20년 넘게 해오고 있지만 개인적인 친분을 쌓는 사람은 의외로 손에 꼽을 정도다. 사랑하는 동시에 경외하는 대상에 대한, 곡해하지 않을 만큼의 가까움과 판타지가 깨지지 않을 정도의 낯섦을 유지하고 싶은, 의도된 거리 두기일지도 모른다. 하지만 배두나와의 인연은 그런 직업적 자각이 끼어들기 이전부터 불쑥 시작되어버렸다. 1999년, 막 대학을 졸업했던 나는 송지나 작가가 집필한 옴니버스 드라마 〈러브스토리〉의 스크립터 막내로 일하며 인생의 방향을 찾아가던 중이었다. 1화가 배우 이병헌이 주연한 '해바라기'였고, 6화가 배우 배두나가 주연한 '미스 힙합 & 미스터 록'이었다. 당시 가장 핫한 신세대 스타였던 배두나는 촬영 현장이라는 피라미드 밑바닥에 구겨져 있던 나에게 기꺼이 먼저 인사를 건넨 최초의 배우였다. 예의 바른 친절보다는 스스럼없는 친밀감으로 다가왔던 그녀는 호기심 어린 눈빛으로 현장 상황에 대한 이런저런 것들을 묻곤 했다. 그해 말, 나는 첫 직장이었던 〈씨네 21〉로 향하며 드라마 현장을 떠났다. 그리고 2000년 초 〈플란다스의 개〉를 개봉시킨 '영화배우' 배두나와 '영화기자'로서 반갑게 재회했다. 그녀에 대해 썼던 "기대주"**라는 표현은 어느덧 "새 폴더를 열고 그 폴더의 대표 이름이 된 배우"***로 바뀌어갔다. 20대, 30대 그리고 40대에 이른 배두나를 시기 시기마다 만나 잡지, 신문, 방송, 유튜브를 출구 삼아 인터뷰했다.

어떤 대상을 연구하는 이가 모두 그들의 시작점부터 그 대상과 조우할 행운을 누리지는 못할 것이다. 우연히도 혹은 필연적으로 나에게 배두나는 그런 행운이 처음부터 허락된 배우였다. 2021년에 다시 만난 배두나가 지금까지 자신이 해왔던 일을 "절대 누구도 대체할 수 없을 것"이라고 단단한 목소리로 말하는 순간, 왠지 모를 안도감이 들었다. 나 역시 배우 배두나에 한해서는 절대 대체될 수 없는 인터뷰어라고 감히 말해도 될 것만 같았기 때문이다. 이 인터뷰는 책 〈배우 배두나〉를 준비해온 지난 1년간, 어떤 날은 소소한 인생 이야기로, 어떤 날은 14시간이 넘는 집요한 탐색으로 채워졌던 만남의 결과다. 동시에 지난 23년 동안 천천히 쌓인 대화의 밀도 높은 퇴적면이기도 하다.

* 무라카미 하루키, 『4월의 어느 맑은 아침에 100퍼센트의 여자를 만나는 것에 대하여』, 문학사상사, 2009

** 백은하, 「씨네21」 No.334, 2002.01.01.

*** 백은하, 『배우의 얼굴 24시』, 한국영상자료원, 2008

두나
DOONA

‘斗(별 두), 娜(아름다울 나)’

데뷔작이었던 드라마 〈학교〉를 보면, 다른 배우들과 달리 혼자만 본명을 캐릭터명으로 쓰고 있어요.

교복에 달아야 하는 명찰이 잘못 찍혀 나왔어요. 원래 대본에 있던 캐릭터명은 ‘이은주’인가 그랬는데, 막상 현장에 가보니 명찰이 ‘배두나’로 되어 있어서 그냥 배두나로 연기하게 된 거죠.

명찰 제작자가 드라마 배역명이라 충분히 오해할 만하죠. 한 번 들으면 좀처럼 잊기 힘들기도 하고, 외국인들이 부르기에도 쉬운 이름입니다.

‘두나’가 스펠링까지 똑같이 호주에서는 ‘이불duvet’이라는 뜻으로 쓰인대요. 게다가 ‘Bae’라는 성은 ‘사랑하는 사람’을 영어로 부르는 말이잖아요. 그래서 외국 사람들이 듣기엔 제 이름이 굉장히 포근하고 스위트한 느낌이 드나 봐요. 할아버지는 ‘미경’이라고 지으라고 하셨다는데, 엄마가 말 안 듣고 그냥 두나로 지으셨대요. 斗(별 두), 娜(아름다울 나). 엄마가 옥편 놓고 찾은 단어인데 많이 쓰는 한자는 아닐 거예요. 가끔 배두나가 아니라 ‘배미경’으로 살았다면 어땠을까 생각해요. 어릴 때부터 너무 튀는 이름이다 보니 출석을 부를 때도 가장 먼저 불려서 힘들었어요. 가끔 고객센터 같은 데서 전화 올 때 ‘배두나 고객님-’ 이러면 그쪽에서 저란 걸 알 거라는 생각에 벌써 마음이 작아져요. 비행기 탑승객 리스트에서도 너무 튀고. 얼마 전 영화 〈바이러스〉 찍다가 배가 너무 아파서 응급실에 갔는데 의사 선생님이 정말 큰 목소리로 “배두나 님! 장염입니다!”라고 말씀하시는 거예요. 커튼이 쳐져 있었지만 이름 때문에 다 전 줄 알았을 거예요. 그래서 저는 정말 작은 목소리로 “장염요? 저… 설사도 안 하는데요?”라고 대답했는데 “배두나 님! 곧 설사하실 겁니다!”라고 또 외치는 거예요. 너무 창피해서 더 아프게 느껴졌어요. (웃음) 차라리 실명을 ‘배미경’으로 개명하고 배두나를 활동명으로 쓰고 싶을 만큼.

그렇게 튀는 이름을 가지고 살아야 했던 어린 배두나는 어떤 소녀였어요?

어렸을 때는 되게 이사를 많이 다녔어요. 강동구에서 살다가 아버지 회사 때문에 청주로 이사를 갔어요. 충북대 앞 초등학교도 짧게 다닌 적이 있는데, 아직도 대학생들이 시위할 때마다 나던 최루탄 냄새가 기억나요. 그러다가 다시 아빠가 서울로 복귀하면서 삼청동 시절이 시작된 거죠.

예전 인터뷰 (〈백은하의 배우연구소〉 배두나 편, Watcha, 2019)에서, 삼청동에서 어린 시절을 보냈다니 당연히 따뜻한 기억만 있을 거라 넘겨짚었다가 꽤나 아픈 기억을 건드려서 미안했어요.

제 유년에서 가장 힘들었던 시기였죠. 4학년 때 재동국민학교로 전학 간 이후 한 1년 동안 아이들로부터 ‘왕따’를 당했어요. 몇 명이 주도하는 가운데 친구들이 저를 미워하고 말도 잘 안 하고 놀아주지도 않았죠. 애들이 왜 나를 싫어하는지 물어보니 미니스커트만 입고 다녀서 싫대요. 그래서 엄마한테 제발 바지를 사달라고 졸랐더니 엄마가 어디서 정말 짝 달라붙는 스판 바지를 사 오셨더라고요. (웃음) 그걸 또 좋다고 학교 가서 애들한테, 나 바지 입었다, 자랑했죠. 그러다가 초등학교 5학년 때였나? 10월 11일이 제 생일인데 갑자기 그 전날부터 애들이 나랑 말을 하기 시작하는 거예요. 너무 좋아서 생일 파티를 한다고 집으로 초대했는데, 절대 아무도 안 올 것만 같았던 아이들이 우르르 놀러 와서 케이크 초도 불고, 맥도날드 햄버거도 먹고 즐겁게 놀았죠. 그렇게 행복한 생일잔치가 끝나고 모두 집으로 돌아가는데 한 친구가 막 울면서 저에게 돌아왔어요. 너무 미안하다고, 내일부터 아이들이 다시 너랑 얘기 안 할 거라고, 그냥 생일에 맛있는 거 먹으려고 하루 이틀 친하게 지냈던 거라며 그 애가 내 앞에서 엉엉 울었어요. 그때부터 그 친구가 제 옆에 있어 주었고, 어느 순간 학교에서의 분위기도 자연스럽게 풀리게 되더라고요. 그렇게 한 명의 친구가 저를 구원해줬어요.

영화를 선택할 때 외톨이 캐릭터들에게 유독 끌리는 것도 개인적 기억에서 기인한 것일 수도 있겠군요.

그런 것 같아요. 그래서 저는 여전히 어디서든 소외당하고 있는 사람을 잘 못 봐요. 유독 그 부분에 예민해서 영화 촬영장에서도 만약에 조명부 막내가 되게 우울해 보이면, 무슨 일이지? 왜 저러지? 여자친구랑 싸웠나? 그렇게 신경이 쓰일 수가 없어요. 뉴스에서 국가대표 선수촌에서 코치가 어린 선수들을 성추행했다는 소식을 접했을 때는 정말 너무 분노가 솟구쳤어요. 자기 인생의 99할이 다 선수촌에 있는 애들한테 어떻게 그럴 수가 있어요. 의무 교육 때문에 반드시 학교에 가긴 가야 하는데 거기 가면 괴롭힘을 피할 수 없는 애들과 다를 바가 없죠. 벗어날 수가 없는 상황에서 당하는 폭력, 저 사람만 안 보면 되지, 이럴 수가 없는 사람들. 그래서인지 저는 특히 그런 사건들을 접하면 참을 수가 없어요. 초등학교 시절 겪은 왕따 사건은 제 인생의 중요한 터닝 포인트였죠. 어딘가 살짝 부족하거나 모자란 캐릭터를 좋아하는 것도, 허점이 있는 사람에게 더 매력을 느끼는 것도 그때부터 시작된 것 같아요. 그런 일을 겪기 전의 저는 겉으로 보기에는 완벽한 여자애였어요. 집도 잘사는 것 같고, 항상 옷도 너무 잘 입고 다니고, 머리도 〈천사들의 합창〉의 마리아 호아키나처럼 딱 세팅해서 다니고, 너무 세련된 어린이였죠. 공부도 잘해서 선생님들도 다 예뻐했으니 애들이 싫어할 수 있었을 거예요. 하지만 그런 국민학교 시절을 보내고 나니 중학교 때부턴 어떻게 하면 눈에 안 띌까, 타깃이 되지 않을까 고민하게 되는 거예요. 옷도 후줄근하게,

펑퍼짐한 셔츠 하나에 청바지 하나 입고 머리도 단발로 자르고, 눈도 안 좋아져서 안경까지 끼고, 그러니까 비로소 삶이 편안해지더라고요.

세기말
MILLENNIUM

돌이켜보면 진짜 인생이 바뀌고 있던 시간이었죠.

사진, 베이킹 등 하나에 빠지면 깊게 빠지는 사람인데요. 인생 첫 '덕질'은 무엇이었나요?

초등학교 1학년 때는 지우개 모으기, 그다음은 스티커로 넘어갔고, 중학교 때는 만화책 덕후였어요. 성향이 뭔가 하나에 꽂히면 거의 중독이 되는 수준이에요. 만화에 빠졌을 때는 한 달에 300권 빌렸으니까. 하루에 쉬지 않고 10권을 읽었다는 거예요. 그래서 눈이 많이 나빠졌죠. 엄마한테도 혼나고. 중학교 3학년 때쯤엔 엑스재팬에 눈을 뜨고 그러다가, 아무로 나미에로 잠시 갔다가, 미스터 칠드런을 거치는 식으로 일본 문화를 전전했죠. 그래도 엑스재팬에는 고3 때까지 푹 빠져 있었어요. 경호라고 지금도 되게 친한 고등학교 단짝 친구가 있는데, 그 친구한테 내가 엑스재팬 테이프 같은 걸 녹음해서 줬던 기억이 나요.

배우의 꿈은 어떻게 시작되었나요? 연극배우인 어머니(김화영)를 따라 가까이서 접했던 배우라는 존재는 어린 배두나에게 어떻게 다가왔나요?

사실 좋은 영향을 미치진 않았죠. 저는 다섯 살 때부터 엄마가 연극 하는 소극장 분장실에 앉아 있었어요. 제가 정말 조용한 아이여서 엄마가 꼭 저만 데리고 다니셨거든요. 쟁쟁한 배우들을 무대 뒤에서 보면서 연기란 저런 대단한 사람들만 하는 거구나, 나처럼 숫기 없고 자신감도 없는 애는 할 수 있는 게 아니구나, 라고 생각했어요. 어린 시절부터 확실히 선을 그어놓고 스스로 감히 꿈을 꿀 수 없게끔 했던 셈이죠. 저는 가족 안에서도 어릴 때부터 별로 눈에 띄지 않았고, 게다가 너무 잘난 오빠가 있는 아이였거든요. 초등학교 1학년 때 첫 시험에서 하나 틀렸다고 슬퍼하면, 3학년인 오빠가 전 과목 '올 백'을 맞아 와요. 우리 엄마는 그땐 '두나 엄마'가 아니라 '두한이 엄마'였어요. 말주변도 없고, 노래도 못해, 잘 놀지도 못해, 아무리 공부를 열심히 해도 오빠만큼은 안 되고 그러니 나 같은 게 사람들 앞에 나서는 사람이 될 거라고는 꿈에도 생각할 수 없었어요. 엄마가 "어휴, 우리 호박 덩어리!"라고 놀릴 정도였으니까요. "배우 배두나는 내 20년 기획 상품"이라는 말은 그러고 보면 사실이 아니었던 거죠. (웃음) 〈플란다스의 개〉 캐스팅 때 제작사에 보장받지 않은 신인에 대한 확신을 주기 위해 엄마가 즉흥적으로 만들어낸, 일종의 마케팅 문구 같은 거였달까. 엄마는 물론이거니와 저 자신도 배우가 될 거라는 꿈이나 기대가 전혀 없었죠.

그럼에도 불구하고 대학은 한양대 연극영화과 98학번으로 입학했어요.

사실 별다른 꿈이 없어서, 연극영화과에 가면 연극이나 영화를 많이 보지 않을까 생각했던 것 같아요. 물론 그것이 완전 착각이었다는 걸 1학년 들어가자마자 알게 되었지만요. (웃음) 한 학기 과제로 연극이나 영화를 한 편씩 만들어야 해서 매일 전철 끊기는 시간까지 작업을 하다 보니 정작 연극이나 영화를 볼 시간이 없더라고요. 또 한편으론 제가 중고등학교 때 라디오를 안 틀어두면 잠이 안 올 정도로 라디오에 빠졌던 사람이라 혹시 라디오 연출 쪽으로 갈 수 있지 않을까 정도로 막연하게 생각했었죠. 11월에 수능을 보고 12월쯤 한양대 특차에 합격이 되었어요. 그렇게 대학생이다! 라는 마음으로 당시 남자친구랑 데이트하면서 압구정 로데오 거리를 걷고 있었는데, 누가 다가와서 명함을 주셨어요. 그때는 '길거리 캐스팅'이 유행이긴 했는데, 무슨 에이전시나 매니지먼트사도 아니고 '쿨독'이라는 거예요. 당시에 또래들 사이에서는 너무 유명한 브랜드라 사기는 아니겠다는 생각이 들었는데, 심지어 폴라로이드 테스트를 하러 사무실에 오라는 거예요. 이 사람들이 사기꾼이면 사무실이 없을 텐데? 라는 생각에 따라갔어요.

사기꾼들도 사무실이 있을 수 있는데. (웃음)

그러니까요. 그런데 정말 옷이 잔뜩 쌓여 있는 사무실에서 폴라로이드 사진을 찍었어요. 이걸 사진작가들에게 보여주겠다고 해서 인사하고 집으로 돌아왔는데… 제가 된 거예요! 그렇게 모든 게 시작된 거죠. '쿨독' 카탈로그를 안성진 작가와 함께 되게 추운 겨울날 한강에서 민소매 원피스 하나 입고 찍었던 기억이 나요.

그 '쿨독' 화보가 이 세계로 들어오는 문이 되었던 셈이네요.

네, 그 이후로 처음으로 「키키」라는 잡지의 표지 사진을 권영호 작가와 찍었어요. 그 사진을 보고 되게 많은 사람이 배두나가 누구야? 하며 찾았다고 하더라고요.

아직 매니지먼트가 있는 게 아니었으니까, 잡지 편집부에 문의가 쏟아졌다고 들었어요.

중앙일보사 밑에 있는 스튜디오에서 초 단위로 옷을 갈아입으며 사진을 찍고 있으면, 기자 언니들이 우르르 몰려들어서 내 다이어리를 빼앗아 갔어요. 그러곤 스케줄 빈칸마다 자기 이름을 적었어요. 목요일은 내 거 하고, 금요일은 내 거 찍고, 뭐 이러면서. 하루에 두 탕 뛸 때도 있을 정도로 정말 잘나가던 때,

조금 벌이가 좋은 아르바이트라고 생각했지만 돌이켜보면 진짜 인생이 바뀌고 있던 시간이었죠.

저 역시 어디서 저런 괴생명체가 나타났을까, 했죠.

세기말이라 그런지 특이하게 생긴, 저 같은 얼굴이 주목받던 시절이었죠. 당시 내로라하는 배우 매니지먼트에서 다 연락을 받았었던 것 같은데, 실제로 저를 만나보고는 사진은 잘 나와서 모델은 하겠지만 드라마나 영화 쪽으로 갈 스타일은 아닌 것 같다고 하셨죠. 그래서 "네! 저도 그렇게 생각해요!"라고 대답했죠. (웃음)

한동안은 모델로 쉬지 않고 잡지 촬영을 했었죠?

'중철지 시대'라고 불렸던 그때 모델들이 지금보다 훨씬 바빴던 게, 페이지 하나에 과정샷까지 사진이 대여섯 장으로 쪼개져 들어가서였어요. 한번 불려 가면 한두 시간 안에 스무 벌 넘는 옷을 갈아입었어요. 그것만으로도 엄청난 노동이라 살이 쭉쭉 빠질 정도였죠.

당시 함께 작업했던 「키키」의 엄효신 에디터에 의하면 두나 씨는 아무리 난해한 옷이라도 입는 순간 어떤 포즈를 해야 하는지 알았다고, 옷에 대한 이해도가 매우 높았다고 하던데요.

참 희한하게도, 옷을 받아 입는 순간 이 옷은 어떤 포즈를 취해야 더 예뻐 보이는지 그냥 알겠더라고요. 이건 앉았을 때 예쁜 거네, 이 옷은 뒤가 예쁘네, 포인트가 딱 보였어요. 뭘 어떻게 해야 이게 팔리겠다 이런 거까지. 지금도 그렇지만 그때도 화보 찍을 때는 내가 예뻐 보여야 한다는 생각을 전혀 안 했어요. 오로지 이 옷에서 뭘 보여주어야 가장 예쁘겠다, 그것만 생각나요. 지금도 얼굴 표정을 많이 짓지 않게 된 게, 모델이 너무 보이면 외려 옷이 안 보이니까 최대한 자제하려고 하는 측면이 있어요.

옷에 대한 그런 이해는 누가 가르쳐준 적도 없을 텐데요.

전 옷을 정말 많이 입어봤던 아이였거든요. 엄마가 엄청 멋쟁이세요. 지금까지도 우리 엄마처럼 감각 있는 사람을 못 봤어요. 저도 당연히 발끝에도 못 좇아가고요. 색을 조합하는 감각을 보면 정말 세월을 뛰어넘는 클래식이에요. 그런 엄마가 어릴 적부터 머리끝에서 발끝까지 착장을 항상 정해놓고 저를 입히셨죠. 게다가 진짜 이상한 걸 많이 입혔어요. 까만색 가죽 원피스에 빨간색 보라색 스타킹을 신기고. 그 눈물의 생일잔치 사진만 봐도 분홍색 오프숄더 드레스잖아요. 화려한 걸 너무 많이 입어봐서인지 어떻게 하면 소화를 잘할지는 경험적으로 아는 거죠. 아무리 이상한 걸 입어도 소화할 수 있겠다는 자신감도 있었고요.

도킹
DOCKING

이제 '영화배우 배두나' 라고 불러주세요.

〈플란다스의 개〉를 데뷔작으로 알고 있는 경우가 많지만, 실질적인 영화 데뷔작은 〈링〉이었어요.

98년도에 집약적으로 모델 일을 하다가 99년도에 영화 〈링〉에 먼저 캐스팅이 되고 드라마 〈학교〉도 동시에 찍게 되었는데, 〈학교〉가 먼저 방영되면서 그게 제 데뷔작이 되었죠. 〈링〉은 따로 오디션이라는 게 없었어요. 얘는 너무 그로테스크하게 생기고, 화보도 아방가르드한 걸 많이 찍었기 때문에 귀신 역으로 딱이다! 라고 생각했나 봐요. 대사도 없으니까. 막 가발 씌워보고 하시더니 거의 다 확정되었을 때쯤 그 유명한 텔레비전 밖으로 기어 나오는 모습을 테스트하긴 했어요. 32인치 TV가 편하겠니, 44인치가 편하겠니? 하시면서. (웃음)

첫 영화 현장은 어떤 기억으로 남아 있나요?

일단 모델 일과는 달리, 영화 현장은 사람이 너무 많은 게 적응하기 힘들었어요. 사실 〈링〉에 관한 기억은 너무 안 좋아서 계속 배우 하기 싫다는 생각, 내 젊음을 이용당하고 있다는 생각이 들 정도였죠. 한겨울이었는데 허허벌판에서 우물 신을 찍었어요. 소복 같은 얇은 원피스만 입은 채 서리를 밟고 맨발로 걸어 나와야 되는데, 현장에 방한 용품은커녕 모닥불도 없었어요. 어디서 듣도 보도 못한 신인이 왔으니 난로도 하나 안 피워주는 거예요. 게다가 긴 머리 가발을 아침에 씌워놓으면 하루 종일 대기를 하는 동안 한 번도 안 벗겨줬어요. 요즘에는 아무리 신인이라고 해도 그런 대접을 하진 않거든요. 그 딱딱한 걸 하루 종일 쓰고 있으면 두통이 나서 머리가 터질 것 같은데 미련하게 아무 말도 못 하고 참고 있었어요. 현장의 누구도 배우의 편의를 봐주지 않는 상황이 너무 괴롭고 서러웠죠. 물론 요즘엔 안 그럴 텐데도, 저는 지금도 신인 배우들이 오면 혹시 불편한가? 말을 못 하고 있나? 되게 걱정하고 살피게 돼요. 당시엔 매니저가 없으니까 대학생이던 친오빠가 엄마 아반떼를 끌고 다니며 매니저 역할을 대신해주고 있었거든요. 결정적으로 점심시간에 도시락을 나눠 주는데 우리 오빠 걸 안 주는 거예요. 촬영지가 근처에 식당 하나 찾아볼 수 없는 황무지 벌판이었는데 말이죠. 오빠는 괜찮다고 하는데 거기서 눈물이 갑자기 쏟아지면서 내가 다시는 영화 안 한다, 돈을 억만금을 준다고 해도 못 한다면서 엉엉 울었죠. 영화 현장이 정말 안 맞는다고 생각했어요.

그런 힘든 마음이었는데 〈플란다스의 개〉는 어떻게 출연을 결심하시게 된 건가요?

그런 경험을 하고 나니 영화계에는 다시 발 들이고 싶지 않았을 거 아녜요. 게다가 당시에 잡지 촬영에, 라디오 DJ, 가요 프로그램 MC며 한창 잘나가는 신인들이 하던 걸 다 하고 있었으니 스케줄이 정말 많았어요. 회사에서 오디션에 가라고 해서 카니발에서 자다가 어찌어찌 영화사 사무실까지 끌려 올라가긴 했는데, 왜 나를 이런 데 불렀나 짜증도 나고 너무 피곤해서 어디 소파 같은 데 앉아서 졸고 있었어요. 봉준호 감독님이 오셨을 때도 처음엔 제대로 보지도 않고 '그냥 빨리 나를 내보내주세요' 하는 표정으로 무언의 압박을 보내면서 앉아 있었죠. 그때만 해도 진짜 배우가 되고 싶은 마음이 없었으니까요. 아마 다른 신인들은 노래라도 불러볼까요? 춤이라도 춰볼까요? 그랬을 텐데, 이 사람이 누군데? 알 게 뭐야? 하는 자세로 앉아 있으니까 아마 그 모습이 신기했는지 몇 마디 더 건네시더라고요.

뭘 물어보던가요?

제가 그때 아주 큰 헤드폰을 목에 끼고 있었는데 "무슨 음악 들어요?" 물어보시길래 "음악은 안 들어요. 패션이에요." 막 이따위로 대충 이야기를 했는데 감독님은 그게 되게 재미있었나 봐요. 그렇게 감독님과 한 5분 정도 얘기를 하는데 '어, 이 사람은 다르네? 영화계는 이상한 사람들만 있는 줄 알았는데 인간적이네?' 하면서 자세를 고쳐 앉았죠. 저도 바보가 아닌 이상 알겠더라고요. 이 사람은 보통이 아니다. 심드렁한 와중에도 저 역시 그런 안목은 있었던 거죠. (웃음) 오디션 끝내고 나가는데 〈플란다스의 개〉 대본을 줬어요. 집에 가서 읽었는데 시나리오가 너무 재밌더라고요. 너무 웃기고 완전 내 스타일이어서 그때부터 꼭 이 영화 하고 싶다면서 갑자기 180도 다른 자세가 되었죠.

그렇게 영화와의 제대로 된 도킹이 시작된 거군요.

맞아요. 그런데 아마 제가 캐스팅된 데는 이 역할을 꼭 따내야겠다는 욕심이 없어서였을 수도 있어요. 예쁘게 보여야 한다, 연기를 잘해야 한다, 라는 욕심 자체가 없었으니까. 그런데 저를 캐스팅하는 바람에 〈플란다스의 개〉가 아예 엎어질 뻔한 일도 있었어요. 지금 생각해보면 봉준호 감독도 참 말도 안 되는 감독이야. 정말 말도 안 되는 신인 애를 데려다가 영화의 주연으로 쓴다고 한 거잖아요. 감독님 표현에 따르면 원래 준비하던 제작사에서 이 영화를 안 하겠다고 해서 주섬주섬 책상을 정리하고 있는데, 시네마 서비스에서 이성재 배우를 극적으로 캐스팅하면서 제작에 들어가게 된 거라고 하더라고요.

〈플란다스의 개〉 현장에서는 별명이 참 많았더라고요.

만두처럼 생겼다고 '만두소녀', 제가 하도 쪼그리고 앉아 있길 좋아해서 '접힌 여자'라고도 불렸어요. 아! 맞다. '쌀집의 추억'이라는 사건도 있었죠. 걸어가면서 하품을 하는 신이었는데 봉준호 감독님이 목젖이 보였으면 좋겠다는 거예요. 만화도 아니고 사람이 하품을 하면서 목젖이 보이는 게 의외로 쉽지 않아요. 어쩌면 별것도 아닐 수도 있는 하품 신을 스테디캠으로 찍으면서 12번 테이크까지 가는 걸 보면서 정말 집요한 사람이라고 생각했어요. 한 여덟 테이크쯤 갔나? 필름 값 많이 든다는 얘기까지 들리니까 눈물이 날 것 같은 거예요. 꾹 참고 계속 찍어서 열두 테이크 만에 마침내 오케이 사인이 떨어졌을 때, 그냥 막 뛰어서 도망갔어요. 어딘지도 모르는 곳으로 달려가 쭈그리고 앉아서 엉엉 울고 있는데, 배우가 갑자기 울면서 뛰쳐나가니까 감독님도 놀라서 따라 달려오셨죠. 그곳이 마침 문정동 시영아파트 상가에 있는 문 닫은 쌀집 앞이었던 거예요. 이제 막 연기를 시작한 어린 애가 쌀집 앞에서 쓰러져 울고 있고 이제 막 입봉한 감독이 쩔쩔매면서 달래고 있었던 그날을, '쌀집의 추억'이라고 불렀죠. 그렇게 한번 크게 겪고 난 후부터는 씩씩하게 찍었던 것 같아요. 〈플란다스의 개〉를 찍으면서 처음으로 연기가 재미있어졌어요. 그 전까진 '잘하지도 못하는 일을 내가 왜 하고 있나'라는 생각만 계속 했었거든요. 사실 사람이 잘하는 걸 해야 재밌잖아요. 그냥 특이하게 생겼다는 이유만으로 일을 시작하고 보니 어느덧 광고도 찍고 영화도 찍고는 있는데 이건 내가 잘할 수 있는 게 아니다 싶었죠. 그러다가 〈플란다스의 개〉를 기점으로 영화배우가 되고 싶어져 버린 거예요. 배우가 되게 멋있는 직업이구나, 제대로 배우가 되고 싶다는 생각을 했죠. 그러고 나서는 보는 사람마다 "이제 영화배우 배두나라고 불러주세요."라고 하고 다녔어요. (웃음)

슬럼프
SLUMP

저에게 남은 건
'흥행 참패 배우'라는 딱지 외에
아무것도 없었죠.

〈클라우드 아틀라스〉에 캐스팅되어 할리우드로 날아가던 시기는 밖에서 보기에 배두나의 인생에서 가장 화려한 비상처럼 보였어요.

하지만 정작 저에게는 여전히 어두운 시기 중 하나였죠. 데뷔 이후 〈복수는 나의 것〉 〈괴물〉을 거쳐 〈공기인형〉까지는 정말 너무 바쁘게 지냈어요. 영화를 찍는 사이사이 〈위풍당당 그녀〉 〈썸데이〉 같은 드라마들도 계속 찍으면서. 거기에 〈두나's 런던놀이〉 〈두나's 도쿄놀이〉 같은 책도 썼죠. 〈공기인형〉을 찍고, 드라마 〈공부의 신〉에 이어 〈글로리아〉 때가 돌이켜보면 제게 가장 큰 슬럼프가 찾아왔던 시절이었어요. 일본에서 거장 감독과 영화를 찍고 칸 영화제에 초청받고, 일본 아카데미에서 연기상을 받고… 그런 것과 아무 상관 없이 저는 그냥 한국에서는 잘 못 나가던 배우였어요. 나는 이 정도인가 보다, 어쩐지 지금까지 운이 좋았구나. 게다가 엄마도 "너는 배우로서는 한물갔으니 시집이나 가라"고 모진 말을 하실 정도였죠. 언젠가 본 인터넷 댓글 중에는 〈괴물〉에서 배두나가 빨리 죽어야 영화가 흥행할 거다, 라는 말도 있었어요. 왜냐하면 그동안 제가 선택한 영화 중에는 흥행작이 없었으니까요. 물론 20년이 지난 지금에야 〈고양이를 부탁해〉가 다시 재평가받고 〈플란다스의 개〉가 무려 칸에서 황금종려상을 받은 감독의 데뷔작이 되면서 덩달아 '거봐, 내 안목이 맞았지?' 할 수 있는 거지만, 〈괴물〉이 개봉하기 전까지만 해도 제가 선택한 작품은 줄줄이 '폭망' 영화였어요. 배두나를 쓰면 영화가 망한다, 라는 말이 나왔죠. 정신적으로 방황하던 그 시기에는 '거봐, 네가 허영을 부렸지.'라며 자책했어요. 나는 내가 옳다고, 바른길이라 생각해서 걸어온 길이지만 결국 저에게 남은 건 '흥행 참패 배우'라는 딱지 외에 아무것도 없었죠. 그렇게 시니컬한 생각이 계속 이어지는 걸 막을 수가 없었어요. 왜 나는 〈플란다스의 개〉부터 메이크업을 지우고 카메라 앞에 서는 게 진짜 배우라고 생각하게 되었을까? 한 살이라도 어릴 때 더 예쁘게 꾸미고, 광고도 많이 찍고, 팬들에게 받는 사랑도 즐길걸… 어쩌자고 어릴 때부터 그런 예술적인 허영을 부렸을까? 어쩌다가 내 캐릭터가 빨리 죽어야 영화의 징크스가 없어지는 그런 배우가 된 거지…? 그렇게 쫄아든 마음이 되게 오래갔어요. 그렇게 2~3년을 보내고 〈코리아〉를 찍게 됐죠.

〈코리아〉에서 보여준 리분희의 연기는 저를 비롯해 많은 사람이 칭송했던 기억이 납니다.

하지만 〈코리아〉의 촬영 현장은 또 다른 방식으로 힘들었던 시간이었어요. 저는 아무리 몸이 고되더라도 늘 현장만큼은 즐거웠던 배우였는데, 그 현장은 즐길 수가 없었어요. 일단 '현정화'라는 남한의 메인 캐릭터를 잘 만드는 것이 목적인 영화였고, 촬영장에서는 뭔가 제가 크게 잘못된 연기를 하고 있다는 분위기가 조성되었어요. 상대 배우만큼 제가 강하게 쳐주지 않으면 힘의 불균형이 온다는 거였죠. 저는 전체의 조화를 위해서 나 한 사람이라도 힘을 빼야 관객들이 이 영화를 편하게 볼 수 있을 거라고 확신했거든요. 그러니 내 연기에서만큼은 절대 타협할 수 없었어요. 결국 애초에 잡고 들어간 제 연기 톤을 지켜내기 위해 어떤 신은 12테이크나 반복한 끝에 촬영을 끝냈죠. 돌아오는 차에서 4시간 동안 울었어요. 감독님 말을 안 들었던 첫 영화이자 제일 외롭게 촬영했던 영화였을 거예요. 그런데 기자 시사회를 하던 날, 모든 게 뒤집힌 거예요. 소장님이 "관객들은 영화 내내 배두나의 얼굴만 탁구공 쫓듯이 따라가게 될 거다"*라고 하셨던가요? 그 말을 시작으로 기자분들, 평론가들도 제 연기에 대한 이야기를 하기 시작했어요. 관객들도 리분희를 사랑해주었고요. 그간의 힘듦이 모두 보상받는 느낌이었죠. 반전이었어요. 저한테 그게 얼마나 커다란 사건이었는지 몰라요. 2010년에 심리적으로 밑바닥을 찍고, 2011년에 〈코리아〉를 찍으며 외로웠던 마음을 안고, 2012년에 〈코리아〉 시사회를 했던 거죠. 그런데 그 와중에 할리우드 감독이 나에게 시나리오를 주고 싶다는 거예요. 정말 겸손이 아니라 나한테? 왜? 하고 생각했어요. 그 당시 제 마음 상태가 그랬어요. 그래서 미국으로 떠날 때도 내가 설마 될 리가 없다고 생각하고 간 거예요.

참, 드라마틱했던 시기였네요.

그렇게 〈클라우드 아틀라스〉의 라나 워쇼스키 감독을 직접 만났을 때 〈고양이를 부탁해〉와 〈공기인형〉을 참 좋게 봤다는 말을 들었어요. 20대 초반부터 고집스럽게 혹은 소신 있게 지켜왔던 제 선택들이 틀리지 않았다고, 작은 위안을 받은 순간이었죠.

호모 카메라쿠스
CAMERA PERSON

저는 알고 있거든요. 카메라가 나를 사랑하고 있다는 걸.

2000년대 초반 김소영 교수가 만든 다큐멘터리 〈황홀경〉이라는 작품을 보면 이창동 감독의 영화 〈시〉에도 나왔던 윤정희 배우가 이런 말씀을 하세요. "〈플란다스의 개〉, 그 누구죠? 배두나. 어쩜 그렇게 자연스러워요. 배우들이 제일 힘든 게 손 움직이는 걸 자연스럽게 하는 건데 이 배우는 그냥 다 자기 세상이에요." 전통적인 극연기로 시작했던 배우들에게 특히 배두나 씨처럼 일상인지 연기인지 구분되지 않는, 말하자면 극화되지 않은 연기를 하는 배우는 낯설지만 동시에 그 방식이 궁금할 것 같거든요. 편안해 보이지만 엄연히 말하면 결국 카메라 앞에서의 연기잖아요. 그 자연스러움을 유지시키는 방법은 뭘까요?

일단 카메라를 엄청 좋아해요. 카메라를 의식하지 않고 그 앞에서 긴장도 안 해요. 왜냐면 저는 알고 있거든요. 카메라가 나를 사랑하고 있다는 걸. 이상한 자신감인데. 카메라 앞에 있으면 너무 행복하고 사랑받는 기분이 들어요. 그게 스틸 카메라든, 영화 카메라든, 카메라만 있으면 외롭지가 않아요. 심지어 데뷔 초에 라디오 DJ를 하는 제가 피곤해 보이면 매니저분이 제작진에게, 진짜로 안 돌아도 좋으니까 두나 앞에

* 백은하, 〈코리아〉로 6년 만에 국내 복귀 배두나, "리분희 딱 한 번만이라도 봤으면 좋겠어요", 「경향신문」, 2012.05.01.

카메라 하나만 갖다 넣어달라고 부탁할 정도였어요. (웃음)

보이는 라디오도 없던 시절이었는데도?
네, 재는 카메라만 있으면 살아난다면서. (웃음)

타고났네요.
사실 타고나지는 않았어요. 그보다는 모델 활동을 하면서 카메라와 사랑에 빠졌던 것 같아요. 나는 그냥 특이하게 생긴 아이일 뿐인데, 카메라 렌즈를 거치는 순간 정말 신비로운 사람이 되는 거예요. 그렇게 사랑에 빠졌고 믿음이 생겼어요. 카메라를 거치면 저보다 훨씬 더 나은 사람이 될 거라는 기대도. 그때부터 저는 카메라가 앞에 있으면 되게 안정됐어요. 긴장을 하기보다 오히려 긴장이 풀어졌죠. 그러니까 그냥 자연스러운 동작이 나올 수도 있고 손을 어디에 둬야 하는지 같은 생각을 할 필요도 없었어요. 보통 신인들은 걷는 연기가 힘들고, 손 위치가 애매해서 팔짱을 끼는 경우도 많다고들 하는데 저는 초기작부터 연기는 몰라도 행동이나 걸음걸이는 되게 자연스러웠어요. 어쨌든 촬영이기 때문에 NG를 내면 안 된다는 생각으로 집중을 하고는 있지만, 정작 카메라가 있다는 건 의식이 전혀 안 되는 거예요. 오히려 도움이 되죠. 그런 심리적인 안정감 속에서 굳이 내가 뭔가를 하지 않아도 재가 알아서 잘 찍어주고 있다고 믿었어요. 막 열연을 펼치지 않고 그냥 날것으로 덤덤하게 연기를 해도 되겠다는 생각 역시 그런 카메라에 대한 믿음 때문에 가능했고요. 저는 오히려 연극 무대에 섰을 때 비로소 연기가 무서워졌어요. 카메라가 아니라 사람들의 '쌩눈'이 나를 바라보고 있을 때 거의 벌거벗은 느낌이 들 정도였어요. 연극 무대에서 라이브의 교감을 관객들과 나누며 연기하는 배우들이 너무 존경스럽고 신기해 보였죠. 그렇게 저는 카메라 앞이 훨씬 편한 배우란 걸 연극을 하면서 처음 알게 되었어요.

레드 카펫 카메라 앞에서는 무슨 생각을 해요?
나 멋있지? (웃음) 하하, 이거 너무 영업 비밀인데. 지금 이 순간 내가 제일 멋있어! 라고 생각하죠. 그렇다고 너무 뽐내면서 스웨그, 하는 건 절대 아니고 충분히 자제하면서. 시상식이나 영화제 레드 카펫 위에서 제대로 차려입고 카메라 플래시 받는 걸 정말 좋아하는데 요즘은 코로나 때문에 그럴 기회가 없어서 너무 재미가 없을 정도예요. 끝에서 끝까지 포토그래퍼가 한 100명쯤 플래시를 터트려줘야 신이 나는데. (웃음) 그래서 촬영 현장에서 저를 봤던 분들은 다들 너무 놀라고 그래요. 〈고요의 바다〉 같이 찍었던 (김)시아도 맨날 제가 현장에서 꼬질꼬질하게 졸던 모습만 보다가 가끔 인스타그램에 엄청 패셔너블한 사진을 올리면 "와… 언니 너무 멋있어요."라고 그래요. 그럼 "미안하다, 환상을 깨서." 이렇게 대답하죠.

그런 순간에는 영화나 드라마에서 보던 배두나와 완전 딴 사람처럼 보이기도 해요. 잘 알고 있다고 생각했던 사람이 갑자기 전혀 모르는 사람처럼 멀어 보이는 느낌도 있고요.

예전에 누군가 그렇게 말하기도 했어요. 넌 알다가도 모르겠다고. 이제쯤 잘 안다고 생각했을 때, 영 모르겠는 모습을 보여준다고. 그런데 사실 그 모든 모습이 나예요. 소장님 앞에서 이렇게 인터뷰를 하는 나, 영화 촬영장에서 부스스한 모습으로 인사하는 털털한 동료로서의 나도 진짜 성향이라기보다는 일정 부분 훈련된 사교성과 사회성으로 만들어진 저의 모습이죠. 예민하고 낯설고 거리감 있는 이미지 역시 만든 것이 아니라 원래 내 속에 있는 부분이기도 하고요. 한쪽만 본 사람들은 괴리감이 생길 수밖에 없는데 모두 다 여전히 제 안에 있는 모습인 거죠.

용도에 맞게 꺼내놓는 거군요.
네, 그래서 제가 둘 다 못 놓고 있는 거예요. 어쩌면 영화 현장에서 풀 수 없는 답답함을 패션 쪽에서 풀기도 하고, 패션 쪽에서 채워주지 못하는 부분을 영화로 보상받기도 하죠. 그렇게 상호 보완적인 부분이 있어요. 메이크업을 하지 않고 영화 카메라 앞에 나와도 거리낌이 없는 건, 화보 찍을 때는 아름다운 옷을 입고 진짜 멋있게 보일 수 있는 기회가 있다는 걸 알고 있기 때문이기도 할 거예요.

어프로칭
APPROACHING

현장에서는 저를 가장 예민한 상태로 만들어놓아요.

〈고양이를 부탁해〉 때는 정재은 감독님이 모든 배우에게 숙제를 내주셨다고 들었어요.
시나리오에 자기 캐릭터가 나오는 신이 있으면 그때의 그 캐릭터의 감정을 모두 글로 쓰는 거였어요. 아마 당시에는 감독님도 불안한 마음에 어떻게든 인물을 이해해보라고 그런 방식을 제시한 거겠지만, 그런 접근은 저에게는 별로 도움이 되지 않았어요.

문장화되고, 개념으로 정리되는 방식으로 연기하지 않기 때문이겠죠.
네, 여전히 그렇게 못 해요. 저는 대본이 깨끗한 스타일이에요. 〈비밀의 숲〉 할 때 조승우 배우가 새 책이야? 방금 받았어? 이렇게 놀릴 정도로. (웃음) 개인적인 글은 앉아서 쓰면 잘 쓰는 스타일이지만, 캐릭터의 마음을 어떻게 글로 표현해야 할지도 잘 모르겠어요. 대본만 보고서는 확신도 없고요. 지금도

촬영장에 갈 때까지 정답을 만들지 않아요. 캐릭터의 옷을 입고, 헤어를 하고, 메이크업을 하고 카메라 앞에 서서 상대 배우를 대하는 바로 그 현장에 섰을 때 분명히 내가 다르게 느낄 수 있단 말이죠. 정답이라는 게 없는 거예요. 만약에 시나리오만 읽고 이게 정답이겠지, 이 감정이겠지, 라고 생각하고 가잖아요? 그럼 거기에만 빠져들게 돼요. 내 감정에 한계를 미리 정하지 않으려고 하죠.

그렇다면 배두나의 연기는 구체적으로 어떤 방식으로 작동되나요?

저는 시나리오를 많이 읽고 가지도 않아요. 한두 번 정도? 그러니까 제가 어느 정도로 위험하게 연기하는 스타일이냐면, 대사를 외워 가지도 않아요. 아주 정확한 정보를 전달하는 기능적인 대사가 아니라면, 대사 자체는 리허설 때 제대로 외워요. 완전 날것으로 가서, 심지어 대본을 들고 리허설을 해요. 그렇게 상대 배우와 대사를 주고받다 보면 호흡이 생기죠. 상대 배우가 대사를 이렇게 치면, 내가 요렇게 반응하는구나, 하고 그 반응을 외우는 거죠. 내가 이런 걸 느끼니까 이렇게 말하게 되는구나, 를 체크하고 그때부터 그제야 대사를 외워요. 이미 집에서 대사를 달달 외워 가면 현장에서는 절대로 연습한 것 그 이상으로 못 해낸다고 생각해요. 물론 이런 방법을 처음부터 썼던 건 아니에요. 가령 〈복수는 나의 것〉 때는 엄청 연습을 했어요. 이 영화에서 류(신하균)는 말이 없잖아요. 나만 수화까지 해가면서 말을 하는 거라서 상대 배우에게 기대 갈 수가 없던 거예요. 대사에 대한 너무 커다란 스트레스가 있었죠. 잘 못 하는 욕도 해야 하고 수화도 해야 되고… 그렇게 연습을 해서 갔더니 진짜 집에서 연습한 그대로 하게 되더라고요.

대사를 달달 외워 가는 방식이 자신에게는 도움이 안 되는 접근이라는 걸 깨닫게 되었던 건가요?

그때 알았다기보다는 오히려 대사를 완벽히 안 짜고 갔을 때 제대로 느꼈죠. 현장에서 갑자기 빡! 뭔가가 오잖아요? 그러니까 내가 도저히 예상하지 않았던, 당초에 상상하지 못했던 감정이 올 때가 있었죠. 뭐지? 여기서 이게 웃긴다고? 여기서 이게 슬플 수도 있네? 식으로. 그런 경험을 한번 한 이후엔 내 연기를 미리 만들어서 현장에 오면 안 되겠다는 확신이 들었던 것 같아요.

어쩌면 배우가 자신을 대상으로 벌이는 아주 위험한 실험인 셈인데요?

위험하죠. 되게 위험할 수 있죠. 그래서 대신 현장에서는 저를 가장 민감하고 열려 있는 상태로 만들어놓아요. 모든 변화와 상황에 제대로 반응할 수 있는 아주 예민한 상태로요. 그렇게 만들어놓고 슛이 들어가면 뭔가 펄떡거리는 것이 탁! 잡혀 올라와요. 고레에다 히로카즈 감독님은 어린 배우들이 집에서 연습해 오는 걸 싫어하기 때문에, 잔인하지만 대본을 아예 안 주신다고 하잖아요. 심지어 고등학생 배우들에게도 그런다고 하더라고요. 〈도희야〉 때 제작자로 함께한 이창동 감독님이 무슨 말씀을 하셨냐면, 자기는 오디션을 잘 보는 배우를 뽑지 않는다는 거예요. 오디션을 잘 보면 오디션 이상이 나오지 않는다고. 대신 한 20퍼센트 정도 모자란, 부족한 사람을 뽑는다고. 그게 맞는 말이죠. 어떻게 내 앞의 상대 연기자의 말을 듣지도 않고 혼자 나의 감정을 확신할 수 있겠어요? 그런 이야기를 듣다 보면 어떤 연기도 미리 확신하고 연습하면 안 돼, 라고 생각하는 저의 방식에 심리적으로나마 지지를 얻은 기분이 들죠.

사실 미리 연습을 한다는 건 배우로서의 준비인 동시에, 현장에 대한 불안을 잠재우는 일이란 말이죠. 그런 불안은 없나요?

네, 저에겐 없어요. 〈킹덤〉 때는 아, 사극은 이런 방식으로는 안 되겠다는 생각을 했지만, 그 전까지는 그리고 그 후에도 또다시 원래의 방식대로 하고 있어요. 이렇게 말하면 뭐하지만 그냥 이런 방식으로 연기하도록 타고난 사람 같아요. 카메라가 돌아가면 다 돼버려요. 웬만하면 대사 NG를 내는 일도 거의 없고요. 저는 〈최고의 이혼〉 때도 NG를 도통 안 내서 스태프들이 되게 부담스럽다고 했었대요. 배우가 실수를 안 하면 다른 스태프들도 실수를 할 수가 없잖아요. 예전에 같이 일했던 신인 배우가 저에게 “배우가 NG 내는 게 그렇게 미안한 일이냐, 왜 우리가 죄송해야 되냐”고 물었던 적이 있거든요. 그래서 모든 스태프가 최선을 다하고 있으니까 배우도 실수가 없어야 한다, 라고 대답했죠. 그런데 가만 보면 그런 후배들은 자기 멋대로 하는 가운데 생각지도 못한 새로운 연기가 나오기도 하더라고요. 그래서인지 요즘은 실수를 두려워해서 안전하게 가는 연기가 과연 옳은가, 하는 의문이 들어요. 오히려 NG가 좀 나오더라도 더 신선한 연기가 나오는 것이 작품을 위해 나은 게 아닐까? 더 위험하게 해보자, 라는 생각까지 하게 되었죠. 예전엔 슛 들어가면 나에게 두 번째 기회는 없어! 라고 긴장하고 살았는데, 오히려 요즘에는 젊은 친구들처럼 좀 더 용감하게 해봐야겠다, 하는 마음이 들어요.

대사를 완벽히 외우지 않고 현장에서 예민함을 최대한 증폭시키고, 우연과 필연처럼 오는 어떤 기운까지 놓치지 않는 방식으로 연기를 한다는 것인데, 그렇다면 카메라 앞에 서기 전 단계에서 배우로서 뭘 준비할 수 있을까요?

그래서 일단 읽었을 때 몰입이 되는 캐릭터를 선택해요. 그렇다고 해서 모든 신이 완벽하게 다 이해가 가는 게 아닐 때는 그 사람의 감정, 이 사람이 어떻게 살아왔을 거다 하는 걸 상상하죠. 말하자면 시나리오 전 단계의 소설을 내 방식대로 써 내려가는 거죠. 시나리오는 두 시간짜리잖아요. 하지만 이 캐릭터는 분명 그 이전의 삶을 살았을 테니, 그 스토리를 혼자 만드는 거죠. 물론 진짜 글로 쓰는 건 아니고요. 머릿속으로 그냥 얘는 어떤 삶을 살았을까, 마음껏 상상해봐요. 이 사람이 입었을 것 같은 옷을 입어본다거나, 이 사람이 좋아할 것 같은 물건을 사보기도 하죠. 특히 개인의 취향 같은 걸 중요시하고 그쪽으로 몰입하고 다가가는 편이에요. 그렇게 관객 앞에 도달하기 이전에 이 인물의 살아온 삶을 만들어놓고 나면 첫 신부터의 대사를

달달달 외우지 않아도 자동으로 그 마음이 되고 그 사람다운 자연스러운 리액션이 나와요. 때로는 그 인물이 겪었을 구체적인 삶의 장면까지도 만들어놓는 거예요. 사실 이렇게 혼자 소설을 쓴다는 건 창피해서 아무한테도 말을 안 해봤지만, 촬영이라는 것이 늘 불시에 이상한 일들이 닥치기 때문에 배우로서 어떻게든 길을 찾으려고 노력하는 방식 중의 하나예요. 그렇게 해서라도 인물의 백그라운드 스토리를 아주 구체적으로 생각하고, 작은 소품 하나까지도 신경을 쓰죠. 그렇게 나만의 사연을 만들어놓으면, 그 물건을 슬쩍 보는 것만으로도 다시 그 사람이 될 수 있으니까.

배두나의 역동성, 현장성이 느껴진 최근 연기라면 저는 〈장옥의 편지〉를 꼽고 싶어요.

이와이 슌지는 정말 대단한 감독이에요. 1화의 첫 장면이 원 신 원 컷이었어요. 제가 연기하는 은아라는 주부가 아침에 일어나서 하는 모든 동작을 스테디캠으로 따라다니면서 5분을 메웠다는 소리예요. 그 한 컷만 거의 한나절을 찍었어요. 일어나서 핸드폰을 보고, 기지개를 살짝 켠 다음에 카디건을 입고, 커튼을 걷어 해를 느낀 다음에, 불을 켜고 부엌으로 와서 냉장고 문을 열고 야채를 먼저 꺼내고, 냉장고 문을 닫고 냄비를 꺼내면 애들이 막 뛰어다니고… 이런 모든 액션에 정해진 순서가 있었죠. 야채를 꺼내고 고기를 꺼내야 되는데, 고기를 꺼내고 야채를 꺼내면 안 돼요. 그렇게 정확한 약속에 따라 배우와 카메라가 같이 움직이는데, 관객들이 보기엔 그게 정말 생동감 있고 즉흥적으로 보이게 만들어야 하죠. 사실 이와이 슌지 감독이 워낙 쿨하게 생기시기도 했고, (웃음) 어쩐지 그분의 영화를 보면 카메라가 너를 따라갈게 너는 자연스럽게 하고 싶은 대로 해, 이럴 것 같잖아요? 그런데 전혀 아니었어요. 하지만 이분과의 작업을 통해 감독의 디렉션을 완벽히 수행하면서도 관객들에게 내 행동을 신선하게 전달하는 과정의 즐거움을 경험하게 되었죠. 그런 식의 실험을 배우 혼자 할 수는 없잖아요. 멍석을 깔아줘야 할 수 있는 건데 감독님이 깔아놓은 시험을 통과했을 때의 희열이 엄청나더라고요.

몸
BODY

지금 카메라 앞에 선 나는 그냥 여자가 아니라 배우인 거예요. 열심히 일하고 있는 당신들의 동료.

배우의 일이 감정의 일이라고 생각하는 경우들이 많지만, 사실 신체적인 부분들이 따라주지 않으면 불가능한 작업이죠. 배두나의 신체 활용 능력은 이미 함께 작업한 동료들의 증언뿐 아니라 완성된 작품들이 증명하고 있는데요. 특히 카메라 앞에서 자신의 몸이 지금 어떻게 어디까지 움직여야 하는지 손끝, 발끝까지 다 깨어 있는 느낌들을 받거든요.

배우의 연기는 물론 자유로워야 하지만, 동시에 정확한 위치에 서줘야 되고 정확한 동선 속에서 움직여야 하죠. 그건 약속이니까요. 모델 일을 하면서 카메라 앞에 많이 서봤고 몇 밀리의 렌즈가 어떻게 찍히는지도 알잖아요. 또 카메라를 워낙 좋아해서 직접 사진도 많이 찍고 많이 다뤄봤죠. 이제는 "16mm 갑니다!" 하면 모니터를 보지 않아도 제 신체의 어디까지가 카메라에 잡힌다는 걸 알아요. 그래서 정말 배우에게는 허투루 쓰는 시간이 없는 것 같아요. 제가 사진 좋아하고 카메라를 사 모을 때 누군가는 되게 사치스러운 취미라고 그랬거든요. 배우가 찍히기만 하면 되지 왜 저렇게 카메라를 들고 다니지? 시간도 돈도 노력도 되게 사치스럽다고. 하지만 결국에는 그게 연기에 도움이 되더라고요.

여성 배우들에게 노출이 있는 장면을 찍는다는 것, 혹은 섹스 신을 찍는다는 건 여전히 큰 결심이 필요한 일처럼 느껴지기도 해요.

저 같은 경우는 아주 어렸을 때 이미 그 산을 한 번 넘었잖아요. 〈청춘〉이라는 영화를 찍으면서 너무 힘들었죠. 겨우 스물한 살짜리 여자애가 남들 앞에서 옷을 벗어야 된다는 게 너무 창피해서 맨날 울었어요. 결국 어쩔 수 없이 대역을 썼는데도, 제 등만 나오는 것도 너무 힘들더라고요. 당시에는 거리 가판대에 스포츠지가 늘 있던 시절이었거든요. 영화가 개봉하고 한양대 앞 가판대에 꽂힌 신문에서 대문짝만하게 쓰인 '배두나 전라!'라는 제목을 보고는 정말 도망가고 싶었어요. 만약 내가 감당할 수 없는 신이 있다면 선택해서는 안 된다는 걸 〈청춘〉을 통해 느꼈죠. 그걸 찍는 것이 힘들었다는 말이라기보다는 내가 너무 괴로워하며 찍은 신을 만약 다른 배우가 했다면 훨씬 잘했을 거란 게 눈에 보였기 때문이죠. 〈복수는 나의 것〉 찍을 때만 해도 완전 애였어요. (신)하균 오빠랑 베드신 찍을 때는 소주 반병을 마시고 들어갔을 정도니까. 물론 노출에 대한 생각은 배우마다 개인차가 있겠죠. 각자에게 죽어도 못 하겠는, 넘을 수 없는 선이 있을 수 있거든요. 대신 만약 꺼려지는 부분이 있다면 그 작품을 처음부터 선택하면 안 된다고 생각해요. 이 작품은 너무 하고 싶어, 근데 벗는 장면은 싫어, 그래서 일단 계약서에 도장을 찍고 그 부분은 못 하겠다고, 고쳐달라고 하는 배우는 제일 싫어요. 그 연기를 할 수 있는 배우들이 줄을 서 있는데, 그 기회를 가지고도 감독이 애초에 구현하고 싶은 이미지를 막는다는 건 배우로서 절대로 해서는 안 되는 일이라고 생각해요.

어떤 역할을 선택하든, 그 선택의 책임을 내가 지겠다는 마음을 갖는 거죠?

내가 선택했고, 믿는 감독이 어떤 신을 창조하고 싶다면 최선을 다해 그걸 이루도록 하고 싶어요. 동료 배우들이 이건 너무 세다, 이럴 때에도 저는 일단 그 그림을 만들어주기 위해 고군분투하는 스타일이에요. 못 찍겠다는 배우들 찾아가면서 같이 찍자고 설득하고. 내가 결정한 것, 내가 믿기로 한 것에 대해서는 배우로서 책임감을 느껴요.

〈공기인형〉이나 〈센스8〉을 보면 인간의 신체가 만들어낼 수 있는 극강의 아름다움이 느껴질 정도입니다. 벗은 배두나 배우의 몸에서 수치심의 흔적을 찾아볼 수 없는 건 당연하고요.

그건 결국 배우의 마음가짐과 동시에 창작자의 시선이 만들어내는 것 같아요. 감독님들의 시선 자체가 음험함이 끼어들 수 없게끔 만드니까요. 이왕 벗을 거라면 그런 감독님 영화에서 벗어야죠. (웃음) 노출 신이 있으면 현장 스태프들이 배우가 창피할까 봐 오히려 힘들어하는 게 보여요. 그러면 이제는 제가 일부러 더 씩씩한 척을 해요. 〈공기인형〉 때도 감독님이나 스태프들이 너무 긴장하고 있어서 제가 농담으로 풀어주면서, 어머! 인형이 너무 엉덩이가 큰 것 같아요, 막 이랬죠. 지금은 배우로서 촬영장에서 벗는 건 스태프들이 앞에 있다고 해도 전혀 상관없어요. 저 사람들은 지금 자신들의 일을 하고 있고, 나도 내 일을 하고 있어요. 저는 그냥 캐릭터로서, 배우로서 거기 있는 거죠. 그 어느 누구도 성적인 대상으로 내 몸을 본다고 생각하지 않아요. 물론 여자인 나와 배우인 내가 막 싸우던 시기도 분명 있었지만, 지금 카메라 앞에 선 나는 그냥 여자가 아니라 배우인 거예요. 열심히 일하고 있는 당신들의 동료.

마음 HEART

"두나 씨, 아직도 진심으로 연기하고 있었군요."

〈공기인형〉 촬영을 하면서, 노조미는 인형이라 눈물을 흘릴 수 없기 때문에 메이크업을 받으며 미리 울어두었다는 일화가 인상적이었습니다.

저라는 사람은 보통 제가 연기하는 캐릭터보다 약해요. 항상 배두나 자신이 너무 약해. 그래서 캐릭터는 안 우는데, 저는 미친 듯이 눈물이 나곤 하죠. 〈공기인형〉에서 노조미는 마음을 가진 인형이니까 마음이 너무 중요하잖아요. 하지만 촬영장에 마음을 가지고 들어가면 그 캐릭터를 연기하는 배우인 저는 너무 힘들어졌죠. 지금도 그래요. 영화를 고를 때 늘 저보다 강한 캐릭터, 제가 되고 싶은 이상향을 선택하는 경우가 많아요. 나보다 훨씬 담대하고 대담하고 강한 사람을 연기하는 걸 좋아해요. 하지만 막상 그런 사람들을 연기하다 보면 그들보다 약한 저는 현장에서 마음이 많이 힘들어져버리는 거죠.

늘 캐릭터의 마음을 가장 큰 그릇에 담지만, 그걸 표현하는 연기는 절대 넘치지 않게 꾹꾹 눌러 담는 게 느껴져요. 일견 담담하게 혹은 덤덤하게 보일 정도로.

이건 연기에 대한 개인적인 취향일 수도 있는데, 관객의 입장으로도 저는 배우가 너무 많은 감정을 설명해주는 걸 별로 좋아하지 않아요. 배우가 그 마음은 꽉 채우고 있되 나머지 부분은 관객이 상상해서 채울 수 있게 하는 거죠. 나 지금 얼마만큼 화났어, 얼마만큼 슬퍼, 기뻐, 이걸 명확하게 표현을 안 하려고 해요. 관객분들이 알아서 더 채워 넣으시게끔, 그래서 최대한 표현을 덜 하는 방법을 찾는 거죠. 〈도희야〉에서 영남이 억울하게 오해받고 굴욕당하는 장면을 찍을 때도 마음이 너무 힘들었어요. 하지만 분명 이 소장님은 살면서 이런 일을 많이 겪었던 사람일 거 아녜요. 분명히 나보다는 어떤 방식으로 감정에 대처해야 하는지 잘 아는 사람일 테죠. 하지만 배두나는 그렇지 않잖아요. 처음 당해보는 일이고 너무 속상하니까 카메라 밖에서는 많이 힘들어질 수밖에 없어요. 하지만 영남은 그런 나보다는 훨씬 담대한 사람일 테니 좀 더 강해져야 해! 라고 주문을 걸면서 그 감정을 꾹꾹 눌러 담는 거죠.

관객으로서는 반대로 덤덤하게 담아내는 배두나의 연기를 보는 순간 더 큰 감정적 동요가 생겨요. 빨리 휘발되는 눈물을 자극하는 게 아니라, 마음 아주 깊은

곳을 건드린달까.

만약 저에게 배우로서 장점이 있다면, 그것이라고 믿고 싶어요. 사실 극화된 연기를 못 하고, 전형적인 연기를 배워본 적이 없기 때문에 기술로 그 신을 만들어내는 걸 못 해요. 대사를 대사처럼 매끄럽게 하는 게 제일 재미없기도 하고, 대사를 대사처럼 잘하는 배우를 그렇게 좋아하지도 않고요. 저는 캐릭터의 고통이나 기쁨, 슬픔이 진짜로 몸을 관통하고 마음을 건드린 다음에야 비로소 말이 나와요. 그 외의 방법을 모르기도 하고요. 예전에 〈자꾸만 보고 싶네〉라는 일일드라마에 출연을 했는데요. 그때 같이한 조연출님이 반년 정도 저와 작업을 하면서 배두나는 이해를 못 하면 죽어도 연기가 안 되고, 심지어 흉내도 못 내는 배우라는 걸 아셨나 봐요. 그냥 잠깐 손을 움직이는 신도 그 마음에 이르지 못하면 아예 못 한다는 걸 파악하신 거죠. 그렇게 한참 시간이 지난 후에 그 감독님이 제가 찍은 다른 작품의 B팀 연출로 오셔서 오랜만에 다시 만났어요. 함께 한 신을 찍어보더니 대뜸 저에게 악수를 청하시더라고요. "두나 씨, 아직도 진심으로 연기하고 있었군요."라면서. 그 말이 되게 감동적이었어요.

진심, 즉 마음을 쓰는 연기는 어떻게 익히게 된 건가요?

감독님들에게 캐릭터의 마음이나 감정에 대해 물어볼 때 제대로 설명을 해주는 분들이 거의 없어요. 대부분 담겨지길 원하는 구체적인 화면을 설명하거나, 배우에게 이런 얼굴이 나왔으면 좋겠다는 묘사를 해주는 정도죠. 누구도 그런 얼굴이 어떻게 배우로부터 나올 수 있는지를 설명해주진 않아요. 아쉽게도 〈청춘〉은 제가 좋아하는 영화로 완성되지는 않았지만, 그 작품을 통해서 곽지균 감독님을 만났던 건 행운이었죠. 그분을 만나지 않았다면 캐릭터의 마음으로 생각하는 법을 배우지 못했을 거예요. 감정을 담는 데 있어서는 최고의 연기 스승이었죠. 솔직히 그 전까지는 마음에 접근해 연기할 생각을 하지 않았던 것 같아요. 그보다는 감독님들이 원하는 것을 구현하려고 노력했죠. 그런데 곽지균 감독님은 아직 캐릭터로 들어가는 문을 찾지 못했던 어린 배우에게 그 캐릭터의 마음을 정확하게 설명해주셨어요. 지금 남옥이의 마음은 이런 상태야, 이런 상황이라서 너무 화가 났어, 라고 조곤조곤 옆에서 끊임없이 감정을 설명해주셨죠. 그 말만 듣고 있는데도 진짜 거짓말 안 하고 눈물이 막 쏟아지고 너무 몰입되는 거예요. 이 마법은 뭐지? 했어요.

배우가 마음을 쓰는 접근법을 계속 유지하는 것이 어려운 이유는 실질적으로 너무 힘이 들기 때문이겠죠. 매번 균일한 결과값을 예측할 수 없기도 하고요. 안정과 효율을 생각하면 어느 정도의 기술로 가는 부분도 필요할 테고요.

하지만 저는 지금도 그 기술을 안 배우길 정말 잘한 것 같아요. 어설프게 배웠으면 거기에 되게 기대서 갔을 것 같아요. 그래서 어떤 사람들은 내 연기를 정말로 깊이 좋아하지만, 어떤 분들에게는 저게 무슨 연기야, 연기를 너무 안 한다, 돈 받고 놀다 가는 것 같은 느낌으로 보기도 해요. 하지만 누군가 내 진심의 연기를 느꼈고 또 좋아해준다면, 그걸로 저는 충분해요.

뮤즈
Spirit Animal

내가 연기한 캐릭터를 현실에 있는 존재로 느끼게 하는 것, 그게 연기의 모든 것이죠.

한번 작업한 동료를 팬으로 전환시키는 비결은 무엇인가요?

제가 그들의 팬이 되는 거죠. 저는 누군가가 마음에 들면 엄청 티가 나요. 빵이라도 하나 선물하면서 표현을 하죠. 그 사람이 모를 수가 없어요. 그렇게 마음을 전하면 그 관계가 유지되고 좋아질 수밖에 없죠. 나이가 들고 한 20년 이 일을 하다 보니까, 영화가 한 편 끝날 때마다 미칠 것 같아요. 옛날에는 안 그랬는데 이제는 알잖아요. 이 작업이 끝나면 한동안은 다시 볼 일이 없다는 사실이. 앞으로 한 10년 안에 또 같이 작업할 수 있을까, 이런 생각이 들면 함께한 스태프나 배우들과 헤어지는 게 되게 힘들더라고요. 촬영장에 있는 사람들은 함께 전장에 있는 사람들이거든요. 영화 한 편을 어떻게든 잘 만들려고 마음 고생, 몸 고생, 머리 고생을 하면서 같이 으쌰으쌰 해왔는데 갑자기 어느 날부터 촬영장에 오지 말래. 그거 약간 버림받는 느낌이거든요. 그래서 끝나고도 계속 연락하고, 좀 질척거려요. 술이라도 한잔해야 되는 거 아니야? 우리 홍대에서 만날까? 이러면서. (웃음)

관계를 유지하는 어떤 엄청난 비법이 있다고 생각했는데 얘기를 들어보니까, 단순하네요. 함께 작업하는 스태프들을 끔찍하게 잘 챙긴다는 말을 많이 들었고, 특히 〈도희야〉 때는 현장 사진이 담긴 다이어리도 직접 제작해 스태프에게 선물했다고요.

보통 큰 현장이면 나와 같이 일하는 주변 스태프들만 챙길 텐데 〈도희야〉는 규모가 작다 보니까 전체 스태프들과 모두 잘 지냈던 것 같아요. 이 영화에는 90퍼센트 넘게 영남이 등장하잖아요. 그러다가 딱 하루 쉬는 날 이 현장 사람들을 제대로 좀 먹이고 싶어서, 금오도에서 차를 배에 얹고 서울까지 6시간 운전해서 백화점에 가 오향족발 50인분을 사서 다시 내려오기도 했어요.

커리어 초기부터 지금까지, 변함없이 감독 복이 많은

배우입니다. 물론 그 감독들도 배두나와 늘 다시 작업하기를 희망하기도 하고요.

저는 배우는 창작자에게 영감을 주는 존재라고 생각해요. 〈플란다스의 개〉를 찍을 때도 당시엔 기술도 요령도 없던 제가 만약 배우로서 기여한 것이 있다면, 오디션에서의 그 무료하고 심드렁했던 모습 자체가 아니었을까요. 봉준호, 정재은, 박찬욱 감독님처럼 초반에 작업했던 감독님들은 대부분 저라는 사람에게서 무언가를 발견하시길 좋아했어요. 무심코 하는 행동들이나 습관들에 영감을 받고 귀신같이 작품에 반영하셨죠. 고레에다 히로카즈, 워쇼스키, 김성훈 감독님도 그런 분들이고요. 〈복수는 나의 것〉에서 집게손가락과 엄지손가락으로 눈을 벌리는 장면도 그냥 스탠바이 하면서 제가 무심코 한 행동을 박찬욱 감독이 보시고 재밌다고, 그걸 넣자고 하신 거죠. 〈터널〉에서도 남편이 터널에 갇혀 밥도 못 먹고 있는데 이게 과연 먹힐까? 밥을 보면 심란하지 않을까? 싶어서 밥뚜껑을 열었다 닫았다를 하고 있었는데 김성훈 감독님께서 그걸 놓치지 않고 쓰셨죠. 저는 스탠딩 배우를 대신 세우는 걸 별로 안 좋아해요. 조명 맞추고, 리허설 하고 나서도 계속 현장에서 이런저런 행동을 해보거든요. 감독이 모니터를 제발 봐주기를 바라며. 그걸 캐치하는 사람이 있고, 왜 굳이 그러느냐고 들어가 있으라고 말하는 사람도 있어요. 감독님들한테 그런 식으로 무심코 힌트를 주는 스타일인데, 세심한 분들은 잘 발견해 쓰시는 거고, 내가 카메라 앞에서 뭘 하는지 못 보시는 분들은 아예 몰라요. 저는 감독님! 이렇게 해보면 어때요? 라며 막 제안하는 스타일의 배우는 아니거든요. 대신 그들이 나에게서 새로운 모습을 발견해주는 걸 좋아하고 기다리는 편이죠. 그래서 숨기거나 가리거나 척하지는 않아요. 뭐든지 보시고 가져갈 것이 있다면 가져가시라는 태도로 열어놓죠. 물론 아무 이야기가 없으면 아- 이게 아닌가 보다, 이러고 말고요. (웃음)

〈비밀의 숲〉의 이수연 작가님은 배두나 배우를 통해 캐릭터의 취미가 왜 필요한지 이해하게 되었다고 하던데요.

제가 부탁했어요. 처음에 〈비밀의 숲〉을 한번 거절했던 이유가, 이건 누가 봐도 황시목을 위한 드라마처럼 느껴졌거든요. 한여진은 그와 반대되는 캐릭터가 필요해서 억지로 배치한 느낌이 들었죠. 그래서 거절을 하긴 했는데… 제가 또 어떤 약한 점이 있냐면요. 두세 번 계속 부탁을 하시면 내가 뭐라고… 제가 그렇게 필요해요? 그렇게 해서 또 넘어가요. (웃음) 사실 저는 출연료가 낮은 배우가 아니잖아요. 그런데도 이 작은 역에 나를 캐스팅하고 싶다는 말을 계속 들으면 작가나 제작진의 이 캐릭터에 대한 정성이 보여요. 이렇게 노력을 들여서 살리고 싶은 캐릭터라면 다시 되게 좋아 보여요. 그럼 저도 최선을 다해서 한번 해볼게요! 이렇게 되는 거죠. 그렇게 결정을 끝낸 이후라서 작가님께 혹시 한여진에게 취미 같은 게 있는지 물어봤어요. 어떤 역할이든 진짜 땅에 발 붙이고 사는 애처럼 보이려면, 그 사람이 구체적으로 뭘 하고 사는지 알 수 있게끔 취미나 취향 같은 걸 부여하면 캐릭터가 훨씬 풍부해질 수 있다고요. 그랬더니 작가님이 수정본에서 한여진에게 그림 그리는 설정을 넣어주셨죠. 그림을 너무 좋아하고 열심히 그리는데 그림 실력은 그렇게 뛰어나지 않은. (웃음) 저는 이제 그걸로 한여진의 백그라운드 스토리를 쓰는 거죠. 그래, 한여진은 그림을 좋아하고 만화를 좋아하는구나. 그렇다면 이 사람이 형사가 되고 싶었던 이유도 어떻게 보면 만화에서 본 정의롭고 멋있는 형사에 대한 판타지 같은 것일 수 있겠구나. 결국 개인적인 트라우마나 사연이나 복수심이 있어서 사건을 해결하고 범죄자를 잡고 싶은 게 아니라, 오히려 순수하게 객관적인 정의로움을 추구하는 사람이 되고 싶은 인물이라는 설정을 하게 되었죠. 처음엔 의상팀이 야전 상의 같은 걸 입어줬으면 좋겠다고 했지만, 그보다는 어렸을 적 본 셜록 홈즈처럼 트렌치코트, 체크무늬 재킷을 입는 설정으로 갔죠. 한여진은 오지랖도 넓은 편이고 자칫하면 민폐 캐릭터가 될 가능성이 크기도 했는데, 약간 괴짜 같은 빈틈을 줘야겠더라고요. 그래서 야전 상의 걸친 심각하고 진지한 형사로 가면 안 되겠다, 오히려 체크 재킷을 입고 약간 덜떨어져야겠다, 라는 생각이 들었죠.

배우가 예술가인가 아닌가를 놓고 라나 워쇼스키와 긴 토론을 한 적도 있다면서요.

정말 뭔가를 창조해야 아티스트 아닐까요? 저는 지금도 연기를 납품이라고 생각해요. 배우는 감독에게 최상의 연기를 납품하면 끝이에요. 그다음엔 관객들에게 최상의 영화로 납품되기까지를 도울 뿐이죠. 저는 감독의 요구에 왜요? 라는 생각을 잘 안 하는 배우예요. 하라고 하면 다 이유가 있을 거라 생각하죠. 눈물 나는 신에서 울지 말고 웃어라, 해도 왜? 라는 생각 대신 어떻게 하면 웃을 수 있을까를 고민하는 식이죠. 개인적인 연기 취향과 배우로서의 관은 딱 하나예요. 대단한 연기, 대단한 연기력이라는 게 별게 없는 것 같아요. 그저 내가 연기한 캐릭터를 현실에 있는 존재로 느끼게 하는 것, 그게 연기의 모든 것이죠. 그 이상도 할 게 없고, 그 이하로 해서도 안 돼요. 연기 자랑을 할 필요도, 연기력이라는 걸 뽐내거나 발산할 필요도 없죠. 다른 것은 모두 감독이 만들어내는 거고, 배우는 그 감독이 만들어낸 세계관 속에서 진짜로 존재하는 인물을 만들고 그걸 관객들이 믿게끔 만들어주면 소임을 다하는 거죠. 물론 배우에 따라 이 직업에 어떤 판타지를 가지고 있는지, 연기를 통해 어떤 희열을 느끼는지는 다 다르겠지만, 저는 딱히 희열을 느낄 것도 자제할 것도 없다고 생각해요. 그저 캐릭터를 살아 움직이게 하는 것 외에는 내가 할 수 있는 게 없다는 게 기본적으로 항상 모든 작품에 들어갈 때의 마음가짐이죠. 어떻게 하면 얘를 진짜로 만들 수 있을까? 그리고 캐릭터가 느끼는 걸 어떻게 하면 관객이 느끼게 할까? 개인 배두나가 느끼는 건 아무 소용 없는 거예요. 내가 우는 게 뭐가 중요해요. 관객이 울어야죠. 정말 소비자 중심적이죠. 저는 배우를 아티스트라고 믿지 않아요. 관객을 그 감정까지 제대로 데려가기 위해 서비스하는 사람일 뿐이죠.

여성, 배우
FEMALE, ACTOR

여성으로서, 영화인으로서 내가 할 수 있는 건 무엇일까요?

N세대의 상징인 배두나지만, 영화 〈굳세어라 금순아〉, 드라마 〈위풍당당 그녀〉 같은 초기작부터 갓난아기를 들쳐 업은 유부녀나 미혼모로 등장했어요. 여성 배우들의 경우 결혼한 여자, 아이 있는 여자의 역할을 맡는 것을 하나의 단계로 보는 혹은 허들처럼 느끼는 시선도 있잖아요.

처음부터 그런 부분을 신경 쓰지는 않았어요. 만약에 20대 초반인 저에게 30대 엄마나, 중년의 기혼 여성을 연기하라면 못 했겠죠. 하지만 제가 맡은 역할들이 어차피 모두 초보 엄마들이고 제 나이의 여성이 충분히 처할 수 있는 환경이었잖아요. 미혼모라든지, 애 엄마라든지 이런 조건이 어떤 작품을 선택하는 데 전혀 문제가 되지는 않았어요. 물론 모델 출신이라 미디어에서 어느 정도 저에 대한 포장을 했던 때였죠. 또래 아이들의 워너비로 만들기 위한 이미지를 씌우기도 하고, 나는 아무것도 하지 않았는데도 하늘 위로 띄워주기도 했었죠. 사실 나의 본체는 그렇지 않다는 걸 알지만 그 이미지를 깨부수는 게 처음엔 쉽지가 않더라고요. 팬들을 실망시킬까 두렵고, 메이크업도 안 한다는 건 있을 수 없는 일이었고, 기본적으로 반짝이도 좀 붙여줘야 하고. 그런데 〈플란다스의 개〉 촬영 때 카메라 앞에서 메이크업을 지우는 순간 알았어요. 나는 더 이상 내려갈 곳이 없다, 더 이상 창피한 게 있을 수가 없다는 걸. (웃음) 그러고 나니까 마음이 너무 편해지는 거예요, 연기도 편해지고. 그리고 심지어 그다음 작품에서는 벗기도 했잖아요. 모든 것이 한꺼번에 엄청 빨리 깨졌죠. 이제는 그게 뭐가 두려워, 싶죠. 결혼, 출산, 육아, 노출 같은 것들은 데뷔 초반부터 다 했고, 그냥 일찍부터 뭐든지 다 할 수 있는 배우로 스스로를 만들어놓았던 건 다행인 것 같아요.

레즈비언 경찰관을 연기한 〈도희야〉로 제9회 아시안필름어워즈(AFA)에서 여우주연상을 수상했어요.

정말 생각하지도 않았는데 상을 받아서 깜짝 놀랐어요. 그런데 저는 사실 〈도희야〉로 상을 받는다면 제가 아니라 도희를 연기한 김새론이 받아야 한다고 생각했어요. 영화를 찍는 중에 제가 새론이에게 그런 고백을 했어요. 새론아, 내가 왜 개런티도 안 받고 이 영화를 하는지 아니? 도희는 10년에 한 번 나올까 말까 한 여성 캐릭터라고. 진짜 멋있는 여자라고.

지금은 〈도희야〉의 정주리 감독을 비롯해 다양한 여성 영화감독이 많아졌지만 데뷔 초기를 생각하면 손에 꼽을 정도였던 것 같아요. 〈고양이를 부탁해〉에서 여성 신인 감독이었던 정재은 감독과의 작업이 신선하게 느껴질 만큼.

정재은 감독님의 단편들을 보고 꼭 함께 작업해보고 싶다는 생각이 들었어요. 여성 감독이라는 사실은 전혀 중요하지 않았죠. 고등학교 때 저에게 새로운 세계를 알려준 영화가 〈세친구〉였어요. 그 영화에서 '섬세'라는 아이의 엄마로 저희 엄마가 출연했거든요. 사람도 몇 명 없는 영화관이었는데 우리 엄마가 나오니까 같이 가서 본 거예요. 고1 때쯤이었던 것 같은데, 그때만 해도 할리우드 영화나 봤지 한국 독립 영화를 접해본 적이 없었는데 이런 영화가 있을 수가 있구나, 근데 죽인다! 이렇게 깊이 있는 영화가 한국에 있구나, 그때부터 막연히 임순례 감독님을 존경하게 되었고 자연스럽게 여성 감독에 대한 어떤 선입견도 만들어지지 않았던 것 같아요. 오히려 〈고양이를 부탁해〉를 찍으면서 느낀 게 뭐였냐면, 현장에서 여자가 막내일 때는 귀여움을 받지만 막상 리더가 되었을 때는 쉽지 않구나, 였어요. 똑같이 검증되지 않은 신인 감독이라도 남자 감독과 여자 감독을 대하는 스태프들의 태도가 너무 달랐죠. 되게 불합리하고, 불공평하다고 생각했어요.

여성 배우로서 현장에서 느낀 불합리는 없었나요?

지금이야 모두들 조심하고 사회 분위기도 많이 바뀌었지만, 초기 드라마 현장을 생각해보면 어린 여성 배우들에게 거의 성희롱에 가까운 말을 아무렇지도 않게 하는 감독들이 있기도 했죠. 당시 여성들에 대한 사회적 인식이 어떤지를 구체적으로 느끼게 된 사건이 있었어요. 드라마 〈위풍당당 그녀〉에서 제가 연기한 은희는 미혼모였는데, 요구르트를 배달해서 생계를 이어가는 캐릭터였어요. 하루는 배달 가방을 메고 가다가 넘어져서 요구르트 병이 땅에 굴러가는 신에서 "내 야쿠르트!"라고 소리를 질렀는데 그 브랜드에서 방송국으로 전화가 왔다는 거예요. 우리 '야쿠르트 아줌마' 중에서 미혼모는 없다고, 자기네 회사에선 미혼모를 절대 채용하지 않는다며 명예 훼손이라면서요. 결국 '야쿠르트'라는 말을 '요구르트'로 바꿔서 후시로 재녹음을 해야 했어요. 정말로 큰 충격을 받았죠. 이것이 힘들게 홀로 아이를 지켜낸 사람에 대한 마땅한 대우인가? 우리 사회에서 미혼모들이 이 정도의 취급을 받고 산다는 걸 그 전까지는 전혀 몰랐거든요. 지금도 여전히 그런 마인드를 유지하며 회사를 경영하고 있는지는 알 수 없지만, 저는 아직도 그 브랜드에서 나오는 모든 종류의 음료를 마시지 않아요.

작지만 확실한 거부이자 실천이네요.

또한 여성이 성적으로 학대당하는 방식의 노출이 있는 작품은 절대 출연하고 싶지 않고, 출연하지 말아야 한다는 사명감이 점점 커지고 있어요. 여성 배우로서 작품에 꼭 필요한 노출 신이 있고 그걸 연기하는 건 전혀 상관이 없어요. 이상한 시선이 끼어들지 않은 상태에서 육체가 아름답게 표현되거나, 합의하에

서로에게 폭력적이지 않은 아름다운 사랑을 나누는 섹스 신이라면 괜찮아요. 하지만 한국 영화만 봐도 여성 학대 장면이 정말로 숱하게 나오는 경우가 있어요. 심지어 멋있고 잘생긴 남자 주인공을 내세워서 여성이 거부하고 있는 상황에서도 강제적인 행동을 하는 경우도 많고요. 그게 절대 괜찮지 않다는 것을, 그래서 앞으로는 나라도 그런 요소가 있는 영화를 거부하겠다는 다짐을 했어요. 최근에 여성 학대 사건들이 너무 많아지고, 'n번방 사건'이나 '조재범' 같은 인간들의 뉴스를 접하면 분노가 치밀어요. 내 일이 아닌 일로 느낀 분노 중에 최고였을 만큼. 정말 뭔가 잘못되었다는 생각이 너무 강해지면서 여성으로서, 영화인으로서 내가 할 수 있는 건 무엇인가, 우리는 혹시 잘못하고 있는 게 없나 되돌아보게 되었어요.

국가대표 MADE IN KOREA

한국인으로서의 정체성을 인정하되 대신 좀 더 멋있게 지키고 싶은 마음이 생겼죠.

국적이 다른 배우들이 하나의 프로덕션 안에 섞이고, 해외 드라마나 영화에 출연하는 것이 어느덧 대단할 것 없는 자연스러운 일이 되었죠. 하지만 〈린다 린다 린다〉에 캐스팅되었던 2004년만 해도 한류 스타 콘서트라면 모를까, 일본 독립영화에 한국의 스타 배우가 출연한다는 것은 꽤나 화제였어요.

봉준호 감독님이 어느 영화제에서 일본의 젊은 천재 감독을 만났는데 배두나를 캐스팅하고 싶어 한다는 말을 전해주셨어요. 그러다가 〈고양이를 부탁해〉 홍보차 일본에 갔을 때 야마시타 노부히로 감독이 저를 직접 찾아오셔서 〈린다 린다 린다〉의 시나리오를 건네셨어요. 그분의 전작들을 보니까 천재적인 코미디 감각이 있는 감독이라는 생각이 들어서 같이 해보자, 싶었죠.

함께 작업했던 감독이 다음 감독과의 인연을 이어주는 방식으로 기회가 확장되었던 셈이네요.

맞아요. 〈클라우드 아틀라스〉의 경우도 워쇼스키 감독이 복제 인간 역할을 찾고 있을 때 고레에다 히로카즈 감독의 〈공기인형〉을 보신 이후 한국에 있는 배두나를 어렵게 수소문하신 거였죠. 처음엔 이 사람들이 도대체 어디서 나를 찾은 건지도 모르는 상황에서 화상 미팅을 끝내고, 최종 오디션을 본 후에 캐스팅이 되었어요.

한국에서 일본, 할리우드로 가는 시장 확장뿐 아니라 넷플릭스라는 새로운 매체로의 진입까지, 결국 〈린다 린다 린다〉와 〈공기인형〉을 통해 〈클라우드 아틀라스〉, 〈주피터 어센딩〉 그리고 드라마 〈센스8〉 시리즈로 이어지는 필모그래피를 완성시킨 셈인데요. '해외 진출'이라는 분명한 목표 속에 나온 행보는 아니었군요.

전 그런 계획도 야망도 없는 사람이에요. 대신 뭐든지 하면 재밌게 하려 하고 되게 열심히 하죠. 저는 일에 대해서 책임감을 많이 느끼는 편이고, 배우란 결국 돈을 받은 만큼 보여줘야 하고 가치를 계속 증명해야 된다고 생각해요. 〈공기인형〉 때도 제가 실수를 하면 한국 배우들은 다 저런가? 하고 생각할까 봐 시간 약속부터 모든 면에서 철저하려고 노력했어요. 지금이야 케이팝 때문에 완전히 달라졌지만, 처음 〈클라우드 아틀라스〉를 촬영하던 2011년 즈음 할리우드에서 만난 사람들은 한국에 대해 제대로 잘 몰랐어요. 일본과 다른 언어를 쓰냐고 물어볼 정도였으니까. 그래서 정신 더 바짝 차리고 말 한마디도 조심했어요. 우리나라였으면 그냥 개개인의 차이라고 생각할 텐데, 혹시 내 생각이나 나의 태도가 한국 사람 전체를 오해하게 만들까 봐 걱정하다 보니 한마디 한마디 신중해질 수밖에 없었죠. 이상한 기우이자 자격지심일 수도 있었겠지만요. 특히 〈센스8〉 현장은 모두가 말도 많고 토론도 좋아하는 분위기였어요. 그런데 저는 제 발언권이 올 때까지 가만히 기다렸어요. 두나는 어떻게 생각해? 이렇게 물어보면 그제야 전체를 정리하는 말을 조용히 던졌죠. 같이 출연한 스페인 배우 미겔이 그런 말을 했어요. "두나 말을 들으려면 2주를 기다려야 해. 하지만 거기에서 황금이 나온다니까." (웃음)

일본어도 영어도, 비교적 언어에 능한 사람이지만 연기는 또 다른 도전이었죠?

작아지는 순간이 많았어요. 외국 현장에서 만난 사람들에게는 매번 "내가 한국말을 하면 이거보단 훨씬 똑똑하다"고 주장했죠. 하나의 작품에 전 세계에서 다양한 스태프들이 모여들었어요. 의상 팀장은 프랑스에서 오고, 메이크업 아티스트는 이탈리아에서 오고. 그리고 다들 일하기에는 충분한 영어를 해요. 그런데 배우는 그 정도로는 안 되는 거예요. 우리는 외국어로 대사를 하고 연기를 해야 되는 직업이잖아요. 게다가 그게 절대 우스꽝스럽지 않아야 하죠. 돈을 받고 일을 하는 프로의 세계로 들어와서 "미안해, 내가 영어를 잘 못 해서 발음이 안 들리지, 이해해줘."라고 할 수는 없는 일이거든요. 〈클라우드 아틀라스〉 끝나고 영어를 제대로 배워야겠다는 생각이 들었던 이유 중 다른 하나는, 당시에는 그 영화가 처음이자 마지막 미국 영화일 거라고 생각해서 일 욕심이 아니라, 내가 지금 얼마나 행복한지, 고마웠는지를 함께 일한 사람들한테 제대로 표현을 못 하고 끝난 게 너무 한이 되는 거예요. 그래서 내 말로, 자연스러운 언어로, 정말 풍부한 어휘로, 그걸 다 표현해주고 싶다는 소망이 있었죠. 결국 1년 정도 영국에서 살면서 영어가 많이 늘었고,

어떤 시기를 지나니까 연기를 제외하고는, 일상생활에서 어차피 나는 원어민이 아니고 당신들이 나보다 더 영어를 잘하니까 그냥 알아서 들어, 하는 식으로 배짱도 점점 생겼어요.

전 세계를 돌며 촬영한 〈센스8〉 시리즈는 그야말로 롤러코스터 타는 기분이 아니었을까요?

여전히 여행을 좋아하는 사람이지만, 놀러 갈 때와 일할 때는 짐 싸는 것부터가 달라요. 이곳저곳을 떠돌며 촬영을 하다 보니 꼭 필요한 것이 없는 돌발 상황을 만들지 않기 위해서 짐을 엄청 철저하게 싸는 거죠. 〈센스8〉은 한 시즌에 7개월씩 세계를 돌며 일했기 때문에 삶에 여유가 전혀 없었어요. 촬영하는 도시에 도착하면 짐을 풀지도 않아요. 체육관으로 그냥 옷만 챙겨 입고 운동하러 가는 거죠. 다른 배우들은 쇼핑도 가고 놀러도 가고 할 때 저는 운동을 해야 했어요. 자유 시간도 없었고 하루도 쉬는 날이 없었죠. 액션도 많고 노출도 많았으니까요. 제가 연기한 선이라는 캐릭터는 파이터인데, 어린이 근육이면 안 되기도 하고 트레이닝을 정기적으로 하지 않으면 액션 신을 찍다가 다칠 수도 있으니까 쉬는 날에도 아침 운동, 점심 스턴트 리허설, 저녁 운동까지 했어요. 촬영 마치고 쉬는 날에도 운동하고 스턴트 연습하면서 합을 계속 맞췄죠. 그런데도 현장에 가면 또 합이 바뀌는 경우도 많았어요. 게다가 감독님이 좀 더 과감한 신을 찍고 싶어 하는 경우가 많았는데, 배우들이 모두 거부하면 상처받을까 봐 저라도 그냥 찍거나 같이 찍자고 설득하고 다녔어요. 걱정 마, 내 몸으로 가려줄게, 하면서. (웃음)

세상 누구보다 화려해 보이지만, 참 외로운 시기였을 것 같다는 생각도 드네요.

만약에 한국에서 저예산 영화를 찍고 있다면 힘들다는 이야기를 자연스럽게 할 수 있잖아요. 하지만 이렇게 대규모 프로덕션의 작품으로 전 세계를 다니면서 많은 경험을 하고 있는데 이게 힘들다고 하면 너무 호사스러운 불평으로 느껴지겠다 싶었어요. 그렇다고 안 힘든 건 아니잖아요. 오죽하면 〈센스8〉 시즌 2 촬영하러 출국하기 전날에는 너무 떠나기 싫어서 눈물이 나더라고요. 이미 한 시즌의 경험이 있으니까, 다음 7개월 동안 무슨 일이 벌어질지 정확하게 알고 있으니까요. 그런데 엄마가 그냥 배부른 소리 하지 말라고 하셨죠. 시즌 2 촬영에는 한국에서 함께 훈련하던 퍼스널 트레이너 김수정 씨와 동행했거든요. 그 친구가 당시 스물다섯쯤 됐었는데, 일이긴 하지만 15개 나라를 여행한다니 처음에는 얼마나 신났겠어요. 그런데 불과 몇 개월 지나지 않아 저에게 이렇게 묻더라고요. “언니… 안 외로워요?” 자기는 너무 외롭다는 거예요. 그 친구 이야기를 듣고 나서 깨달았어요. 내가 외로워하는 게 당연한 거였지. 2011년부터 계속 해외 생활을 하면서 외로움에 익숙해지다 보니 아니야, 배부른 소리 마, 이런 얘기 해서는 안 돼, 이렇게 자꾸 마인드 컨트롤을 해왔거든요. 밖에 나가서 막상 일을 해보면 정말 모든 것이 쉽지 않아요. 실망시켜서도 안 되고, 실수해서도 안 되고, 모국어가 아닌 말로 연기를 해야 하고, 현장에 한국 사람은 나밖에 없으니 내가 뭘 잘못하면 한국 사람 전체가 그럴 거라고 생각할까 봐 무서웠죠. 아무도 시킨 적 없는데 내가 한국 배우, 더 크게는 한국을 대표하는 것 같은 마음이 들 정도로.

영화에서가 아니라 진짜 국가대표가 돼버렸네요.

국가대표까지는 아니고 어디서나 내가 한국인임을 계속 생각할 수밖에 없이 살아야 했던 시간이었던 것 같아요. 정작 한국에서는 제일 한국인이 아닌 것처럼 살았던 사람인데 말이죠. 데뷔 때부터 국경이 없는 배우라는 말을 듣기도 했고, 실제 어릴 때부터 일본 사람이냐, 중국 사람이냐, 어느 나라 사람인지 모르겠다고 할 정도였는데 말이죠. 그런데 막상 해외에 나가서 일을 하다 보니 제가 너무 한국인인 거예요. 온돌이 없으면 라디에이터에 막 등을 지지고 있고. (웃음) 사소한 제스처부터 생각하는 방식까지 뼛속 깊이 한국 사람이니까 결국 그 아이덴티티를 인정하되 대신 좀 더 멋있게 지키고 싶은 마음이 생겼죠. 배우 일을 계속하다 보니 어느덧 배우로서의 정체성이 커져서 배우가 아니면 내가 도대체 뭘까 싶은 것처럼, 외국에 나가면 나갈수록 한국 사람이라는 정체성을 버리는 순간 나는 없어질 것 같다는 생각이 들었죠.

그런 대표성 덕분에 넷플릭스 유저들에게 ‘배두나’라는 키워드는 한국의 콘텐츠로 들어가는 입구가 되었습니다.

〈킹덤〉의 경우도 넷플릭스 코리아의 첫 오리지널 드라마였기 때문에 참여했다는 것이 진짜 솔직한 심정이에요. 〈센스8〉 시리즈가 꽤 성공하기도 했고 외국 시청자들에게 익숙한 배우의 이름이 하나라도 있으면 좋을 테니 내가 어떤 부분 기여할 수 있겠다 싶었죠. 결과적으로 작품이 좋아서 많은 사랑을 받아 다행이었어요. 이제 저는 우리나라 프로덕션에서 만들어지고 한국 배우들만 출연한다 해도 넷플릭스를 통해 공개되는 작품은 절대 ‘한국 작품’이라고 생각하지 않아요. 〈킹덤〉도 그랬고 〈고요의 바다〉도 그래요. 한국에서 지금까지 이런 촬영 없었죠? 이런 장면 없었죠? 라고 생각하시면 안 된다고 말해요. 전체 넷플릭스 시장을 보고, 전 세계 시청자들의 눈높이에서 생각해야 한다고. 한국의 첫 SF 드라마가 아니라 〈그래비티〉, 〈인터스텔라〉를 이미 본 관객들이 우리 작품을 평가한다는 마음으로 접근해야 한다고요.

새로운 막
NEW CHAPTER

앙상블 연기를 훨씬 즐기게 되었어요.

〈코리아〉를 기점으로 〈도희야〉로 이어지는 시기에 배우로서도 사람으로서도 굉장히 안정되어간다, 는 인상을 받았어요. 목소리 톤이 다르달까.

맞아요. 좀 낮아졌죠. 얼마 전에 리마스터링된 〈고양이를 부탁해〉를 다시 보고 좀 깜짝 놀랐어요. 저렇게 아기 목소리였다니. (웃음) 어떤 부분이 안정된 건 확실한데, 또 꼭 그게 좋지만은 않아요. 설레는 것이 별로 없어졌달까. 저는 좋거나 싫으면 얼굴에 막 명확하게 드러나는 스타일이잖아요. 〈클라우드 아틀라스〉 할 때만 해도 엄청 막 설렜는데 그 이후부터는 그런 게 없고 어딜 가도 다 똑같은 느낌을 받기도 했어요. 어쩌면 한 시기에 집약적으로 너무 많은 걸 경험해서 오는 결과이기도 하겠죠. 아마 〈봄날의 곰을 좋아하세요?〉를 끝낸 정도의 타이밍 때 알았던 것 같아요. 내 연기 인생의 1막은 끝났다고 말하고 다녔죠. 그 이후에는 정말 진짜 그랬던 건지, 내가 의지로 바꾼 건지 모르겠지만 다음 막이 시작되었던 것 같아요. 어렸을 때부터 굳이 지금 내가 어른스럽고 조숙한 연기를 할 필요가 없다고 생각했어요. 나는 분명히 나이가 들 것이고, 지금 당장 할 수 있는 것을 잘하는 것만으로도 다행이라고. 그렇게 30대가 되고 40대가 되면 분명히 다른 향기를 풍길 거라고.

믿기지 않지만 어느덧 40대가 되었어요. 그런데 여전히 배두나는 사진에 보정을 요구하지 않는 흔치 않은 배우라고 하던데요.

저도 가끔 너무 이상하게 나온 거는 부탁을 하긴 해요. 예를 들어 간이 안 좋나 싶을 정도로 얼굴빛이 안 좋게 나올 정도면 피부톤 좀 어떻게 해주세요, 라고 하죠. (웃음) 사실 보정한 모습이 본인한테 만족스러우면 어쩔 수 없는데 저는 그게 만족스럽지가 않아요. 내가 혹시 나의 본모습을 창피해하는 건가? 이런 생각이 드니까요. 저는 워낙 사진을 좋아하는 사람이다 보니 인위적인 느낌이 나면 사진 같지가 않아요. CGI 캐릭터들과 다를 게 없어 보이니까, 가짜 같달까. 게다가 대중들은 당연히 지금 내 나이를 알고 있고, 포털 사이트만 검색해도 내가 몇 살인지가 다 나오는데 얼굴에 주름 하나 없는 사진이 나온다면 그게 너무 거짓말 같잖아요.

하지만 도통 그 나이로 보이지 않는 배우들이 많다 보니 노화에 대한 대중의 기준치가 달라지긴 했죠.

그래서 〈최고의 이혼〉 때 엄청 욕을 먹었더라고요. 어떻게 보톡스도 안 맞고, 여배우가 저렇게 자기 관리를 안 하냐고. 근데 그게 아니잖아요. 원래 이 정도 늙는 거잖아요. 마흔이 넘었는데 눈가가 자글자글한 건 당연한 건데 다들 안 그렇기 때문에 제가 관리를 못 했다, 관리를 안 했다, 배우답지 못하다, 고 하는 건 좀 그렇죠. 전 제가 배우다운 것 같거든요. 이게 정상이죠. 인스타그램에 미화된 필터를 통해 보여지는 얼굴들이 평균이고 정상이라고 생각하고 자라나는 아이들을 생각해보세요. 그럼 자기 자신이 얼마나 마음에 안 들까요. 아이들의 자존감에 좋은 영향일까요? 사실 거울을 보면 누구도 그렇게 안 생겼는데 말이죠. 누군가 배두나를 보면서 마흔이 넘은 사람의 모습은 저게 정상이야, 어린 나는 젊어서 너무 예쁘구나, 그렇게 느꼈으면 좋겠어요. 나도 못생긴 축의 배우였으니까 어른들이 젊다는 것만으로 예쁘다고 하는 말이 당시엔 무슨 말인지 몰랐죠. 하지만 젊음이라는 건 그저 그 상태로 뭘 해도 예쁜 거잖아요.

〈장옥의 편지〉와 〈최고의 이혼〉으로 이어지는 일상 연기를 보면서 새로운 막이 열렸다는 걸 확신했죠. 독특한 역할뿐 아니라 평범한 인물의 일상까지 결국 배두나만 할 수 있는 결로 표현해낸다는 믿음이 생길 만큼. 어쩌면 영화와 드라마를 자유롭게 왕래하던 중에 만들어진 근육이 드디어 힘을 발휘하는구나, 랄까.

맞아요. 저는 드라마와 영화를 왔다 갔다 한 걸 되게 잘했다고 느껴요. 드라마와 영화는 진짜 다른 접근이 필요한 장르거든요. 영화는 공들여서 빚듯이 하는 연기가 필요하지만, 드라마를 할 때는 어쩔 수 없이 일상적인 모습이 첨가될 수밖에 없어요. 2시간짜리 영화를 짧아도 16시간으로 늘려놓는다고 생각하면 매신 힘을 줄 수가 없잖아요. 한 회 70분 중의 60분은 되게 가벼운 연기를 해나가요. 그러다 어떤 장면에서 힘을 딱 주고, 다음 이 시간을 기다리게 만들죠. 그런 힘 조절의 과정이 배우에게는 좋은 근육이 되고요.

〈비밀의 숲〉과 〈킹덤〉 시리즈를 보면, 독보적인 존재감으로 빛난다고 생각했던 배두나가 어느덧 어우러지는 것에 더 능한 배우가 되었다는 느낌을 받아요.

확실히 요즘은 앙상블 연기를 훨씬 즐기고 있기도 해요. 거의 한 10년 동안 저 자신을 훈련시킨 결과죠. 〈공기인형〉에서 오다기리 조가 정말 짧게 등장해서 보여줬던 그 연기와 존재감이 저를 처음 자극시켰어요. 과연 나는 단지 두 신에 나오면서 저렇게 할 수 있을까? 생각했었죠. 저는 슬로우 스타터이기도 하고, 제대로 몰입해야 뭔가 연기를 할 수 있는 사람인데, 나도 저렇게 작은 역으로 잠깐 나왔다가 임팩트를 주고 사라질 수 있을까, 저런 역할을 해보고 싶다, 라고 막연하게 생각했죠. 하지만 당연히 배두나는 이런 작은 역은 안 할 거야, 라는 생각을 하셨는지 조연의 기회가 별로 주어지지는 않았어요.
제가 생각한 첫 조연작은 〈터널〉이었어요. 비슷한 시기에 〈센스8〉을 찍으면서 앙상블 연기에 대해 그리고 조연 연기에 대해 더 경험하고 배워보고 싶다는 갈증이 커졌어요. 〈센스8〉의 경험이 왜 재밌었냐면, 8명의 배우가 각자 주인공인 파트가 있지만 그 역시 ⅛인 거죠. 그리고 ⅞은 내가 서포트 롤이 되어야 해요. 리드도 해야 하고 서포트도 잘해야 하는 역할을 하나의 작품에서 경험하기란 쉽지 않죠. 상대 배우를 더 돋보이게 해주는 연기의 즐거움도 어렴풋이 느꼈고요. 그래서 〈마약왕〉 〈비밀의 숲〉 그리고 〈킹덤〉까지 이어서 선택할 수 있었죠. 만약 내가 열심히 한다면 캐릭터의 한계가 조금이라도 더 넓어질 가능성이 있겠구나, 하는 작품을 선택하게 돼요. 확실히 드라마는 그런 점에서 재밌죠. 〈터널〉을 끝내고 김성훈 감독님이 꼭 다시 작업을 하자고 하셨고 그래요, 같이 합시다, 하고 〈킹덤〉 대본을 보는데 딱히 제가 할 수 있는 역할이 없더라고요. 그러면 서비는 어떠세요? 라고 하셔서 그러겠다고 했어요. 사실 서비는 저를 염두에 두고 쓴 캐릭터가 전혀 아니었고 지금보다 훨씬 작은 역할이었죠. 김은희 작가님이 깜짝 놀라서 진짜 배두나가 서비를 한다고? 하신 거죠. 관객들은 대부분 주연의 심리를 따라가서 알아서 이해해주죠. 그런데 조연은 카메라가 자기에게 할애된 시간이 적기 때문에 쉽지가 않아요. 나오는 순간 관객들에게 확실하게 각인을 시킨다거나, 주인공과 함께 등장할 때 그 신을 더욱 풍부하게 만들어주는 역할을 잘 해낸다는 것이 훨씬 어려운 일이에요. 그걸 경험하면서 벽에 부딪치기도 하고, 역시 아직 갈 길이 멀었구나, 반성하기도 하면서 많이 배워가고 있어요.

대체 불가 배우
Irreplaceable Actor

저는 믿어요. 절대 누구도 지금까지 내가 해왔던 것을 대체할 수 없다고.

〈괴물〉의 남주도, 〈코리아〉의 리분희도 처음엔 모두 동메달리스트예요.

그러네요. 금메달에는 별로 관심이 없어요.

원래 경쟁을 안 좋아해요?

나와의 싸움까지는 괜찮은데 남과의 싸움은 좋아하지 않아요. 그래서 배우가 천직이라는 생각이 들어요. 좋은 연기는 결국 경쟁이 아니라 앙상블에서 나오니까. 저 배우가 어떤 역할을 맡은 것이 나 대신 딴 게 아니니까요.

하지만 그렇게 생각하는 경우도 있잖아요.

있겠죠. 하지만 잘못된 생각이죠. 언젠가 그런 질투심 때문에 괴로워하는 후배에게 말했어요. 만약 저 배우가 저 역할에 캐스팅되지 않았다고 해도, 그렇다고 그걸 네가 할 수 있는 건 아니라고. 재는 지금 저 역할을 땄지만, 다음에 반드시 네 것이 찾아온다고, 걱정하지 말라고.

선택받고 싶은 욕망, 대체될지도 모른다는 불안은 모든 인간이 가진 마음이죠. 엔터테인먼트 시장은 특정 나이, 특정 이미지를 가진 누군가로 늘 대체되곤 하는데 특히 자기의 이미지라는 것이 독보적이었던 사람들의 경우엔 더 큰 불안이 아닐까요?

제 커리어에 대해 확신할 수 없었던 시기도 분명 있었지만, 저는 이제 더 이상 불안하지 않아요. 바닥도 치고 또 역전도 하면서 그렇게 울퉁불퉁한 길을 걸어왔잖아요. 절망적인 순간이 왔지만 그러다가 어느 날 다른 방식으로 보상을 받더라고요. 제가 언제까지 누군가의 뮤즈가 될 수 있겠어요. 어느덧 감독들보다 나이 많은 배우가 되잖아요. 이제는 영감을 주는 존재가 아니라 믿는 존재가 되는 거죠. 그들은 저를 믿고 그만큼 잘해주길 기대하겠죠. 물론 어떨 때는 어휴- 나도 디렉션이 필요한데? 할 때도 있지만요. (웃음) 만약 지금 저에게 20대를 연기하라고 하면 못 해요. 당연히 젊음은 가죠. 젊음은 떠나가요. 지금의 저는 40대가 할 수 있는 연기를 할 수밖에 없어요. 그거밖에 못 하고요. 하지만 저는 믿어요. 절대 누구도 지금까지 내가 해왔던 것을 대체할 수 없다고. 고민도 많고 갈등도 많이 하면서 걸어온 길이지만, 지나고 나서 보니까 누가 이렇게 해올 수 있었을까 하는 긍지가 있죠. 지금 이 순간에도 수많은 배우가 각기 다른 개성으로 자신의 커리어를 쌓아가고 있고 그 모습들이 정말 좋아 보여요. 그들만의 색깔로 결국 다른 멋진 걸 만들어내겠죠. 하지만 그것이 제가 쌓아온 저만의 것을 대체하지는 못할 거라고 생각해요.

연기, 계속 재밌어요?

너무 재미있어요. 연기가 계속 재미있는 이유는 너무 어려워서 질릴 수가 없어서인 것 같아요. 뭔가 마스터를 해야 질리잖아요. 알 만큼 알았다는 생각이 들 때 흥미가 좀 떨어질 텐데, 왜 이렇게 계속 어렵죠? 오늘 잘했다고 내일 또 잘하리라는 법이 없는 거고. 똑같은 연기가 오늘은 됐는데 내일은 또 안 될 수도 있고요.

영화배우 배두나, 여전히 너무 좋아요?

그럼요. 저는 지금도 모니터 앞에 놓인 배우 의자에 '배우 배두나'라고 쓰여 있는 그 자체가 너무 멋있어요.

고레에다 히로카즈 감독의 〈원더풀 라이프〉의 선택처럼, 만약 배우로 살아왔던 삶 중에서 딱 한 장면만 골라서 남겨야 한다면 어떤 순간일까요?

영화 〈바이러스〉 촬영을 하던 날이었는데요. 다들 지쳐 있는 시간이었고, 엄청 특별한 신도 아니었어요. 모니터 룸에 앉아 있다가, 자, 이제 배우분 들어가실게요, 라는 말을 듣고 의자에서 일어나 조명이 켜진 세트로 척척 걸어가던 그 순간, 세트가 천천히 저에게 다가오는 풍경이 꼭 꿈을 꾸는 것 같았어요. 이미 수백 번, 수천 번을 반복했을 일인데, 20년을 했던 일인데, 갑자기 그날 왜 그렇게 행복했을까요? 나 너무 멋있는 일을 하고 있구나. 이 직업을 너무 사랑하고 있다는 게 느껴졌던 그 장면을 어쩐지 영원히 기억할 것 같아요.

CRITIC

ACTOROLOGY

BAE DOONA OLOGY

'배두나'와 '두나 배'의 합창을 들어라

한국에서 세계로, 배두나의 20년

아드리앙 공보 / 프랑스 영화평론가

De Bae Doona à Doona Bae

Ou l'aventure d'une actrice à travers 20 ans de cinéma,
de la Corée au monde entier

Adrien Gombeaud / Film Critic

칸영화제 황금종려상으로 시작해 아카데미 오스카에 이르기까지, 〈기생충〉의 여정은 지난 20년간 이어진 한국 영화 해외 진출사의 정점을 찍었다. 한국 영화의 민간 외교관이자 위대한 고전 영화의 대표 주자였던 임권택 감독의 〈춘향뎐〉이 한국 장편 영화 최초로 칸 국제영화제 경쟁 부문에 진출했던 2000년, 한국 영화의 새로운 파수꾼들도 나란히 초청되었다. 홍상수 감독의 〈오! 수정〉이 ‘주목할 만한 시선’에, 이창동 감독의 두 번째 장편 영화인 〈박하사탕〉이 감독 주간에, 정지우 감독의 〈해피 엔드〉 또한 비평가 주간에 선정되었다. 한국 영화 역사상 처음으로 세계 최대 규모의 국제영화제에서 대규모 쇼케이스를 연 셈이다. 한편 당시에는 큰 화제가 되지 못했으나, 봉준호 감독의 첫 장편 영화 〈플란다스의 개〉의 개봉 연도 역시 2000년이었다. 봉준호 감독은 이 영화에서 처음으로 배우 배두나를 캐스팅했다.

밀레니엄의 교차로에서 등장한 한국의 시네아스트들에 대해서는 그간 많은 글들이 쓰였지만, 정작 이 르네상스를 이룩하는 데 도움을 준 배우들에 대한 논의는 상대적으로 적다. 감독들과 마찬가지로 그들 중 몇 명만이 지난 20년 동안 꾸준히 최고 수준의 영화적 커리어를 유지했고, 더욱이 성공적으로 해외 시장에 진출한 배우는 드물었다. 바로 이러한 점에서 배우 배두나의 커리어는 독보적이다. 배두나는 한국에서 탄탄한 필모그래피를 쌓는 동시에 일본, 할리우드, 나아가 최근에는 프랑스에도 진출했다. 한국 영화, 아니 한국 문화 전체가 20년에 걸쳐 세계 시장에서 자리 잡을 수 있었던 것처럼, 배두나 또한 오랜 시간에 걸쳐 지금의 ‘두나 배Doona Bae’가 되었다.

De Cannes à Los Angeles, de la Palme d’Or à l’Oscar, le parcours de ‹Parasite› a marqué en quelque sorte l’aboutissement de 20 ans de cinéma coréen. En l’an 2000, ‹Le chant de la fidèle Chunhyang› était le premier long-métrage coréen à participer à la compétition du festival de Cannes. Im Kwon-taek faisait à la fois figure d’ambassadeur et de représentant d’un grand cinéma classique. La jeune garde s’affichait, elle, dans les sélections parallèles. Un Certain Regard proposait ‹La Vierge mise à nu par ses prétendants› de Hong Sang-soo et la Quinzaine des Réalisateurs, ‹Peppermint Candy›, second long-métrage de Lee Chang-dong. Enfin ‹Happy End› de Jung Ji-woo portait le drapeau à la Semaine de la Critique. Pour la première fois de toute son histoire, la Corée du Sud disposait d’une large vitrine dans le plus grand festival du monde. Cette même année, beaucoup plus discrètement, Bong Joon-ho sortait son premier long métrage : ‹Barking Dogs never bite›. À peine remarqué dans son pays, le film passa inaperçu dans les circuits internationaux. Bong y mettait en scène la jeune actrice Bae Doona.

Si l’on a beaucoup disserté sur les prodigieux cinéastes qui ont émergé en Corée au carrefour du millénaire, on s’est moins intéressé aux comédiens qui ont participé à forger cette renaissance. Comme les metteurs en scène, peu d’entre eux ont su se maintenir au plus haut niveau au cours des deux dernières décennies. Aucun n’a durablement passé les frontières de son pays. Le trajet de Bae Doona constitue en cela une exception remarquable. Tout en menant une carrière singulière en Corée du Sud, elle a réalisé des échappées étonnantes au Japon, à Hollywood et plus récemment dans le cinéma français. En vingt ans, suivant l’émergence du cinéma coréen et l’image de la Corée elle-même, Bae Doona est devenue Doona Bae.

한국 배우, '배두나'

이보다 더 완벽한 영화적 '탄생'이 있을까. 방 안에 놓인 텔레비전 화면 위, 오래된 비디오테이프가 재생되고 있다. 하얀 소복 차림으로 물에 흠뻑 젖은 귀신 분장을 한 배우가 긴 머리카락을 얼굴 앞으로 늘어뜨린 채 카메라로 향하고, 카메라 앞에 멈춰 선 후 서서히 화면 밖으로 기어 나온다. 손, 머리에 이어서 어깨까지… 1999년, 김동빈 감독의 〈링〉은 그야말로 배두나를 스크린 밖으로 '낳은' 영화였다.

배두나의 경력을 논할 때 자주 잊히곤 하는 〈링〉은 한국 영화의 '하이브리드'한 특징을 잘 보여주는 흥미로운 작품이다. 당시 한국 정부는 일본 문화의 수입을 금지하고 있었다. 1998년에 들어서 한일 합작 영화나 국제 영화제에서 수상한 일본 영화들에 한해 수입이 허가됐고, 2004년에야 모든 일본 영화가 합법적으로 한국에서 상영할 수 있게 되었다. 스즈키 코지의 소설을 원작으로 만들어진 한국 영화 〈링〉은 그보다 1년 먼저 일본에서 개봉해 큰 성공을 거둔 나카타 히데오 감독의 일본판 〈링〉에서 대부분의 장면을 고스란히 따왔다. 말하자면 김동빈 감독의 〈링〉은 일본판 〈링〉의 우회적 수입을 목적으로 만들어진 영화였다. 일본판 〈링〉과 거의 흡사하면서도 일본 문화 수입금지법의 저촉을 받지 않는 영화가 바로 김동빈 감독의 〈링〉이었던 것이다. 이 영화에 출연함으로써 배두나는 한국 영화의 문화 '하이브리드' 역사에 일찍이 참여한 배우가 되었다. 그에 더해 〈링〉에서의 역할은 양성을 지닌 채로 살다가 죽은 귀신으로 그려지므로 그 자체로 이종異種의 특징을 갖기도 한다.

Bae Doona

Sans doute n'y avait-il pas meilleure façon de naître au cinéma que cette séquence. Une télévision dans un salon. L'image vidéo effilochée d'un très vieux film amateur. L'actrice, spectrale, avance vers la caméra en chemise de nuit blanche, trempée, les cheveux longs lâchés sur le visage. Arrivée au bord du cadre, elle se penche en avant. Puis, elle s'extrait littéralement de l'écran. Les mains, la tête, les épaules... En 1999, dans ‹Ring Virus› de Kim Dong-bin, le cinéma accouche littéralement de Bae Doona.

Film oubliable, ‹Ring Virus› reste un produit historique hybride intéressant. À cette époque, la Corée vit les dernières années de censure des produits culturels japonais. En 1998, les coproductions coréano-japonaises ainsi que les films japonais primés dans les festivals internationaux ont enfin été autorisés à passer la frontière. Il faudra attendre 2004 pour que tous les films japonais, sans exception, puissent être officiellement montrés en Corée. Si ‹Ring Virus› se présentait comme une adaptation inédite du roman horrifique japonais de Koji Suzuki, la comparaison ne trompe pas. Kim Dong-bin emprunte des scènes entières à ‹Ring›, grand succès de Hideo Nakata réalisé un an plus tôt. ‹Ring Virus› était un objet de contrebande : la photocopie retouchée d'un film japonais destinée à contourner des lois d'importation obsolètes. Sans doute par un hasard de casting, Bae Doona fait déjà figure de produit culturel hybride. Par ailleurs, le scénario la présente comme un fantôme hermaphrodite.

한국 영화는 2000년을 기점으로 새로운 시대를 열었으나, 1980년대와 1990년대부터 활동했던 기존 스타들은 새로운 감독들과의 작업에 적극적이지 않았다. 당시 높은 인기를 구가했던 박중훈이나 안성기 같은 남자 배우들은 얼마간 새로운 영화 트렌드에 합류하는 듯 했으나 오래가지 못했고, 그 자리는 송강호, 신하균, 이병헌, 유지태와 같은 새로운 배우 그룹으로 채워졌다. 여자 배우들 중에는 〈쉬리〉(1999)의 김윤진, 〈공동경비구역 JSA〉(2000)의 이영애, 〈엽기적인 그녀〉(2001)로 아시아 전역에서 폭발적인 인기를 끌게 된 전지현 등이 있었으나, 이들은 2010년대부터 대부분 텔레비전 드라마 시장으로 돌아섰다.

이 시기에 배두나는 곽지균 감독의 〈청춘〉(2000)이나 현남섭 감독의 〈굳세어라 금순아〉(2002), 용이 감독의 〈봄날의 곰을 좋아하세요?〉(2003)와 같이 비교적 규모가 작은 영화들에 출연하며 가끔 대학로 무대에 오르기도 했다. 그리고 이때 자신의 커리어에 중대한 영향을 미치게 될 두 명의 감독을 만나게 된다. 2000년에 봉준호 감독으로부터 그의 첫 번째 장편 영화인 〈플란다스의 개〉의 주연 역할을 제안받았고, 그로부터 2년 후에는 박찬욱 감독의 〈복수는 나의 것〉에서 두 번째 주연을 맡게 되었다. 표현력이 풍부하고 동그란 배두나의 얼굴은 부서질 듯 연약하고 창백한 마스크의 동세대 여성 배우들과 차별화되었다. 그녀의 휘둥그레하고 순진한 눈망울은 줄리에타 마시나(영화 〈길〉의 젤소미나로 유명한 이탈리아 배우—편집자 주)의 먼 한국 친척 같아 보이기도 한다. 또한 배두나는 기꺼이 나서서 웃길 수 있는 동시에 신체적으로 특화된 배우로 자리 잡았다. 박찬욱 감독은 〈복수는 나의 것〉에서 배두나의 몸의 언어를 최대한 활용할 수 있는 수어 연기를 맡겼다. 〈플란다스의 개〉, 정재은 감독의 〈고양이를 부탁해〉(2001), 백운학 감독의 〈튜브〉(2003), 봉준호 감독의 〈괴물〉(2006)에서는 추격을 비롯한 액션 신을 소화했다. 〈굳세어라 금순아〉에서의 배구, 〈괴물〉에서의 양궁, 〈코리아〉에서의 왼손잡이 탁구 선수 역할도 맡는 등 배두나는 신체를 사용하는 다양한 역할들을 경험하며 커리어에 큰 이점을 가지게 되었다.

Le millénaire ouvre une période d'ébullition inédite dans l'histoire du cinéma coréen. Néanmoins, les stars des années 1980 et 1990 ne regardent que de loin la pépinière de réalisateurs débutants. Des comédiens adulés comme Park Joong-hoon ou Ahn Sung-ki ne suivront que marginalement l'émergence de ce nouveau cinéma, avant de s'éclipser tout à fait. On repart sur de nouvelles bases, des familles se forment autour de nouveaux acteurs comme Song Kang-ho, Shin Ha-kyun, Lee Byung-hun, Yu Ji-tae... chez les femmes, on remarque Kim Yoon-Jin dans ‹Shiri› (1999), Lee Young-ae dans ‹Joint Security Area› (2000), juste avant que Jeon Ji-hyeon ne rencontre un succès phénoménal dans toute l'Asie en endossant le rôle de la ‹Sassy Girl› pour Kwak Jae-yong en 2001. La plupart de ces actrices ne survivront pas aux années 2010 ou se réorienteront vers la télévision.

À cette époque Bae Doona enchaîne des films moins spectaculaires comme ‹Plum Blossom› (2000) de Kwak Ji-kyun, ‹Saving My Hubby› (2002) de Hyun Nam-seop ou ‹Spring Bear Love› (2003) de Yi Yong. On la voit également au théâtre, brièvement, sur les scènes de Taehangno. Elle croise cependant deux metteurs en scène majeurs. En l'an 2000, Bong Joon-ho lui offre le rôle principal de son premier long-métrage ‹Barking Dogs Never Bite›. Deux ans plus tard, elle décroche un second rôle important dans ‹Sympathy for Mr. Vengeance› de Park Chan-wook. Son visage rond et ultra-expressif la distingue des canons fins, délicats et pâles de sa génération. Ses yeux qui s'écarquillent avec étonnement ou naïveté font plutôt de Bae Doona une lointaine cousine coréenne de Giulietta Massina. Bae s'impose aussi comme une actrice très physique, volontiers burlesque. Park Chan-wook peut ainsi profiter de ses talents de mime pour lui faire parler le langage des signes dans ‹Sympathy for Mr. Vengeance›. Le cinéma va même lui offrir un certain nombre de poursuites à pieds dans ‹Barking Dogs Never Bite›, le charmant ‹Take Care of My Cat› de Jeong Jae-eun (2001), le film d'action ‹Tube› de Kim Suk-hoon (2003), ou le film de monstre ‹The Host› de Bong Joon-ho (2006). S'ouvre par ailleurs une thématique sportive qui va ponctuer sa carrière : elle est joueuse de volley-ball dans ‹Saving My Hubby›, championne de tir à l'arc dans ‹The Host› ou joueuse de ping-pong gauchère dans ‹As One› de Moon Hyun-sung.

어떤 영화에 등장하든지, 배두나는 언제나 사회의 주변부에 위치한 인물을 맡아왔다. 〈복수는 나의 것〉에서는 무정부주의자, 〈플란다스의 개〉에서는 주로 아파트 주민이 잃어버린 개나 찾으러 다니는 보잘것없는 관리사무소의 하급 직원, 〈봄날의 곰을 좋아하세요?〉에서는 너무 털털하고 눈치가 없어서 만나는 남자에게 번번이 차이는 여자였다. 배우로서 성장해가면서 이 배우는 그 범위를 더 넓혀나갔다. 그리고 2014년 정주리 감독의 〈도희야〉에서 최고의 역할 중 하나를 맡게 된다. 이 영화에서 배두나는 서울에서 시골 마을로 좌천된 레즈비언이자 알코올 중독 경찰관으로 등장한다. 설상가상으로 이 마을에서 만난 한 소녀와의 관계로 인해 루머와 손가락질의 대상이 되고야 만다.

그녀의 독보적인 존재감, 얼굴과 몸으로 풍부한 표현을 해내는 능력이야말로 배두나가 국경을 넘어 빠르게 다른 언어로 작업할 수 있었던 이유일 것이다. 지금까지도 배두나는 해외에서 안정적으로 활동하고 있는 유일한 한국 배우로 평가받고 있다. 어쩌면 그녀의 특별한 여정은 다음과 같은 특별한 역설로 설명할 수 있을 것이다. '배두나는 이미 한국에서부터 이방인이었다'.

Quels que soient ses rôles, Bae Doona semble perpétuellement se placer en marge de la société. Dans ‹Sympathy for Mr. Vengeance›, elle interprète une activiste d'extrême gauche et dans ‹Barking Dogs Never Bite›, une paumée, plus ou moins concierge dans une barre d'immeuble, spécialisée dans la recherches de chiens égarés. Dans ‹Spring Bear Love›, elle est une fille qui a si peu de manières et de retenue, et se montre si spontanée dans sa relation aux hommes qu'elle ne parvient pas à trouver l'amour. Avec la maturité, la comédienne continuera à cultiver cette différence. En 2014, elle trouve l'un de ses plus beaux rôles dans ‹A Girl at My Door› de July Jung. Bae Doona y interprète une flic lesbienne et alcoolique mutée loin de Séoul dans un petit village. Sa relation avec une écolière solitaire fait d'elle la proie des rumeurs et de l'intolérance.

Sa position singulière, son aptitude à s'exprimer tant avec son visage qu'avec son corps explique peut-être qu'elle travaille rapidement hors de ses frontières et dans d'autres langues. Jusqu'à présent, Bae Doona reste la seule actrice coréenne à avoir su mener durablement une carrière internationale. Ce trajet si particulier s'explique par un paradoxe extraordinaire : Bae Doona était déjà une étrangère dans le cinéma coréen.

세계 배우, '두나 배'

2005년, 배두나는 일본의 젊은 감독 야마시타 노부히로의 〈린다 린다 린다〉를 통해 처음으로 일본 영화의 주연을 맡게 된다. 한국과 일본의 영화적 교류의 역사는 일제강점기로 거슬러 올라간다. 그 당시 감독이나 기술자 등 영화 관계자들은 주로 일본에서 영화 제작술을 배웠으며, 한국인 감독 허영은 '히나츠 에이타로'라는 이름으로 1940년대 일본 영화계에서 활동하기도 했다. 하지만 2000년대에 이르러 배두나는 그 판도를 뒤집어놓았다. 〈린다 린다 린다〉에서 배두나는 우연히 밴드의 보컬로 합류해 학교 축제에서 공연하게 된 재일 한국인 고등학생 '송' 역할을 맡았다. 야마시타 감독은 중반부까지는 내내 조용하고, 수줍고, 언어의 장벽으로 인해 단절되었던 소녀의 모습을 보여주다가 마지막 순간에 폭발적인 노래를 통해 분위기를 뒤집는다. 공연 시작 전, 관중 앞에서 긴장해 일순간 굳은 송은 절박한 심정으로 마이크를 붙잡고 매달리지만, 나중에는 마치 사이클 선수가 결승점에서 자전거 핸들을 놓듯 마이크에서 손을 떼고는 체육관에 모인 관중의 환호를 이끌어낸다. 〈린다 린다 린다〉는 아주 작은 순간들이 때로는 위대한 기억들로 발아할 수 있음을 보여준다. 야마시타 감독은 또한 해묵은 갈등을 뒤로하고 새로운 시대에 새로운 화합을 도모하기 위해서는 열린 마음이 필요하다는 것을, 아니면 적어도 노래 한 곡 정도 함께 부를 만한 시간은 필요하다고 말한다.

Doona Bae

En 2005, Bae Doona trouve son premier rôle japonais dans ‹Linda, Linda, Linda› du jeune cinéaste Nobuhiro Yamashita. Les ponts entre les cinémas de Corée et du Japon remontent à l'époque de la colonisation. D'importants metteurs en scène et techniciens coréens ont été formés au Japon. Le réalisateur Heo Yong y a même fait carrière dans les années 1940 sous le nom de Eitaro Hinatsu. Cependant, au début des années 2000, Bae Doona fait figure d'éclaireuse. Elle interprète Son, une lycéenne coréenne au Japon qui, lors d'un programme d'échange, va devenir la chanteuse d'un groupe de rock éphémère à l'occasion d'une kermesse. Yamashita filme une jeune fille réservée, timide, encombrée par la barrière linguistique... jusqu'à la dernière séquence de chanson explosive. Son, tétanisée face au public, s'accroche à son micro comme à une branche. Enfin, elle ose lâcher son guidon, tel un coureur cycliste à l'arrivée, et soulever la foule du gymnase par la vague du refrain et le flot des guitares. ‹Linda, Linda, Linda› raconte comment d'instants minuscules germent parfois de grands souvenirs. Yamashita décrit aussi l'ouverture nécessaire aux autres, à une époque qui espère laisser derrière elle les vieux conflits et les frontières du 20e siècle pour inventer une entente nouvelle... au moins le temps d'une chanson.

고레에다 히로카즈 감독은 자서전 『영화를 찍으며 생각한 것』에서, 배두나가 처음에는 〈공기인형〉의 배역을 거절했으나 봉준호 감독의 조언을 듣고서 성인용 인형 역할을 수락했다고 설명했다. 고다 요시이에의 만화를 원작으로 한 영화 〈공기인형〉은 기존의 피노키오 이야기에 에로틱하고 묘한 상상력을 가미한 작품이다. 현대의 '제페토'는 성인용 인형인 '노조미'와 매일같이 시간을 함께 보내다가 그만 사랑에 빠져버리지만, 노조미는 생명을 얻고 집을 떠나버린다. 한국 여자 배우가 일본 영화에서 성적 대상으로서의 역할을 맡았다는 것은 정치적인 결정이었을까. 하지만 이러한 의문은 금세 지워진다. 영화에서 노조미는 한국인으로 묘사되는 적이 없고, 고레에다 감독 또한 배역의 국적 설정에 대해 언급한 바 없다. 감독은 단지 배우의 신체적 특성과 능력만을 빌린다. 영화에서 배두나는 이국적étrangère이기보다는, 기묘한étrange 캐릭터로 묘사된다. 노조미는 이 세계에 대한 궁금증을 가지고 다른 세계에서 찾아온 인물이며, 순수한 시선으로 멀찍이서 우리의 세계를 바라본다. 곧 인간들의 마음은 공기인형보다도 더 공기로 가득 차 있으며, 그 어떤 것보다 공허하다는 것이 밝혀진다. 이 역할을 연기하기 위해 배두나는 단순히 한국에서만이 아니라 이 세계에서 벗어난 존재가 되어야만 했다. 이후 배두나가 미국 SF, 정확히 워쇼스키 감독들의 세계에서 영화적 커리어를 이어간 것은 지극히 자연스러운 일이었다.

Dans son livre ‹Quand je tourne mes films›, Hirokazu Kore-Eda raconte que Bae Doona a hésité avant d'accepter de tourner ‹Air Doll›. Seuls les conseils de Bong Joon-ho l'ont convaincu d'endosser ce rôle de sex-toy gonflable. Adapté d'un manga Yoshi-ie Gôda, ‹Air Doll› est une curieuse variation érotique sur le mythe de Pinocchio. Un Gepetto des temps modernes tombe amoureux de Nozomi, la poupée de latex avec qui il partage son quotidien. Mais Nozomi prend vie et quitte l'appartement. Le choix d'une actrice coréenne pour interpréter un objet sexuel au Japon était-il politique?
A peine esquissée, cette piste s'interrompt. Nozomi n'est jamais identifiée comme Coréenne et Kore-eda ne s'est pas exprimé dans ce sens. Le cinéaste loue surtout les ‹qualités corporelles› de sa comédienne, que son équipe comparait volontiers à une star de films d'action. Dans ce film, elle est à vrai dire plus étrange qu'étrangère. Nozomi vient d'un autre monde pour découvrir le nôtre, avec un regard à la fois pur et distant. Il s'avèrera que les humains sont peut-être plus remplis d'air et de vide que la poupée. Pour interpréter ce rôle, Bae Doona aurait tout aussi bien pu tomber de la Lune que de Séoul. C'est assez naturellement que sa carrière la mène aux Etats-Unis et vers la science-fiction, chez les Wachowski précisément.

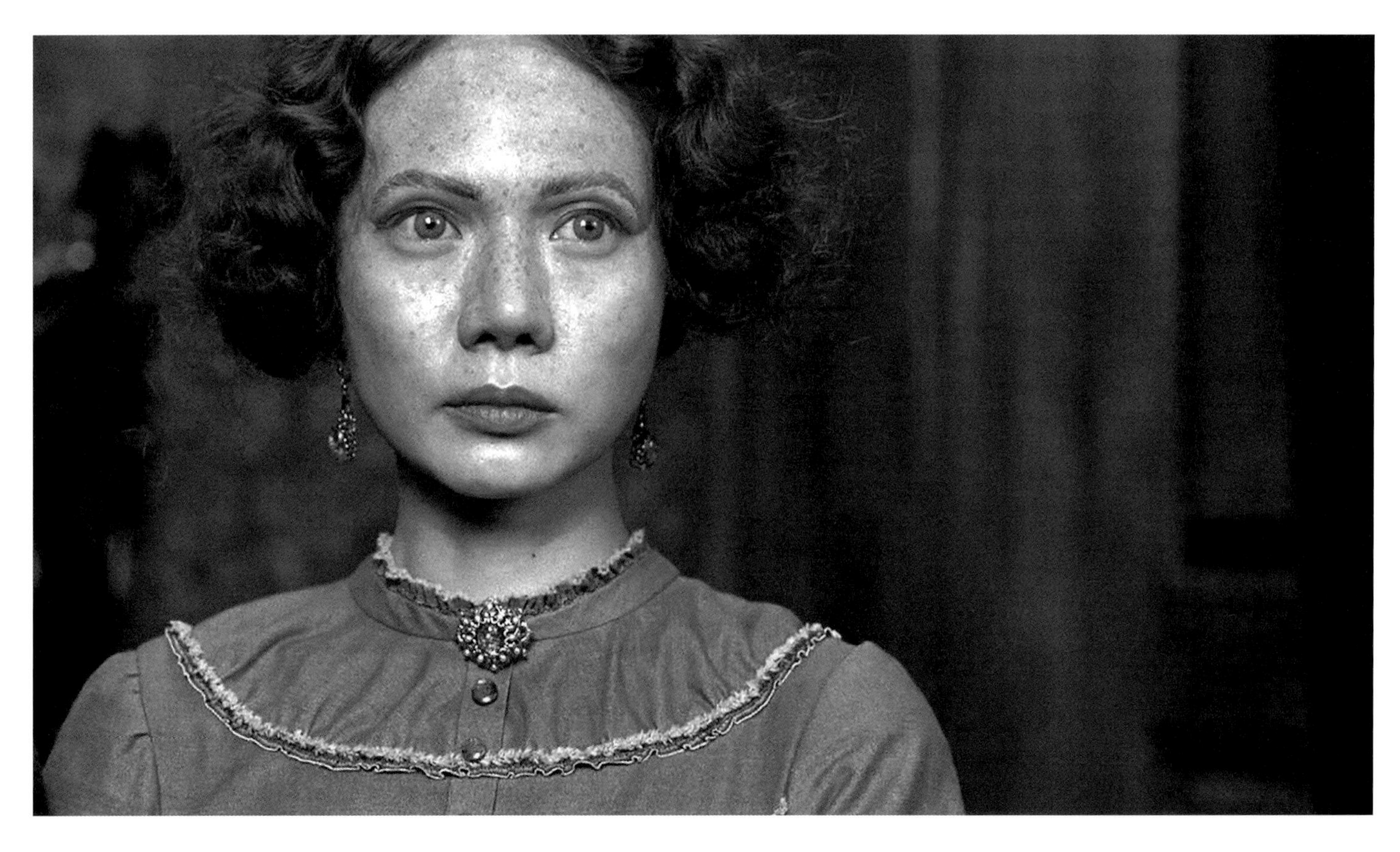

워쇼스키 감독들은 1999년부터 2003년 사이에 〈매트릭스〉 3부작으로 전 세계적인 성공을 거뒀고, 2008년에는 요시다 타츠오의 만화영화 원작을 각색한 〈스피드 레이서〉를 연출했다. 이후 워쇼스키 감독들 중 한 명인 래리 워쇼스키가 성전환을 통해 라나 워쇼스키가 되었고, 워쇼스키 형제는 워쇼스키 남매가 되어 독일 감독 톰 티크베어와 함께 〈클라우드 아틀라스〉를 공동 연출했다. 데이비드 미첼의 원작 소설을 각색한 〈클라우드 아틀라스〉는 영화 역사상 가장 원대한 프로젝트 중 하나였다. 영화는 19세기에서 24세기 사이를 배경으로 하며, 하나 이상의 공통점을 지닌 여섯 개의 흥미로운 이야기를 풀어놓는다. 배우들은 시대, 연령, 인종, 성별을 바꿔가며 많게는 여섯 개의 각기 다른 역할을 연기하며, 배역에 따라서 완전히 새로운 언어를 구사해야 하기도 했다. 배두나는 2144년 미래의 서울에서는 웨이트리스였다가 이후 혁명의 아이콘이 되는 복제인간으로, 1970년대의 장면에서는 멕시코인 여성으로 등장하고, 1840년대 후반을 그린 스토리에서는 노예제 폐지 운동을 펼치게 되는 상류층 미국인 여성으로 나온다. 이후 배두나는 워쇼스키 남매의 차기작 〈주피터 어센딩〉에도 조연으로 참여했으며, 2015년부터 2018년까지는 역시 워쇼스키 남매의 기념비적인 넷플릭스 시리즈물 〈센스8〉에 등장한다. 그 기간 동안 앤디 워쇼스키 또한 성전환을 거쳐 릴리 워쇼스키가 되었고, 이렇게 한때는 워쇼스키 형제였던 워쇼스키 남매는 다시금 워쇼스키 자매로 변모했다. 〈센스8〉은 세계 각지에 살고 있던 여덟 명의 낯선 사람들이 정신적, 감정적으로 연결된다는 설정의 픽션이며, 그 촬영 장소만 전 세계 108곳에 달한다. '연결고리' 혹은 '거리감'과 연관된 설정은 배두나의 또 다른 출연작인 에릭 라티고 감독의 〈#아이엠히어〉에서도 엿볼 수 있다. 〈#아이엠히어〉는 배두나가 출연한 첫 프랑스 영화로, 바스크 지역에 사는 프랑스인 셰프와 대한민국 서울에 거주하는 배두나가 SNS를 통해 친밀해지는 과정을 그린다. 영화 중 한 시퀀스를 제외하면 그녀는 줄곧 디지털 이미지의 부정확한 형태로만 등장한다. 전 세계가 서로를 찍고 바라볼 수 있는 시대의 배우, '두나 배'는 스크린에 맺힌 상이자 카메라 렌즈에 반영된 디지털의 존재가 되었다.

De 1999 à 2003, Larry et Andy Wachowski ont connu un triomphe mondial avec la trilogie Matrix. Après cette épopée futuriste, ils ont adapté le manga de Tatsuo Yoshida Speed Racer en 2008. Puis, suite une transition de genre, Larry est devenue Lana. C'est donc sous le nom de Lana et Andy Wachowski qu'ils coréalisent ‹Cloud Atlas› avec le metteur en scène allemand Tom Tykwer. Adapté d'un roman de David Mitchell, ‹Cloud Atlas› est l'un des projets les plus ambitieux de l'histoire du cinéma. Le film se déroule entre le XIXe et le XXIVe siècle. Il déroule six histoires qui ont toutes un point ou plusieurs indices communs. Certains comédiens jouent six rôles différents, changeant non seulement d'époque mais aussi d'âge, de race, de sexe et s'exprimant même dans une langue inventée. Doona Bae joue une bourgeoise américaine engagée dans la lutte contre l'esclavage à la fin des années 1840 ; elle apparait brièvement sur une photo sous l'identité d'une mexicaine dans les années 1970 et campe également un clone, serveuse de café et icône révolutionnaire en l'an 2144 dans la ville de Neo-Seoul. Bae participera de façon plus superficielle, à la fresque suivante des Washowski ‹Jupiter : le destin de l'univers› (2015), avant d'intégrer la distribution de leur monumentale série ‹Sense8›, diffusée sur Netflix entre 2015 et 2018. Au cours de la production, Larry devient Lilly et achève de transformer les Wachovski en sœurs. ‹Sense8› est une fable new-age, tournée dans 108 lieux différents partout sur la terre. L'intrigue suit 8 personnages dispersés autour du globe, tous connectés les uns aux autres par les sens et la pensée. C'est aussi ce lien et cette distance que creusera, de façon beaucoup plus modeste, Eric Lartigau dans la comédie sentimentale ‹#Jesuislà›. Le premier film français de Doona Bae raconte la relation par portable interposé entre un cuisinier français enraciné au Pays Basque et une Coréenne de Séoul. A une séquence près, Doona Bae n'apparaît dans le film que sous la forme imprécise d'une présence digitale. Actrice d'une époque où le monde entier se filme et se regarde, elle est une image sur un écran, un reflet dans l'œil d'une caméra. Doona Bae est devenue une figure numérique.

1559

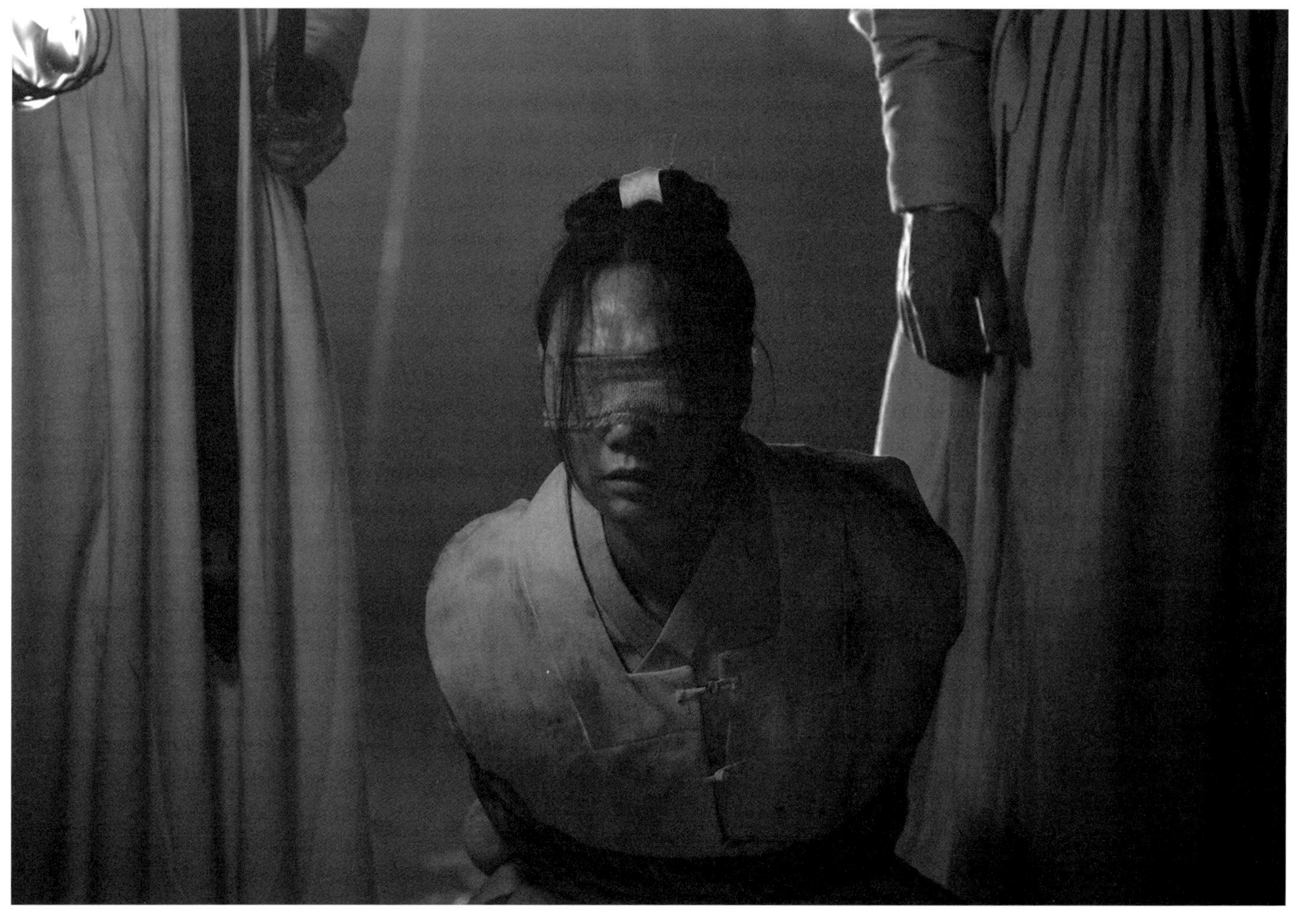

I said hey, what's going on?

20년의 영화 인생 동안 배두나는 사회적으로도 의미 있는 필모그래피를 완성해왔다. 무정부주의자, 성인용 인형, 디스토피아가 된 미래의 서울에서 혁명을 이끌어내는 클론, 마을 주민의 편협함에 억눌린 레즈비언과 같은 다양한 역할들을 맡으며 사회의 다양한 주체들을 대변해온 것이다. 김성훈 감독의 재난 영화 〈터널〉(2016)은 세월호 참사를 떠올리게 한다. 〈센스8〉은 LGBT의 목소리를 전달한다. 김성훈 감독의 사극 시리즈 〈킹덤〉(2019~2020)은 지배층의 부패와 계급 투쟁을 그려낸다.

배두나의 필모그래피는 단지 배우 개인의 관심사와 신념을 보여주는 것을 넘어, 격동의 시대를 지나온 한 나라의 위대한 역사를 여실히 보여준다. 배두나가 연기 활동을 시작한 90년대 후반의 한국은 아직 문화적으로 고립돼 있었다. 하지만 배두나가 선택한 영화와 그 배역들을 살펴보면, 한국의 역사가 거스를 수 없는 변화를 겪어왔음을 알 수 있다. 그리고 워쇼스키 형제가 워쇼스키 자매가 되었듯, 배두나도 긴 필모그래피를 거쳐 세계적 배우 '두나 배'가 되어 이 세상에 자리 잡았음 또한 알 수 있다. 〈센스8〉에는 다음과 같은 장면이 나온다. 미국과 아프리카, 인도를 비롯한 전 세계의 도시에서 등장인물들이 일제히 포 넌 블론즈4 Non Blondes의 90년대 유행곡 'What's Up'을 노래한다. 이 노래는 별안간 '워쇼스키 유토피아'의 찬가가 된다.

> "스물다섯이 된 지금도 나는 여전히 목적지를 찾기 위해 거대한 희망의 언덕을 오르고 있고, 나는 이 세상이 형제애로 이루어져 있음을 알게 되었어. 그게 뭘 의미하는지는 모르겠지만…."

행복하고도 슬픈 지구인들에 둘러싸여, 욕조 안에서 벌거벗은 배두나는 〈린다 린다 린다〉 시대와 똑같은 분노와 열정을 담아 함께 노래한다.

> "숨이 차도록 소리 지를 거야. 아니, 도대체 세상이 어떻게 돌아가는 거야? I said hey, what's going on?"

배두나는 더 이상 이방인이 아니다.
이 광활한 우주 속의 고독한 존재들과 인류애를 공유한 채 연결된 또 하나의 고독한 존재일 뿐이다. 전진하는 세상의 합창 속에서 '배두나'와 '두나 배'는 마침내 하나의 목소리로 노래하게 되었다.

번역 양이경

I said hey, what's going on?

En 20 ans de carrière Bae Doona a aussi, discrètement, construit une filmographie engagée. Au fil des rôles, elle fut militante altermondialiste, travailleuse du sexe en latex, clone révolutionnaire dans un Séoul du futur cauchemardesque ou lesbienne opprimée par l'intolérance contemporaine d'un village coréen. Le film catastrophe ‹Tunnel› (Kim Seong-hoon, 2016) est une métaphore du naufrage du ferry Sewol ; ‹Sense8› porte la voix des LGBT ; la série historique ‹Kingdom› (Kim Seong-hoon 2019-2020) évoque la corruption des élites et la lutte des classes.

Au-delà des choix et convictions personnels de la comédienne, cette filmographie traduit la grande histoire d'un pays dans les remous d'une époque. À la fin des années 90, lorsque Bae Doona a débuté, la Corée était encore une péninsule culturellement isolée. Ses films, ses rôles nous racontent une mutation désormais irréversible. Bae Doona est devenue Doona Bae, alors même que les frères Wachovski devenaient les sœurs Wachovski. Ils sont entrés dans un monde à la fois exaltant et vierge de tous repères. Il y a dans ‹Sense8›, un très joli moment : dans différentes villes, aux USA, en Afrique, En Inde… les personnages chantent tous au même moment ‹What's up› des 4 Non Blonds. Ce vieux tube rock des années 1990 devient soudain l'hymne de l'utopie des Wachowski :

> Après vingt-cinq ans, ma vie cherche encore à escalader cette gigantesque colline d'espoir pour trouver une destination. J'ai vite compris que ce monde est fondé sur cette grande fraternité, même si je ne vois pas trop ce que ça veut dire....

Parmi tous ces terriens, heureux ou mélancoliques, Bae, nue dans sa salle de bain, entame le refrain avec fureur et enthousiasme, exactement comme au temps de ‹Linda, Linda, Linda› :

> Je me sens planer et je crie à pleins poumons : qu'est-ce qui se passe? qu'est-ce qui se passe?

Doona Bae n'est plus une étrangère, mais une solitude reliée à d'autres solitudes dans l'immensité de l'univers et l'humanité partagée. Bae Doona et Doona Bae, enfin unies en une même voix, dans la chorale du monde qui va.

구(球, Sphere)의 배두나

배우연구자 백은하가 쓰는 배두나

백은하 /
백은하 배우연구소 소장

봉준호 감독의 〈플란다스의 개〉에서 현남(배두나)은 뒷모습으로 등장한다. 목덜미가 보이게 묶은 꽁지 머리, 이목구비도 표정도 보이지 않는 까닭에 이 배우의 동그란 두상이 먼저 첫인상으로 박힌다. 지상철 신문가판대 앞에 서서 '욕망' '우주소년' '붕어 떼' 같은 신문, 잡지의 헤드라인을 읽고 있던 현남은 열차의 도착과 함께 비로소 그 얼굴을 드러낸다. 왼쪽 플랫폼으로 향하는 무심한 표정의 옆얼굴은 뒤통수만큼이나 동그랗다. 이 배우의 구형성은 강아지 유괴범을 쫓기 위해 후드티의 모자를 바짝 조여 묶는 순간 극단적으로 강조된다. 사라진 강아지들을 둘러싼 한바탕의 소동이 끝난 후, 에필로그처럼 붙어 있는 마지막 신 역시 현남의 뒤통수로 시작한다. 오른쪽 숲을 향해 걸어가는 그녀의 동그란 옆얼굴엔 이제 옅은 미소가 감돌고 있다. 〈괴물〉에서도 배두나의 첫 등장은 뒷모습부터다. '수원시청'이 쓰여 있는 자주색 트레이닝복 위로 모아 묶은 남주(배두나)의 머리는 헝클어진 파마 때문에 더 둥글게 부풀어 있다. 합동 분향소를 두리번거리는 남주의 머리통을 따라 카메라가 반원을 그리듯 감싸 돌면, 입을 앙다문 채 눈물범벅이 된 참혹한 둥근 얼굴이 비로소 보인다.

김성훈 감독의 〈터널〉에서도 배두나는 뒷모습부터 등장한다. 마트 카트를 끌고 나온 세현(배두나)이 하행 에스컬레이터에 오를 때 긴 단발머리를 묶은 뒤통수는 컴퍼스로 돌려 그린 것처럼 동그랗다. 천장에 달린 TV에서 들리는 터널 붕괴 속보에서 남편 정수(하정우)의 이름이 나오자 세현은 급히 에스컬레이터를 거슬러 올라간다. 카메라는 마치 구체 파노라마를 찍듯 회전하고, 놀라서 TV를 올려다보는 배두나의 동그란 정수리를 부감으로 내리비춘다. 편집에서 잘려 나간 첫 등장 역시 마트로 차를 운전해 가는 배두나의 뒤통수였다고 한다. 김성훈 감독은 이를 "제한된 정보로 궁금증을 자극시켜 관객의 뇌를 가동하려는 장치적 선택"으로 설명하지만, 그 속에는 "배두나 배우의 동그란 뒤통수가 예쁘기 때문"이라는 심미적 이끌림이 있었음을 부정하지 않는다. 이경미 감독의 〈페르소나: 러브세트〉에서도 앞머리 없이 끌어올려 묶은 헤어스타일 때문인지 배두나의 두상은 더욱 선명히 드러난다. 동그란 사과를 베어 무는 배두나는 테니스공들에 둘러싸여 있다. 양궁의 둥근 과녁을 비롯해 탁구공, 배구공, 테니스공 등 유독 구기 종목과 어울리는 이 배우의 주변은 마치 〈이웃집 토토로〉의 '먼지 귀신'처럼 둥근 물체들이 잔뜩 달라붙어 있다. 〈플란다스의 개〉에서 실종 강아지 전단에 찍어주던 관리사무소의 원형 스탬프, 아파트 건너편 옥상을 감시하던 쌍안경, 동메달을 쥐고 걸어가는 〈괴물〉의 남주 옆으로는 동그란 풍선을 든 아이가 뛰어가고, 괴물을 처단하기 위해 활을 꺼내 든 남주는 둥근 불 뭉치를 화살 끝으로 찍어 블랙홀 같은 괴물의 눈알을 정확하게 명중시킨다.

꿈의 구체

"구球를 보면 마음의 안정이 찾아온다"는 봉준호 감독은 미야자키 하야오 애니메이션에 등장하는 "어느 방향, 어느 각도에서 봐도 동글동글한 머리형"을 가진 존재를 실사 영화에서 인간 배우를 통해 구현하고 싶었다고 한다. 그리고 데뷔작부터 이런 숙원을 이뤄줄 완벽한 구형球形의 두상을 가진 배우를 만나는 행운을 얻었다. 누군가는 배두나 — 고아성(〈괴물〉, 〈설국열차〉) — 안서현(〈옥자〉) — 정지소(〈기생충〉) 등으로 이어지는 여성 배우들의 유사성을 '봉준호 감독의 한결같은 여성 취향'으로 묶어내려 하지만, 엄밀히 말해서 그것은 구형의 두상에 대한 집착에 가까워 보인다. 〈플란다스의 개〉 현장에서 배두나의 동그란 머리를 경이롭게 바라보며 "완벽한 스피어Sphere!"라고 찬사를 보냈다는 봉준호에게 어쩌면 배두나는 영화의 육체를 통해 구현하고 싶었던 원형原形의 이미지, 꿈의 구체球體일지도 모른다.

직각들이 충돌하는 복도식 아파트, 정해진 트랙 위를 달려가는 차가운 금속 열차, 생명마저 컨베이어 벨트 위에서 순차적으로 처리되는 도축 공장, 선 넘기를 불허하며 계급과 계층으로 분리된 비밀의 저택 등 자신의 영화적 우주를 강력한 수평과 수직의 틀로 건설해놓은 봉준호는 그 어지럽고 시끄러운 세계로 배우들을 초대한다. 둥근 머리가 달린 인간 배우들은 선 앞에서 주저하고 면 사이에 갇힌다. 어둡고 깊은 지하실, 가파르고 좁은 다리, 단단한 쇳덩어리 벽, 자비 없는 사회 구조 안에서 부딪히고, 달리고, 싸우고, 도망친다. 〈플란다스의 개〉의 윤주(이성재)는 사각 칠판 앞에 서서 네모난 창문 너머의 숲을 바라본다. 〈괴물〉의 강두(송강호)는 한강 매점에 난 네모난 창을 통해 다시 닥쳐올지도 모르는 위험을 주시한다. 〈설국열차〉의 남궁민수(송강호)는 너무 오랫동안 닫혀 있어서 벽처럼 느껴지는 문을 미치도록 열고 싶어 한다. 미제 사건의 검은 터널에 갇히거나, 집을 떠나지 못한 채 머물거나, 아예 함께 파괴되는 방식으로 영화 속에 끝내 박제되는 남성 캐릭터들과 달리, 배두나라는 둥근 머리의 배우는 봉준호가 디테일하게 설계해놓은 영화 속으로 무심하게 굴러들어 와 이 세계를 자기식으로 헤집고 다니다가 결국엔 탈출한다. 봉준호라는 창조주는 자신의 영화 세계 안으로 들어온 배우들을 이탈 없이 포획하기를 욕망하는 동시에 그들이 스크린이라는 네모난 막을 통과해 다시 세상으로 나가주기를 이율배반적으로 희망한다. 씨줄과 날줄로 촘촘하게 엮은 영화의 입구와 출구를 손상시키지 않고 빠져나갈 수 있으려면 각 없이 둥근 표면을 가진 구체가 제격이다. 〈플란다스의 개〉의 현남은 9시 뉴스에 나올 만큼 유명해지는 것이 소원이었지만 결국 사각 TV로의 진입에 실패한다. 대신 아파트 이곳저곳을

"막 싸-돌아다니"며 독거 할머니의 마지막 유산을 건네받고 이웃 부부의 마지막 희망을 찾아 건네준다. 그 결과로 현남은 높게 솟은 아파트를 관리하는 네모난 사무실에서 잘리고 금전 출납 내역을 오차 없이 맞춰내는 숫자와 선의 세계에서 벗어난다. 그리고 마침내 형태를 규정지을 수 없는 푸른 숲 속으로 유유히 굴러간다.

사각의 평면 속 구체의 배우

일본의 영화평론가 하스미 시게히코는 비평집 『영화의 맨살』*에서 '구체'에 관한 흥미로운 접근을 보여주었다. 먼저 그는 영화란 결국 "구체의 광원"이 가로로 긴 장방형長方形의 스크린 위에서 벌이는 "빛과 그림자의 유희"라고 정의하며, '구체'와 '장방형'이야말로 영화의 "생의 조건"이라 말한다. 또한 "둥근 얼굴을 견디는 것"으로 영화에서 자신을 표현하는 배우 집단을 언급하며 프리츠 랑과 클로드 샤브롤이 보여주는 "구체 인간"에 대한 "집착"을 설명한다. 예를 들어 프리츠 랑은 둥근 얼굴의 남성 배우인 〈M〉의 피터 로어, 〈사형집행인도 죽는다!〉의 진 록하트의 대척점에 각각 긴 얼굴을 가진 배우 구스타프 그륀트겐스, 토니오 셀워트를 세운다. 하스미 시게히코는 전자를 "고독하고 비생산적이며 무상의 운동을 반복하는 구체적인 인물"로, 후자를 "팽창하는 구체를 수축시키는 통치 기구의 역학을 체현하는" 위협적이고 "직선적인 인물"로 설명한다. 또한 그런 의미에서 프리츠 랑의 영화를 "직선의 억압에 의해 팽창을 저지당한 곡선의 세계"라고 정의한다. 프리츠 랑의 영화에서 동그란 얼굴의 배우들은 장방형의 스크린이 안겨주는 고난을 견딘다. 히틀러와 파시즘에 의해 "빼앗긴 빈곤함을 응고시키고 붙잡힌 허약함을 결정화"하는 과정, 하스미 시게히코는 구체의 배우들을 둘러싼 팽창과 수축을 체제와 사상의 사각 틀 안에 속박당한 인간들이 원래 가지고 있는 원형의 구체성을 회복하기를 희망하는 움직임으로 해석한다.

그의 전제를 받자면 배두나라는 '구체'는 사각의 스크린을 견디는 대신 처음부터 탈출하는 것으로 영화 세계에 진입한다. 데뷔작인 〈링〉에서 관객들이 제일 먼저 마주한 것은 배두나의 둥근 머리통이다. 네모난 TV 브라운관에서 기어 나와 관객들을 향해 스멀스멀 다가오는 구형의 머리통은 네모난 평면 스크린을 뚫고 당장이라도 튀어나올 것 같은 입체감 있는 공포를 안겨준다. 〈링〉의 은서(배두나)는 우물에 갇혀 죽임을 당한다. VHS 녹화 테이프 위로 부활한 여성의 원한은 범인이 밝혀진 후에도 사라지지 않은 채 인간의 욕망과 이기심을 숙주로 끝없이 이 세계를 순환한다. 원작의 제목이자 이 영화의 영문 제목인 'The Ring Virus'처럼 영화 〈링〉을 다른 말로 설명하자면 원형圓形의 우물에서 사망한 인간이

---

* 하스미 시게히코, 『영화의 맨살: 하스미 시게히코 영화 비평선』, 이모션북스, 2015, pp. 167~187

선형線形의 기계 장치 위로 부활해 비선형非線形의 바이러스가 되어 이동하는 무한 루프의 공포다. '세기말의 아이콘'으로 불렸던 배두나는 1999년 12월 11일, 새 천 년을 20일 앞두고 영화배우로 데뷔했고, 그녀의 등장과 맞물려 선형linear의 아날로그 시대는 비선형nonlinear의 디지털 시대로 급진적으로 전환되었다.

영화란 생래적으로 시간 위에 존재하는 선형 예술이다. 지난 세기는 필름으로, 현재는 사각의 픽셀 속으로 기록되는 영화는 분명한 러닝타임을 가지고 상영된다. 이런 한정되고 납작한 영화의 속성은 3D나 VR처럼 영화를 보는 새로운 기술로 극복되거나, 크리스토퍼 놀란의 〈덩케르크〉처럼 비선형의 서사로 한계를 뒤틀기도 한다. 그리고 때로는 선형의 시간 위를 달리는 배우의 비선형적 입체성을 통해 극복되기도 한다. 그간 배두나가 작품 위에 새겨왔던 연기는 현장에서 당면하는 순간에 모든 감각을 열고 맹렬히 반응했던 몸과 마음의 흔적이다. 이 배우는 인물의 순차적인 역사 속에서 행동의 이유를 찾는 선형의 방식이 아니라, 분산된 기억의 덩어리를 순간적으로 응집시켜 통합적 형태로 구현하는 비선형의 연기 방식을 취하고 있다. 배우 배두나의 성장 추이와 성장 방향 역시 선형의 그래프로는 전혀 예측되지 않는다. 어젠다로 설정되거나 인과로 수정되지 않은 채 예측 불가능한 방향으로 구르는 배두나라는 구체의 운동은 그래서 좀처럼 눈을 뗄 수 없다.

스크린이 꾸는 가장 입체적인 꿈

패션 카탈로그 모델로 발탁되어 데뷔했던 배두나는 잡지 모델을 거쳐 1년 만에 영화배우가 되었다. 동그란 얼굴을 가진 스틸 사진 속 '원의 배두나'가, 영화 카메라가 잡아내는 동그란 두상을 가진 '구의 배두나'가 될 때 이 배우에 대한 논의는 평면에서 입체 기하학의 영역으로 진입한다. 입체의 전제는 공간이다. 공간에 존재하는 모든 것은 경계를 가진다. 배두나는 자신과 타인을 분리하는 '선'으로서의 경계가 아니라, 그 경계가 만들어내는 공간에 주목하는 배우다. 함께 작업했던 모든 창작자들이 입을 모아 말하는 배두나의 가장 큰 특징은 주어진 공간 내부를 자신만의 리듬으로 채우고 장악하는 창의적인 동선과 생생한 에너지다. 다른 배우의 공간을 침범해 자신의 공간을 확장시키는 데는 관심이 없다. 대신 그 사이의 공간 크기를 조정하는 것으로 캐릭터에 상대적인 입체감과 현실감을 불어넣는다. 〈센스8〉의 '선'처럼 때로는 무한히 확장할 수 있는 공간으로 넓히고, 〈도희야〉의 '영남'처럼 때로는 누구도 끼어들 수 없는 긴밀한 공간으로 좁혀가면서 말이다.

그런 의미에서 이 배우에게 입체성은 곧 진짜와 가짜를 가르는 근거가 된다. 데뷔

KEEP CLEAR

초 엉뚱한 외계인 같은 이미지를 내세운 또래의 스타들과 함께 뭉뚱그려 '4차원'이라는 수식이 붙기도 했지만, 정확하게 말해 배두나는 한 번도 4차원이었던 적이 없다. 배두나는 2차원의 시나리오가 가리키는 방향과 감독의 디렉션을 따라 지면에 발을 붙이고 우뚝 선 3차원의 입체를 구현하기 위해 몰두해온 배우다. 연기를 통해 만들어진 인물들이 "가짜 같지 않을까"라는 것을 통과 전제로 체크하는 배두나의 캐릭터들은 시대와 지위 고하를 막론하고 늘 구체성을 띠었다. 역사책에는 없는 과거에서도, 상상으로 창조된 미래에서도, 심지어 인형이나 복제인간, 혹은 이 세계의 차원을 넘어선 인물을 연기하는 순간에도 달라지지 않는다. 자신이 연기하는 캐릭터가 꼭 현생 인류가 아닐지라도, 영화의 시간 속에서는 실제로 존재하는 입체가 되길 염원한다. 〈공기인형〉에서 배두나가 바람이 빠지는 순간 납작해지는 PVC 러브돌을 통해 구현하고 싶었던 것은 '사람'의 복제품이 아니라 진짜 마음을 가진 존재였다. 에어 펌프 대신 사랑하는 사람의 숨결로 채워진 노조미는 마침내 두둥실 떠올라 풍선으로 만든 지구와 달, 나만의 태양계 속을 행복하게 유영한다. 정지된 사진에 머물지 않고 무빙 이미지로서의 운행을 시작한 20세기 발명품인 영화는, 때로는 자신이 품고 잉태한 존재가 그 이미지 안에 머물지 않고 진짜가 되어 세상으로 달려 나가길 갈망한다. 배두나는 2차원의 스크린이 꾸는 가장 입체적인 꿈이다.

우주를 배회하는 아름다운 별

스스로 뜨겁게 발광하는 항성형 배우와 달리, 배두나는 스스로의 자전과 동료들과의 공전으로 힘을 내는 행성형 배우다. 홀로 빛을 낼 수 없는 행성처럼 배두나는 종종 자신을 감독이 있어야만 빛나는 존재라고 말한다. 창작자들을 향해, 나를 마음껏 사용하세요, 라고 말하는 배두나는 기꺼이 영화의 육체가 되고 목소리가 되고 영혼이 된다. 데뷔 초부터 최근까지 국내외를 막론하고 최고의 감독들과 작업했던 이 배우는 스스로를 가장 예민한 악기이자 최상의 도구로 단련시켜놓았다. 토르의 묠니르, 과르네리의 바이올린처럼, 아무나 다룰 수 없는 도구, 준비되지 않은 자라면 제대로 연주할 수 없는 악기로 말이다. 배두나는 쓰이지 않는 순간에도 조바심을 내기보다는 더 좋은 연주자, 더 숙련된 장인을 기다리며 스스로 담금질하거나 튜닝을 멈추지 않는 주체적인 도구다. 또한 1차 창작자와 함께 협업해야 하는 해석 예술가로서의 배우의 위치를 분명히 인지하고 있는 이 배우는 스스로 파악한 연기의 방향을 강하게 주장하지 않는다. 대신 그 고심의 흔적을 무심하게 툭툭 현장에 뿌려놓을 뿐이다. 결국 배두나가 이끄는 방향을 따라가는데도 그것이 "감독의 생각이었다고

착각하게 만든다"는 김성훈 감독의 증언대로, 이 배우는 자신이 품고 있는 힘의 정체를 좀처럼 드러내지 않는다. 그저 아낌없이 제대로 쓰일 수 있게끔 슬그머니 마음을 끌어당길 뿐이다. 조금의 과장을 보태자면 필름에 혹은 프레임 속에 담긴 배두나의 이미지는 어쩌면 이 배우가 스크린 위에 행한 염사念寫의 결과물일지도 모른다. 그렇게 찍으려고 창작자가 의도적으로 했다기보다는 그렇게 찍을 수밖에 없게 만드는 배두나라는 구체의 힘, 그것은 바로 눈에 보이지 않지만 분명히 존재하는 이 행성의 중력이다. "전혀 힘을 주지 않는다"고 말하는 배두나의 연기에서 강력한 끌림을 느끼거나, 마음이 흔들리거나, 때론 다리가 휘청이기까지 하는 것은 자연스러운 원심력의 결과다. 연기에서도 삶에서도 관성에 빠지는 것을 극도로 경계하지만, 이 배우의 고요한 자전 운동이 발생시킨 관성력은 관객을 전혀 다른 위치로 옮겨놓는다.

'배회할 배裵', '별 두斗', '아름다울 나娜'를 써서 배두나로 명명되었던 아이는, 영화라는 우주를 배회하는 아름다운 별이 되었다. '아무 목적도 없이 어떤 곳을 중심으로 어슬렁거리며 이리저리 돌아다니다'라는 '배회'의 사전적 의미처럼, 이 별은 분명한 목적은 없지만 분명한 중심을 지킨 채 공간 운동 중이다. 가운데 중심점에서 어느 한쪽으로 치우치지 않는 균형된 힘과 거리를 유지하는 도형, 그것이 바로 구다. 편견과 선입견에 치우치지 않는 내적 균형의 힘으로 찌그러짐 없는 매끈한 구대칭을 유지하며 배두나라는 별은 20년이 넘도록 성실하게 시네마틱 유니버스 속에서 운행해왔다. 어슬렁어슬렁 이리저리 돌아다니는 재미까지 더해진 빽빽한 관측 일지는, 이름이 예언한 운명을 고스란히 따르고 있다는 증거다. 과거를 돌아보지 않고, 미래를 향해, 배두나라는 구체는 오늘도 굴러간다. 데구루루 데구루루, 구르는 배두나는 이끼가 끼지 않는다.

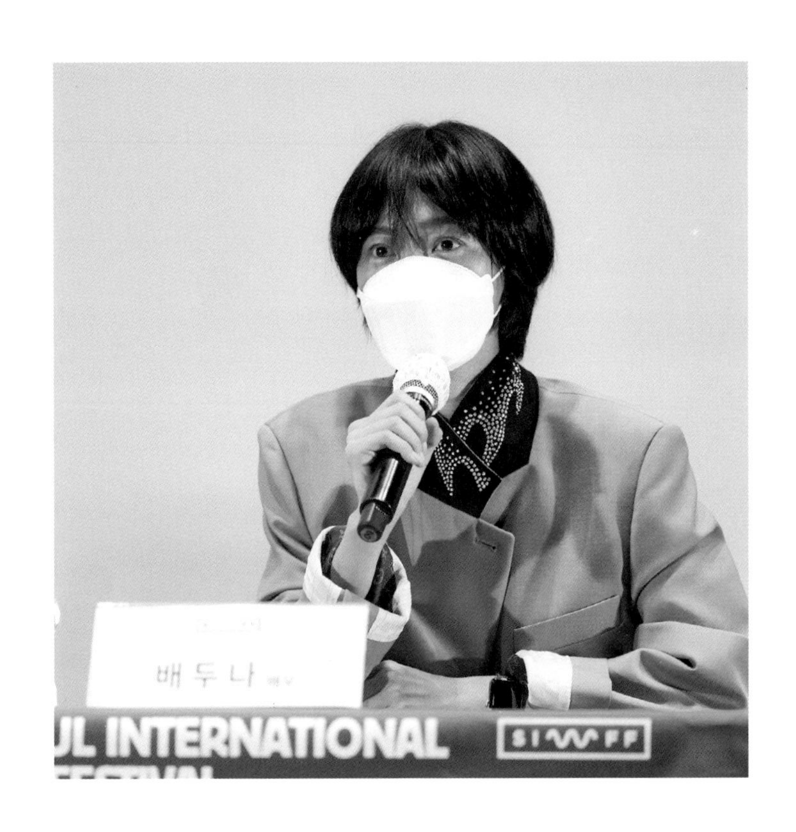
배두나
UL INTERNATIONAL
SIWFF

“배우는 정말 좋은 직업이에요. 한 번 태어나서 단지 한 번만 살 수 있는데,
(배우는) 여러 캐릭터로 여러 번 살아보는 거잖아요.
이만한 직업은 정말 없어요. 정말 다양한 경험을 해볼 수 있거든요.
저는 킥복싱도 배우고, 파이터 역할도 해보고, 인형 역할도 해보고, 별의별
역할을 다 해봤죠. 여러 인생을 살아볼 수 있다는 것, 그러나 내가 마스터할
수 없는 어려운 것, 계속 정진할 수밖에 없게 만드는 것,
항상 해도 해도 마음에 안 드는 것, 그것이 연기를 계속할 수 있는 힘이죠.”

2021년 8월
제23회 서울국제여성영화제
‘배두나 특별전’

FILMS

2021
〈브로커〉(가제) 수진 / 감독 고레에다 히로카즈

2019
〈페르소나〉 두나 / 감독 이경미
〈#아이엠히어〉 수 / 감독 에릭 라티고
〈바이러스〉(가제) 옥택선 / 감독 강이관

2017
〈장옥의 편지〉 은아 / 감독 이와이 슌지
〈마약왕〉 김정아 / 감독 우민호

2016
〈터널〉 세현 / 감독 김성훈

2014
〈도희야〉 이영남 / 감독 정주리
〈주피터 어센딩〉 라조 / 감독 라나 워쇼스키, 릴리 워쇼스키

2012
〈인류멸망보고서〉 민서 / 감독 임필성
〈코리아〉 리분희 / 감독 문현성
〈클라우드 아틀라스〉 손미-451 / 감독 릴리 워쇼스키, 라나 워쇼스키, 톰 티크베어

2010
〈공기인형〉 노조미 / 감독 고레에다 히로카즈

2006
〈괴물〉 박남주 / 감독 봉준호

2005
〈티 데이트〉 선희 / 감독 박미나
〈린다 린다 린다〉 송 / 감독 야마시타 노부히로

2003
〈튜브〉 송인경 / 감독 백운학
〈봄날의 곰을 좋아하세요?〉 정현채 / 감독 용이

2002
〈복수는 나의 것〉 차영미 / 감독 박찬욱
〈굳세어라 금순아〉 정금순 / 감독 현남섭

2001
〈고양이를 부탁해〉 유태희 / 감독 정재은

2000
〈플란다스의 개〉 박현남 / 감독 봉준호
〈청춘〉 서남옥 / 감독 곽지균

1999
〈링〉 박은서 / 감독 김동빈

TV·OTT

2021

넷플릭스 〈고요의 바다〉 송지안 / 연출 최향용

2020

넷플릭스 〈킹덤 시즌 2〉 서비 / 연출 김성훈, 박인제
tvN 〈비밀의 숲 시즌 2〉 한여진 / 연출 박현석

2019

넷플릭스 〈킹덤 시즌 1〉 서비 / 연출 김성훈

2018

넷플릭스 〈센스8 스페셜 에피소드〉 박선 / 연출 라나 워쇼스키, 릴리 워쇼스키
KBS 〈최고의 이혼〉 강휘루 / 연출 유현기

2017

넷플릭스 〈센스8 시즌 2〉 박선 / 연출 라나 워쇼스키, 릴리 워쇼스키
tvN 〈비밀의 숲 시즌 1〉 한여진 / 연출 안길호, 유제원

2015

넷플릭스 〈센스8 시즌 1〉 박선 / 연출 라나 워쇼스키, 릴리 워쇼스키

2010

KBS 〈공부의 신〉 한수정 / 연출 유현기
MBC 〈글로리아〉 나진진 / 연출 김민식, 김경희

2007

SBS 〈완벽한 이웃을 만나는 법〉 정윤희 / 연출 조남국

2006

OCN 〈썸데이〉 야마구치 하나 / 연출 김경용, 송익재

2005

MBC 〈떨리는 가슴〉 배두나 / 연출 오경훈

2003

MBC 〈위풍당당 그녀〉 이은희 / 연출 김진만
KBS 〈로즈마리〉 신경수 / 연출 이건준

2001

SBS 〈넌 사랑이라 말하지 난 욕망이라 생각해〉 신정민 / 연출 강신효

2000

SBS 〈미스 힙합 & 미스터 록〉 문영이 / 연출 이강훈, 김종혁
KBS 〈성난 얼굴로 돌아보라〉 이미나 / 연출 이민홍, 이원익
SBS 〈사랑의 유람선〉 배두나 / 연출 박수동, 신현수
KBS 〈RNA〉 박세미 / 연출 전기상
SBS 〈자꾸만 보고 싶네〉 함춘봉 / 연출 운군일
MBC 〈엄마야 누나야〉 공찬미 / 연출 이관희

1999

KBS 〈학교〉 배두나 / 연출 이민홍
KBS 〈광끼〉 표루나 / 연출 윤석호, 문보현

"예상도 못 한 일인데 이렇게 상을 주셔서 감사하고요.
멘트를 준비 못 했는데…. 우선 부모님께 감사드리고요.
저에게 연기를 할 기회를 주신 〈학교〉와 〈광끼〉의 감독님들
너무너무 감사드리고요. 저희 팬 여러분들께 감사드립니다.
여러분, 새 천 년 새해 복 많이 받으세요."

1999년 12월
〈KBS 연기대상〉 신인상 수상 소감

1998년
패션 브랜드 '쿨독' 카탈로그 모델

한양대학교
중앙대학교 사범대학 부속여자고등학교-부속고등학교
덕성여자중학교-중앙대학교 사범대학 부속여자중학교
서울 명일국민학교-청주 교동국민학교-청주 창신국민학교-서울 재동국민학교

1979년 10월 11일생
배두나

THANKS TO

곽신애 김명철 김민영 김성훈 김한샘 김현석 노주한
목정욱 박관수 박세준 박의령 박진호 박창수 백혜정
봉준호 성은경 손혜진 안성진 안은주 양경애 엄효신
우상희 원설란 유미영 이경민 이나리 이수연 이승희
이유진 이준동 이준성 이채현 장명진 정재승 정재은
조승우 조현준 최정은 최지웅 한세준 한예리 허문영
황선우 고레에다 히로카즈 是枝裕和
니콜라 제스키에르 Nicolas Ghesquière
아드리앙 공보 Adrien Gombeaud

Una Labo
Actorology

백은하 배우연구소

All About Actors
배우에 관한, 배우에 의한, 배우를 위한
연구와 출판, 콘텐츠 생산과 협업을 위해 설립된
국내 최초 배우 전문 연구소
unalabo.com

ACTORØLOGY

『배우 이병헌』
백은하 지음
55,000원

데뷔 30주년의 마스터 배우 이병헌의 모든 것. 영화 속 캐릭터 분석부터 이병헌 본인 및 송강호, 전도연, 박정민, 감독 김지운, 무술감독 정두홍 등 현장 동료들의 인터뷰, 미공개 스틸 사진까지 담았다. 30년의 목격, 20년의 인터뷰, 1년의 집필을 통해 배우연구자 백은하가 완성한 배우 이병헌에 관한 가장 희귀한 보고서.

next actor

『넥스트 액터 박정민』
백은하, 박정민 지음
14,000원

〈파수꾼〉〈동주〉〈그것만이 내 세상〉〈사바하〉〈다만 악에서 구하소서〉까지, 분명한 증명을 통해 다음 기회를 만들어가는 '노력의 천재', 충무로를 이끌어갈 차세대 주자 중 가장 빠른 성장세를 보이는 배우 박정민의 놀라운 도전과 성취를 집중 조명한다. 박정민이 직접 쓴 캐릭터 구축의 과정, 속 깊은 인터뷰도 함께 실렸다.

『넥스트 액터 고아성』
백은하, 고아성 지음
16,000원

〈괴물〉〈설국열차〉〈오피스〉〈항거: 유관순 이야기〉〈삼진그룹 영어토익반〉까지, 아역 배우에서 충무로 대표 여성 배우가 되기까지의 치열한 성장 과정을 따라간다. 배우 고아성을 발탁한 봉준호 감독의 추천사와 함께 고아성의 진솔하고 섬세한 필력이 돋보이는 현장의 추억이 읽는 즐거움을 더한다.

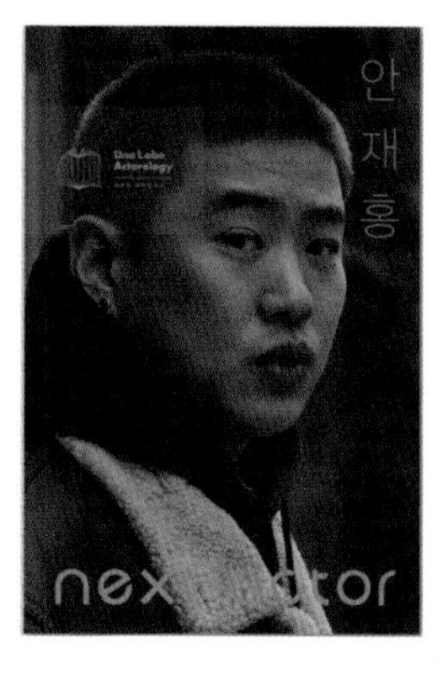

『넥스트 액터 안재홍』
백은하, 안재홍 지음
16,000원

영화 〈족구왕〉부터 〈사냥의 시간〉까지, 드라마 〈응답하라 1988〉부터 〈멜로가 체질〉까지 시대의 조류를 거꾸로 거슬러 오르는 배우 안재홍의 신비한 힘과 새로운 생태 통로를 찾는 치열한 탐색 과정을 확인한다. 안재홍의 산실이 된 광화문 시네마의 김태곤, 우문기, 전고운 감독의 증언도 함께 담겼다.

배우 배두나

액톨로지 시리즈 ACTOROLOGY SERIES

초판 1쇄 2021년 12월 06일

기획
백은하 배우연구소

글
백은하

편집
백은하, 장경진

교정·교열
김영진

디자인
김형진, 황희연(워크룸)

표지·인터뷰 사진
목정욱

일러스트레이션
나가바 유 Yu Nagaba

홍보·마케팅
호호호비치

인쇄
세걸음

펴낸 곳
백은하 배우연구소

출판등록
2019년 2월 21일 (제2019-000023호)

주소
서울특별시 종로구 자하문로38길 12 2층 (03020)

전화
02-379-2260

홈페이지
www.unalabo.com

이메일
unalabo@icloud.com

인스타그램
@una_labo

ISBN 979-11-966960-7-8 04680
ISBN 979-11-966960-3-0 (세트)

값 66,000원